“十四五”职业教育国家规划教材

CHUANGXIN CHUANGYE JICHU

创新创业基础

（第三版）

主　编　薄赋徭
副主编　张　强　徐园园　王从辉　范　蓉
参　编　操江涛　程　慧　方徐梦　沈志霞　程炳武　陈盼盼　李晓坤　张晓璐

新型活页式教材

本书另配教学资源、积分卡

中国教育出版传媒集团
高等教育出版社·北京

内容提要

本教材是“十四五”职业教育国家规划教材，是在第二版的基础上修订而成的。

本教材紧密围绕创新创业教育的理论和实践两个方面展开，全书共八个模块，包括课程学习准备、开发创新思维、形成创新成果、组建创业团队、确定创业项目、呈现创业计划、经营管理初创企业、企业内部创新创业。针对各模块的理论知识，本教材科学合理地设计了创新创业技能提升实训，并进行全书裂线活页式设计，利教便学。本教材是新形态教材，部分学习资源以二维码形式提供在相关内容旁，可扫描获取。本教材另配课件等教学资源，供教师教学使用。

本教材适合作为高等职业院校创新创业基础课教材，也可作为有志创新创业人员的参考用书。

图书在版编目(CIP)数据

创新创业基础 / 薄赋徭主编. -- 3版. -- 北京：高等教育出版社，2024.8（2025.8重印）. -- ISBN 978-7-04-062391-8

Ⅰ. G717.38

中国国家版本馆CIP数据核字第2024TJ4023号

策划编辑 周静研 **责任编辑** 周静研 **封面设计** 张文豪 **责任印制** 高忠富

出版发行	高等教育出版社	**网　　址**	http: // www. hep. edu. cn
社　　址	北京市西城区德外大街4号		http: // www. hep. com. cn
邮政编码	100120	**网上订购**	http: // www. hepmall. com. cn
印　　刷	上海盛通时代印刷有限公司		http: // www. hepmall. com
开　　本	787 mm × 1092 mm　1/16		http: // www. hepmall. cn
印　　张	23	**版　　次**	2024年8月第3版
字　　数	511千字		2018年2月第1版
购书热线	010-58581118	**印　　次**	2025年8月第5次印刷
咨询电话	400-810-0598	**定　　价**	48.00元

物 料 号　62391-00

前言

《创新创业基础》（第二版）于2020年9月出版，经过三年多教学实践的检验，受到了各用书院校的普遍认可和广大师生的好评，并于2023年入选首批“十四五”职业教育国家规划教材。近年来，随着我国高职院校创新创业教育理论与实践的深入发展，创新创业教育体系不断完善。2020年，教育部印发了《高等学校课程思政建设指导纲要》，明确指出了“把思想政治教育贯穿人才培养体系，全面推进高校课程思政建设，发挥好每门课程的育人作用，提高高校人才培养质量”的方向。为满足创新创业教育教学改革的迫切需要，也为了全面提升教材的适用性和实用性，编写团队对教材进行了全方位的修订，更新升级知识、丰富完善案例、优化实训项目，推出了《创新创业基础》（第三版），以满足当前及今后的教学需要。

此次修订对第二版的“理论篇”和“实训篇”进行有机糅合，在保持主体结构和基本内容不变的前提下，有更新，有增加，有精简，有创新。本教材的体例、结构设计遵循“首要教学原理”，即“激活旧知、示证新知、应用新知、融会贯通和面向任务开展学习”。先是通过课前任务激活学生已有的知识或经验，帮助学生回忆、链接、描述或应用过去的经验，以此作为学习新知识的基础；然后以“知识储备”“案例分享”“创业故事”“大赛直通车”“相关链接”“温馨提示”等表现形式将新知识展示给学生；接着引导学生应用所学知识解决实际问题，完成“创新创业技能提升实训”，在课堂上对实训完成情况进行汇报、反馈，并得到教师的指导；最后让学生根据行业及市场环境的情况和需要调整和转换新知识并对其加以应用，解决在创新创业实践和大赛中遇到的实际问题。

第三版教材在保留第二版教材特点的同时，还具有以下显著特点。

一、思创融合

本教材将思想政治教育的理念、内容和方法与创新创业教育的知识、技能和实践相结合，培养学生坚定的理想信念和创新创业精神。党的二十大报告指出："育人的根本在于立德。全面贯彻党的教育方针，落实立德树人根本任务，培养德智体美劳全面发展的社会主义建设者和接班人。"本教材通过思想政治教育引导学生树立正确的世界观、人生观和价值观，坚定社会主义核心价值观，培养高度的社会责任感和公民意识，帮助学生在学习创新创业知识与技能的同时，养成高尚的品德，遵守行为规范，在未来的职业生涯中更具有担当和使命感。

二、专创联动

本教材一方面为开展专业学习的学生提供创新创业的相关知识，帮助他们了解如何将专业知识应用到企业创办和经营的实际场景中，从而发掘创新和创业机会；另一方面培养学生在专业领域内的创新能力和创造能力，帮助他们更好地适应日益变化的市场需求，实现未来的职业发展。

三、课赛合一

本教材的内容与创新创业大赛的要求相契合，使学生能够在学习理论知识的同时，把所学知识直接应用于实践项目中，切实解决实际问题，增强实践能力、团队合作能力和解决问题的能力，培养创新精神和创业意识，为未来的创业之路打下坚实的基础，提高创业成功率。

四、强调实践

本教材编者结合孵化创新创业项目和指导企业运营的实践经验，对每一个任务和实训都进行了精心设计，引导学生实现“做中学”。学生可以通过项目开发、创业计划书编写、市场调研、营销策略制定等模拟创业公司的工作任务深入体会创新创业过程，从而将理论知识转化为进行实际操作的能力。

本教材适合作为高职院校创新创业基础课教材，也可以作为社会创业者的学习辅导用书。课程建议设置32学时，共2学分（表0–1）。教学学时分配以模块为单位，每个模块均分为理论和实训两个部分。

表0–1　建议学时设计

内　　容	学时数（理论）	学时数（实训）
入门模块　课程学习准备	1	2
模块一　开发创新思维	2	2
模块二　形成创新成果	1	2
模块三　组建创业团队	1	2
模块四　确定创业项目	3	2
模块五　呈现创业计划	3	2
模块六　经营管理初创企业	3	2
模块七　企业内部创新创业	2	2
合　计	16	16
总　计	32	

本教材第三版的修订工作是集体研究、分工合作完成的，总体修订思路及方案由薄赋徭提出，全体编写人员共同进行了研讨、修改和完善。

本教材的编写得到了相关院校老师的大力支持，他们对本教材的内容安排、体例设计等提出了宝贵意见，为增强教材的科学性、适用性做出了贡献，在此表示衷心的感谢。

在本教材的编写过程中，还有多位创业者和企业管理者针对知识点和案例的实用性提出了宝贵的意见和建议。在此对萃智指南者教育科技（北京）有限公司董事长赵伟、北京米有校园科技有限公司联合创始人尚蓬勃、芜湖皖江创客大学校长吴文骏、安徽一粟企业管理咨询有限公司总经理杨昌骏、颖悦（上海）餐饮管理有限公司联合创始人蒋嘉悦、黄山旅游发展股份有限公司安全质量部总监陈莹的大力支持表示感谢。

此外，在本教材的编写过程中，编者还引用了一些学者的研究成果和互联网资料，未能一一列出，特此说明，并致谢忱。

由于编者水平有限，又是以全新的思路编写本教材，教材难免有不成熟之处，恳请广大同人、各界朋友和读者批评指正。

编　者

目录

MU LU

入门模块

课程学习准备

探究学习要求

- 了解课程内容
  - 课程的内容
  - 课程的特色
  - 课程的学习目标
- 明确学习要求
  - 课程的学习要求
  - 课程的考核方式

组建学习小组

- 成立学习小组
  - 组建学习小组的意义
  - 团建的内涵与目标
- 建设学习型组织
  - 学习型组织的内涵及特征
  - 建设学习型组织的步骤

“创新创业基础”课程的学习是在相对安全的环境中，由教师指导同学们建立学习型组织，共同学习创新创业知识、体验创新创业实践的过程。在这个历练的过程中，同学们可以培养将来担当中华民族复兴大任所需的创新创造、团队协作、组织领导、应对风险及解决问题等方面的能力。“创新创业基础”课程在学习内容与学习方式、学习要求和考核方式等方面独具特色，可以有效地帮助同学们在将理论知识转化为实践能力的同时，塑造正确的价值观。

引导案例

小刘是某高职院校建筑工程管理专业的学生。大一时，他偶然走进学院的大学生创业孵化基地，发现有同学在基地内开展创业实践，这激发了他浓厚的创业兴趣。为了满足自己对创业的好奇心，他申请加入了学院的大学生创业俱乐部，并认真参加了“创新创业基础”课程的学习。在学习过程中，小刘和同学们组建了一家模拟创业公司，将从课堂上学到的创新创业理论知识应用到创业实践中。在老师的指导下，他和同学们一起走出校园，开展了种种创业准备工作：考察绿植基地，学习栽培、养护技术；开展市场调研，反复打磨产品设计方案；与装修公司谈合作，与供应商谈价格；运营售后微信公众号，并收集、分析相关数据。课程结束后，小刘和同学们一起撰写了一份高质量的创业计划书，并参加了大学生创业大赛，取得了良好成绩。比赛结束后，他们利用已有的基础，创办起了自己的绿植养护工作室。

小刘认为，学习“创新创业基础”课程对他产生了深远的影响。一是改变了他的思维方式。通过这门课程的学习，他学会了通过逆向思维、头脑风暴法等推演事物发展的进程，养成了从不同维度考虑问题的习惯，开展工作时考虑得更全面、更仔细。二是让他通过创建创业项目、开展创业实践提升了职业素养和能力。小刘学会了如何快速收集项目前期资料、进行市场调研、做出正确判断，如何制订计划并评估风险，如何在工作中看准趋势，如何准确复盘项目。三是帮助他拓展了人际关系。通过共同学习、实践并组建团队参加大学生创业大赛，他找到了一批志同道合的朋友，毕业后也一直保持着密切的联系。

学习目标

知识目标：了解“创新创业基础”课程学习的主要内容、方法和要求，以及学习型组织建设的步骤。

能力目标：能够熟练运用所学知识确定学习目标、学习计划、团队学习和工作制度。

素养目标：立志成为担当中华民族复兴大任的时代新人，激发勇于探索和挑战的创新创业精神，养成团结协作的集体主义精神。

项目一　探究学习要求

了解课程内容和学习要求，有助于同学们全面理解课程的价值，获得对课程主题的初步认知，从而在学习过程中更有针对性地聚焦核心内容，有效制订学习计划，选择合适的学习方法，并培养学科思维，为未来的学习和实践打下坚实基础。

任务一　了解课程内容

课前任务

1. 请同学们思考：我们为什么要学习“创新创业基础”这门课程？

2. 请有创新创业实践经历的同学分享：你开展创新创业实践的内容和收获是什么？如果现在有机会，你是否还会去尝试创新创业？为什么？

3. 请计划在大学期间开展创新创业实践的同学分享：你为什么产生了开展创新创业实践的想法？你准备开展创新创业实践的具体内容是什么？你已经做好了哪些准备？在哪些方面还有不足？你准备如何弥补这些不足？

4. 请目前没有创新创业想法的同学分享：你对创新创业的理解是什么？你认为学习“创新创业基础”课程对你的专业学习和职业发展有什么帮助？

相关链接

小视频：大学生学习“创新创业基础”课程的意义

知识储备

一、课程的内容

创新是社会发展和进步的重要驱动力，创业则是将创新转化为经济价值的过程。学习创新创业相关知识可以帮助同学们培养创造力、创新思维和创业能力，进而为未来的职业发展和创业实践打下良好基础。在“创新创业基础”课程中，同学们将学习以下方面的内容（图0-1）。

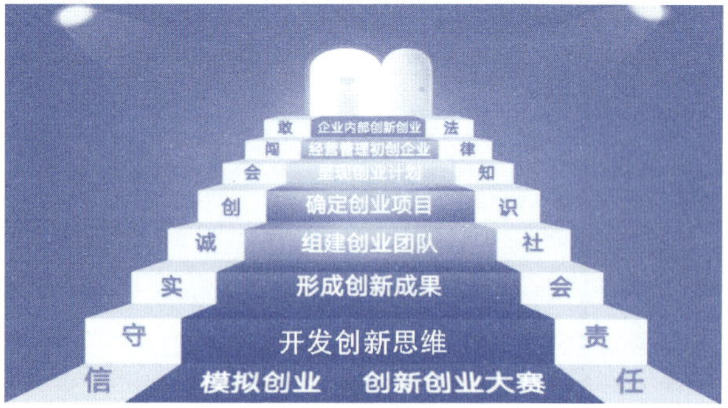

图0-1 “创新创业基础”课程的内容

（1）开发创新思维。学会运用创新思维与创新方法有效解决问题，内容包括创新的基本概念、特征及类型，创新思维和创新方法的内涵与应用。

（2）形成创新成果。学会产出、转化和保护创新成果，内容包括创意开发的原理和过程、创新成果的保护和应用等。

（3）组建创业团队。了解团队建设的基本知识和方法，知晓怎样找到合伙人并打造一个高效、有凝聚力的创业团队。

（4）确定创业项目。学会识别创业机会、评估创业项目，从而找到自己的创业方向，深入了解创业过程中可能面临的各种风险，以及如何规避或防范风险。

（5）呈现创业计划。学会撰写全面且具有可操作性的创业计划书，包括行业及市场分析、目标客户、产品开发、营销策略、资金需求、财务预测和运营管理等内容，并能够精彩地向评委和投资人展示创业计划书，同时了解创业筹资的渠道、方式和策略，掌握如何制订融资计划、如何寻找投资者并进行谈判、如何维护投资者关系等。

（6）经营管理初创企业。学习如何经营管理初创企业，包括如何通过市场调研和采取市场营销策略促进销售等营销管理方面的内容，如何选人、用人及留人等人力资源管理方面的内容，如何进行成本核算和财务报表分析等财务管理方面的内容。

（7）企业内部创新创业。学习如何在企业内部获得组织的支持，开展创新创业活动并取得成效。

（8）其他相关知识。学习初创企业在知识产权等方面需要遵守的法律法规和其他规定，包括公司注册、知识产权保护、劳动法等方面的相关知识；了解社会责任的重要性，在创新创业过程中践行社会主义核心价值观，塑造正确的价值观和道德观。

此外，在“创新创业基础”课程的学习过程中，教师将组织同学们开展模拟创业、参加创新创业大赛，通过理论与实践相结合的方法，帮助同学们全面、系统地掌握创新创业知识和技能，丰富学识，增长见识，塑造品格，成长为敢闯会创、诚实守信、德智体美劳全面发展的社会主义建设者和接班人。

二、课程的特色

“创新创业基础”课以帮助同学们适应社会需要和职业要求为宗旨，以提高同学们的整体素质为目的，鼓励同学们将创新想法转化为创业项目，并指导同学们创建和经营企业，培养和提升同学们的创新精神、创业素质和创新创业能力。具体而言，课程具有如图0-2所示的六大特色。

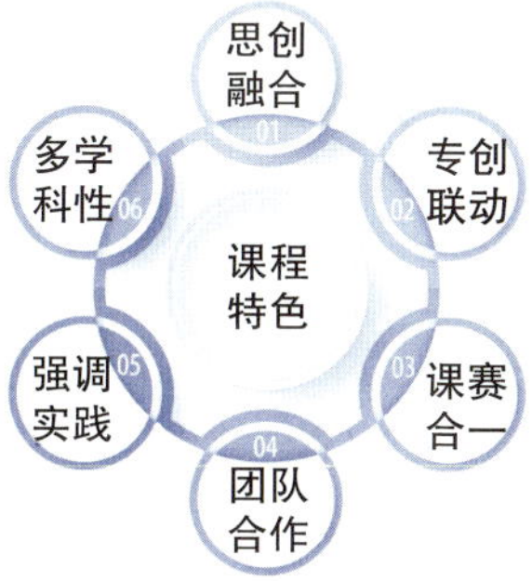

图0-2 “创新创业基础”课程的特色

1. 思创融合

“创新创业基础”课程将思想政治教育的理念、内容和方法与创新创业教育的知识、技能和实践相结合，帮助同学们培养坚定的理想信念和创新创业综合能力。思想政治教育的目标在于引导同学们树立正确的世界观、人生观和价值观，坚定社会主义核心价值观，培养高度的社会责任感和公民意识，从而为创新创业活动提供有力的精神支撑和指导。创新创业教育的目标则在于培养同学们具备创新思维和创业能力，学习创新方法、市场分析、商业模式设计、团队合作和项目管理等方面的知识，再通过创业项目的实践，将理论知识转化为技能，提高创新创业能力。本课程思创融合的特点可以帮助同学们在学习创新创业知识与技能的同时，培养高尚的品德，为未来的职业生涯发展打下基础。

2. 专创联动

专业教育和创新创业教育联动，可以为进行专业学习的同学们提供创新创业知识和资源，帮助同学们了解如何利用专业知识发掘创新创业机会。专创联动也能培养同学们在专业领域内的创新能力和创造能力，使我们更好地适应变化的市场需求，实现未来的职业发展。因此，同学们

创业故事0-1

创小意是电子商务专业的大一学生。暑期回到老家，她发现家乡的农产品虽然品质好，却销路不畅，她随即利用所学专业知识精心设计制作了产品详情网页，并指导农户分拣、包装农产品，对接电商销售渠道，寻找合作的快递公司，为家乡的农产品打开了销路。接着，她找到学习动漫制作的同乡创小业，在社交媒体上合作开展推广活动，吸引了更多的消费者关注并购买家乡的农产品。

在学习过程中要善于结合专业领域挖掘创新创业机会。

3. 课赛合一

课赛合一即教学内容与创新创业大赛的要求相契合，使同学们能把所学知识直接应用于实践项目中，解决实际问题，增强同学们的实践能力、团队合作能力和问题解决能力，培养同学们的创新精神和创业意识，为未来的创业之路打下坚实的基础，提高创业成功率。

温馨提示

同学们应当在教师的指导下，跟随课程进度开展模拟创业或真实创业，在积累市场经验的同时将知识转化为能力，并在此基础上参加创新创业大赛。切不可纸上谈兵、闭门造车。

4. 团队合作

本课程强调团队合作能力的培养。在课程学习过程中，同学们将组建学习小组，并以团队的形式开展模拟创业、参加创新创业大赛。每位同学都必须与他人合作完成各项任务，这就要求我们学会如何在协作、沟通中解决问题，共同高质量地完成任务。

相关链接

什么是模拟创业

模拟创业以培养同学们的创业素质为主要目标，由教师指导同学们在真实的商业环境中组建创业模拟公司，选择创业项目、编制创业计划书，并虚拟地筹集资金、经营管理初创企业等。这是一种将创业素质培养与商业训练结合起来的教学形式。模拟创业强调同学们的主体性，使同学们亲身体验创业的大致流程，积累创业知识与能力，为未来的创业实战提供了缓冲期和经验积累阶段。

5. 强调实践

本课程注重实践能力的培养。同学们需要通过完成项目开发、创业计划书编写、市场调研、营销策略制定等模拟创业公司的工作任务深入体会创新创业过程，从而将理论知识转化为实际操作的能力。

6. 多学科性

本课程涉及多个学科领域，如市场营销、财务、管理，这种多学科性能够帮助同学们更广泛地获取知识和技能，更好地应对将来复杂的职业发展挑战。

三、课程的学习目标

“创新创业基础”课程的学习目标包括知识目标、能力目标和素养目标，在塑造品格、传授知识的同时引导同学们“敢闯会创”，在亲身参与创新创业实践中培养创新精神、创业素质和创新创业能力，具体如表0–1所示。

表 0–1 “创新创业基础”课程的学习目标

学习目标	内涵
知识目标	（1）掌握创新的基本原理和方法，了解如何在工作中运用创新方法提高解决问题的效率； （2）了解最新的行业发展趋势，学习创业需要具备的团队建设、项目可行性分析、市场营销、人力资源管理、财务管理等方面的知识，为创新创业实践打下坚实的基础； （3）学习法律知识、产权知识、融资知识等与创业相关的各种知识
能力目标	（1）增强创造力和创新思维能力，能运用创新方法有效解决创业中遇到的问题； （2）增强机会识别能力、市场分析能力、市场营销和销售能力、项目管理和执行能力、风险评估和应对能力等，提升就业竞争力和创业成功率； （3）增强自我管理和职业规划能力，能更有针对性地选择未来的职业发展方向、规划个人职业发展路径
素养目标	（1）培养爱国主义和集体主义精神，增强文化素养、法治意识和道德修养，坚定理想信念，努力践行社会主义核心价值观； （2）通过团队合作学习和实践，培养团队合作精神，为日后的就业和创业打下良好的职业素养基础； （3）树立正确的世界观、人生观和价值观，了解如何通过自己的职业和创业实践为社会做贡献，增强社会责任感和使命感

温馨提示

创业思维是当你遇到问题的时候，换个角度来面对它，将它看成可以带来改变的机会，并且为其找到解决方案的思维方式。创业思维不是等到一切就绪才开始做事的思维方式，而是从自己是谁、自己手上拥有什么资源出发，立刻开始做事，并且关注如何将这件事情做得持久、它是不是可以带来改变和影响的思维方式。未来，我们会有各种职业发展的可能性，社会的发展变化非常快，你的想法有可能也会变。但无论你做什么工作，创业思维和相关能力的训练都可以给你带来更高的自由度与灵活度，让你去做你想做的事情。

任务二 明确学习要求

课前任务

1. 开展“团队合作与市场竞争”游戏活动准备：全班同学分为五个活动小组，分别用A，B，C，D，E表示；每组选出一名组长，负责协调；每组制作2个签，分别代表“红”与“黑”。

2. 遵守游戏规则完成游戏。规则如下。

（1）游戏共10轮，每轮游戏前由小组成员以协商的方式决定本轮所要出的签是“红”签还是“黑”签。

（2）每一轮出签后，统计各组出签结果，记录在表0–2里。

（3）第一轮出签后，依据表0–3中的得分规则统计各小组得分，并登记在表0–4中。之后几轮依次进行，共计10轮。

（4）第5轮结束后，各组分别派一名代表进行一次谈判，第6轮和第8轮结束后也可以选择谈判，但只要有小组放弃，谈判就取消。

（5）组与组之间除谈判外不得进行任何形式的交流。

表 0-2 小组出签记录表

项目	A组	B组	C组	D组	E组
第1轮出签					
第2轮出签					
第3轮出签					
第4轮出签					
第5轮出签					
第6轮出签					
第7轮出签					
第8轮出签					
第9轮出签					
第10轮出签					

表 0-3 得分规则

出签情况	得分
5红	各组均加3分
4红1黑	红组扣3分，黑组加10分
3红2黑	红组扣4分，黑组加6分
2红3黑	红组扣2分，黑组加3分
1红4黑	红组加1分，黑组扣2分
5黑	各组均扣5分

注：第7、第8轮的得分乘3计算，第9、第10轮的得分乘6计算。

（6）10轮结束后，统计各组得分情况，记录在表0-4里。

表0-4 小组得分统计表

项 目	A组	B组	C组	D组	E组
第1轮得分					
第2轮得分					
第3轮得分					
第4轮得分					
第5轮得分（谈判）					
第6轮得分（可谈判）					
第7轮得分（乘3计算）					
第8轮得分（乘3计算）（可谈判）					
第9轮得分（乘6计算）					
第10轮得分（乘6计算）					
合计					

（7）宣布游戏结果，按小组最终得分高低给予奖励，并评出最佳团队合作奖。

3. 分享活动心得：小组讨论并总结活动的收获与体会；每个小组安排一名代表向全班同学分享活动心得；教师点评。

4. 请同学们进一步思考：本活动对你学习“创新创业基础”课程有哪些启发？

知识储备

一、课程的学习要求

“创新创业基础”课程的学习需要我们具备积极主动的学习态度、团队合作精神、创新意识、冒险精神和实践性的学习方式，以更好地适应创新创业的环境和要求，提高自身的综合素质和竞争力。

1. 积极主动的学习态度

我们要积极主动地利用多元化的学习资源，如网络和图书馆的资源学习新的知识，并获取最新的商业和科技信息；积极思考如何将现有的想法转化为可行的商业项目；勇于尝试新的解决问题的方法，不断提高自己的学习效率和质量。

2. 团队合作精神

本课程的学习要求我们具备团队合作精神。同学们不仅需要学会与同学和老师进行良好的沟通和协作，共同完成课程中的任务，而且要学会与不同的人合作和交流，掌握如何建立商业关系、如何管理团队和与投资人交流等。

温馨提示

要实现团队目标，不仅要让团队成员的行为朝向同一个目标，而且要让团队中的每一个成员都贡献出创造性思维的成果。一方面，个人的想法、意见得到展示会带来满足感，有利于激发人的动力，同时还能促进思考；另一方面，团队中的成员可以从不同的角度看问题，对问题的分析更全面，更易于想到具有创造性的点子，使团队决策更科学。

3. 创新意识

本课程的学习要求我们具有敏锐的洞察力、创新意识和分析能力，善于发现问题并提出切实可行的解决方案。同学们需要克服困难和挑战，勇于创新和尝试；需要具备开放性和创造性的思维方式，能够拥抱变化、接受不同的观点和想法，并且能够不断提出创新点子。

4. 冒险精神

创新创业活动具有风险和不确定性，我们需要具备冒险精神，愿意接受失败并从中吸取教训；具备风险意识，能够识别和评估风险，并制定相应的应对策略。

相关链接

双"金"闪耀，"声"入人心

5. 实践性的学习方式

本课程强调实践性学习，同学们要积极参与实践项目、创业竞赛等，了解如何将创新想法转化为创业机会，学会创办自己的企业或和创业团队一起创业，把计划付诸实践，并不断总结经验、改进和创新。

同学们在课程学习中应当不断提升自己的综合素质，不仅要掌握相关知识和技能，还要积极进取、善于学习、乐于合作、敢于尝试、勇于实践，在创新创业过程中克服困难、取得成功，成长为能够担当中华民族复兴大任的时代新人。

二、课程考核方式

"创新创业基础"课程的考核兼顾对学习过程和学习成果的考核，期末总评成绩由平时成绩、创业模拟公司实训任务评分、创业计划书编写及路演评分、期末考试成绩和附加分构成，其中平时成绩、创业模拟公司实训任务评分、创业计划书编写及路演评分、期末考试成绩满分均为100分，各占总评成绩的25%，附加分满分10分，根据获得的积分卡数量给分，具体评分办法如下。

1. 平时成绩

平时成绩包括课堂出勤情况、作业完成情况、团队合作精神及个人品德修养四个部分，具体评分办法见表0–5。

表 0–5　平时成绩评分办法

平时成绩要素	考核内容	评分办法	积分卡规则	备注
课堂出勤情况	同时考核个人的出勤情况和小组全体成员的出勤情况	满分为100分，缺勤一次扣10分，旷课一次扣50分	小组满勤，每人获得一张积分卡；小组有成员缺勤，不获得积分卡	有辅导员签字的假条算缺勤，无辅导员签字的假条算旷课。一学期旷课达到两次，此项成绩按零分处理。此项由教学秘书考核

（续 表）

平时成绩要素	考 核 内 容	评 分 办 法	积分卡规则	备 注
作业完成情况	课堂作业和课后作业的完成情况	每次作业满分为100分，最终得分为所有作业得分的平均分	根据完成质量获得1～3张积分卡	包括个人作业和小组作业。此项由教师考核
团队合作精神	参与各项小组作业和任务的情况	满分为100分，缺勤团队活动一次扣20分	根据参与和所做贡献的情况，获得1～3张积分卡	此项由小组组长考核
个人品德修养	养成正确的世界观、人生观、价值观，高度的社会责任感，良好的道德品质和行为习惯	基础分为60分，有一次积极行为加10分	有积极向上、助人为乐等表现，视具体情况获得1～3张积分卡	此项由教师、小组组长及全体同学共同考核
个人平时成绩＝课堂出勤得分 ×25%+作业完成得分 ×45%+团队合作得分 ×10%+个人品德修养得分 ×20%				

2. 创业模拟公司实训任务评分

本教材的每个模块都设计了“创新创业技能提升实训”，这是同学们组建模拟公司开展创业过程中需要完成的各项任务。教师将根据创业模拟公司每次的实训任务完成情况进行评分，满分为100分。期末小组此项得分为各次得分的平均分，个人此项得分为本人所在小组得分乘以平时成绩中的“团队合作精神”除以100，即：

$$个人得分＝创业模拟公司实训任务得分 \times 团队合作精神得分 \div 100$$

创业模拟公司实训任务评分办法见表0-6。

表 0-6　创业模拟公司实训任务评定表

模拟公司名称：　　　　　　实训主题：　　　　　　年　　月　　日

评 分 内 容	第一组	第二组	第三组	第四组	第五组	积分卡规则
实训任务完成情况（60分）						根据实训任务完成质量，小组每人可获得1～3张积分卡

（续表）

评分内容	第一组	第二组	第三组	第四组	第五组	积分卡规则
内容完成质量、思路和观点创新性（40分）						每个小组每次实训成果汇报人根据现场抽签结果决定，汇报人根据汇报质量可获得1～3张积分卡；汇报结束后为答辩环节，提问人和答辩人根据提问和回答的质量可分别获得1～3张积分卡
创业模拟公司实训任务得分（满分为100分）						

注：可根据班级人数分组，每组7人左右为佳。

温馨提示

创业模拟公司是由同学们组建的学习小组在模块三的学习开始时转化成的虚拟组织。同学们要结合在课程中学到的知识进行企业创建和经营管理等创业活动的演练，了解真实商业环境中的市场和竞争，为参加创新创业大赛及未来创业打下坚实的基础。

3. 创业计划书编写及路演评分

将创新创业大赛的实践项目水平作为课程学习水平的一项重要评估指标，是“创新创业基础”课程课赛合一的具体体现。在课程学习完成后，教师将组织大家开展创新创业大赛，通过班级比赛到校级比赛的层层选拔，以赛促学，使同学们在主动参与、认真投入创新创业活动的过程中，将知识转化为经验和能力。创业计划书编写及路演评分的计算方式为：

$$创业计划书编写及路演评分=创业计划书编写评分\times 40\%+路演评分\times 60\%$$

创业计划书评分表可扫码获取。路演评分表见表5-15。

相关链接

创业计划书评分表

4. 期末考试成绩

期末考试为笔试，内容包括思想政治教育和创新创业教育两方面应知应会的内容，满分为100分。

5. 附加分

附加分满分为10分，根据个人获得积分卡的数量给分。每个月及学期结束均评比“最佳小组”和“最优学霸”，具体见表0-7和表0-8。

表 0-7 小组争锋榜

项 目	第一组	第二组	第三组	第四组	第五组	小组得分排名
第一个月得分						
第二个月得分						
第三个月得分						
第四个月得分						
本学期总分						

注：小组积分卡得分=小组得分+小组所有成员得分。

表 0-8 学霸榜

项 目	第一个月得分	第二个月得分	第三个月得分	第四个月得分	学期总分
（姓名）					

温馨提示

同学们可以在学习过程中通过达到课程学习要求、踊跃回答问题、积极参与课后实践活动、认真完成团队工作任务、互帮互助等积极向上的行为获得积分卡奖励。同学们获得的积分卡数量将由教学秘书登记在表0-9中。

表 0-9 积分卡登记表

模拟公司名称： 年 月 日

序号	姓名	获得积分卡数量																总计
		第一次课	第二次课	第三次课	第四次课	第五次课	第六次课	第七次课	第八次课	第九次课	第十次课	第十一次课	第十二次课	第十三次课	第十四次课	第十五次课	第十六次课	
1																		
2																		
3																		
4																		
5																		
6																		
7																		

（续 表）

序号	姓名	获得积分卡数量																总计
		第一次课	第二次课	第三次课	第四次课	第五次课	第六次课	第七次课	第八次课	第九次课	第十次课	第十一次课	第十二次课	第十三次课	第十四次课	第十五次课	第十六次课	
公司得分合计																		
备　注																		

相关链接

小视频：“创新创业基础”课程的考核方式

项目二 组建学习小组

组建学习小组有助于培养同学们的沟通能力和解决问题的能力等。一方面，小组成员互相鼓励、分享资源，可引入不同视角，相互激发创新思维，全面解决问题，增强学习动力；另一方面，在小组中，同学们可以体验不同的角色分工，通过共同承担责任培养团队合作的责任感和共同目标意识，为未来的创业实践奠定坚实的基础。

任务一 成立学习小组

课前任务

1. 以活动的方式成立学习小组，每组5～7人。教师打印5～7段对青年健康成长有启发意义的文字，把文字裁剪好贴在黑板上。每位同学从摘录中选择自己最喜欢的一段话，到教师处登记。摘录相同的同学为一组。

2. 完成小组的岗位配置。

（1）确定小组组长、记录人、发言人、创新官、组织员等，各岗位可采用轮值制度。

（2）制定岗位职责，小组成员达成共识，无论承担哪个岗位的工作都要尽职尽责。

（3）制定小组的口号和愿景。

（4）在白纸上制作海报，展示小组名称、标识、口号、愿景，以及小组所有成员的姓名、岗位和职责，要求图文并茂、有创意。

（5）各小组向全班同学展示共同创作的海报（3分钟/组）。

3. 每个小组依次完成“集中注意力”的团队建设游戏。

（1）选择一个开放的区域，足够容纳所有成员（不应有杂物或障碍物，以确保安全）。

（2）一个小组的成员站成一个圆圈，面向内部，把两手分别搭在旁边人的肩上。要确保每个人都能听到指令，并且有足够的空间进行下蹲。

（3）所有成员站好以后，推选一名成员为“指挥官”。“指挥官”的任务是带领小组成员做下蹲动作，其他成员要跟着做同样的动作。

（4）整个游戏过程中，“指挥官”要带领小组全体成员做七次下蹲动作，其中做第一、三、四、六次下蹲动作时，全体成员一起整齐大声地喊“集中注意力”的口令，做第二、五、七次下蹲动作时，全体成员要缄默，不能发出声音。

（5）一个小组结束后，其他小组依次按照同样的规则进行游戏。

（6）在最短时间内按照规则（无人犯规）完成游戏的小组获胜（获胜小组每人得到一张积分卡）。

（7）小组讨论参加游戏的收获和体会（3分钟），然后安排一名代表向全班同学分享讨论结果（1分钟）。

4. 教师点评。

温馨提示

团建活动可以促进团队协作、促进个人注意力和反应能力的发展，同时，也能增强团队成员之间的互动和沟通，增进彼此之间的信任。要确保氛围轻松愉快，并确保所有成员都参与。

5. 选拔教学秘书。

（1）教师发布三名教学秘书的招募需求，同学们可自荐、推荐。

（2）一名教学秘书负责课程的考勤，并按照要求发放积分卡；一名负责每次课结束时登记、收回积分卡，并在小组争锋榜和学霸榜上记录积分卡数量；一名负责课上、课后作业及各项任务完成情况的检查和结果填写等。三名教学秘书共同负责课程学习活动的组织工作（具体分工根据每次活动的需求由教师确定）。

（3）教师确定三名教学秘书的人选，说明任务。

知识储备

一、组建学习小组的意义

学习小组是由一群有共同学习目标的同学组成的小型学习团体，成员共同学习和讨论课程内容，相互支持和激励，提高学习效果和成绩。我们的学习小组由学习同一门课程的同学组成，同学们可以一起制订学习计划、讨论难点和疑惑、分享知识和经验、共同完成课程作业和项目。具体而言，组建学习小组的意义如图0–3所示。

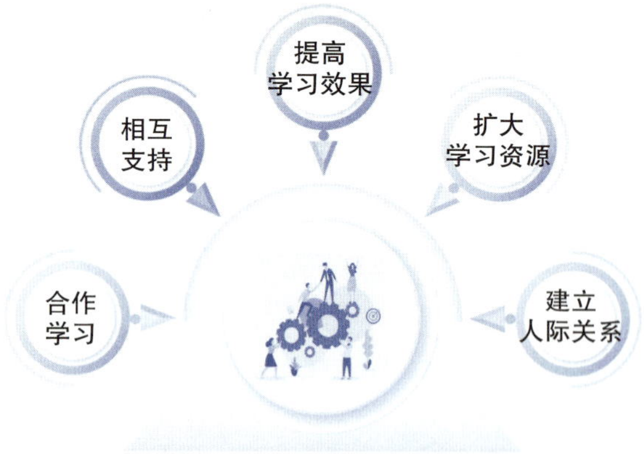

图0–3 组建学习小组的意义

（1）合作学习。成员之间可以共同合作、相互学习，通过互动和讨论加深对课程内容的理解。

（2）相互支持。小组成员可以相互激励和支持，分享学习经验和技巧，互相帮助解决学习中的问题。

（3）提高学习效果。通过参与学习小组，可以提升对课程的投入度和专注度，提高学习效果和成绩。

（4）扩大学习资源。小组成员可以共享各自的学习资源，如笔记、参考书、网络资源，拓宽学习视野。

（5）建立人际关系。通过参与学习小组，可以认识与自己有相同兴趣的同学，建立良好的人际关系。

同学们在学习小组中要积极合作，与小组成员保持良好的沟通和互动，共同努力提高学习效果。

创业故事0–2

创小新与“创新创业基础”课上的五名同学组建了一个学习小组，小组成员每周聚在一起，共同探讨课程中的难点和复杂问题，一起完成小组作业和模拟公司实训任务。每次一起学习或做任务时，他们都会分享各自的学习心得和方法，互相监督和鼓励。通过集思广益，他们能够更好地理解难点，并找出解决问题的策略。有时候教室熄灯了，他们就到学生食堂继续讨论，直到宿舍关门前才离开。在小组成员的帮助下，创小新的学习效率提高了，学习变得更加有动力，也更加自信和乐于面对挑战了。

二、团建的内涵与目标

团建是组织或团队通过一系列活动和训练来加强成员之间的合作、沟通和凝聚力的活动。团建的目的是提高团队的效能和绩效，促进成员之间形成良好关系，培养成员的合作意识和团队精神。

团建可以以多种形式进行，包括户外探险、团队竞技、合作游戏、问题解决、角色扮演、团队讨论等。这些活动可以创造成员之间互动、交流和合作的机会，营造积极、协作和互动的组织氛围。团建的目标如图0-4所示。

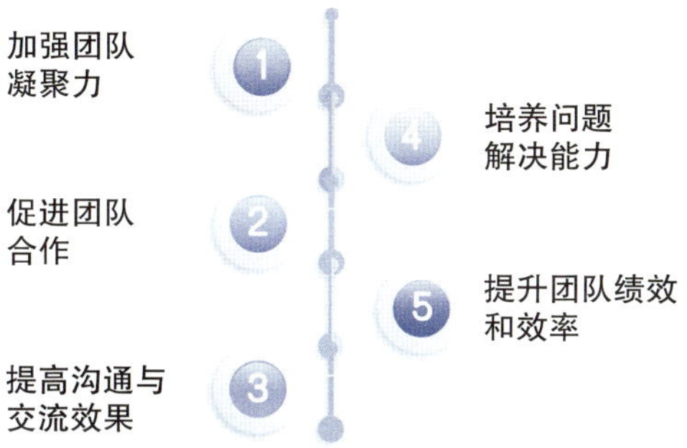

图0-4　团建的目标

（1）加强团队凝聚力。团建可以帮助团队成员更好地了解彼此，建立互信关系，增强归属感和团队意识，加强团队凝聚力。

（2）促进团队合作。团建通过合作开展游戏、应对挑战和完成任务，培养团队成员的合作精神和协作能力，提高团队成员在共同目标下的协同效能。

（3）提高沟通与交流效果。团建为成员提供了开放和积极的环境，促进成员之间的沟通和交流，改善团队内外的沟通效果。

（4）培养问题解决能力。团建通常包含问题解决和决策的元素，通过团队合作解决问题，可以培养成员的问题解决能力。

（5）提升团队绩效和效率。通过团建活动，团队成员之间的合作得到加强，团队的绩效和效率也会相应提升。

团建需要根据团队的具体需求和目标进行设计和组织，活动的成功与否取决于活动的策划、执行和后续的反馈、总结水平。通过参与团建，团队成员可以更好地理解和认同团队的目标，增强合作意识，提高团队的整体绩效。

任务二 建设学习型组织

课前任务

1. 阅读案例材料“中金公司打造学习型组织的实践探索”。

中金公司打造学习型组织的实践探索

中金公司始终重视学习，在打造学习型组织、培养积极进取的学习文化、激发组织活力、助力企业高质量发展方面开展了一系列有益尝试和探索。

以制度设计促进学习型组织发展。学习型组织的本质是通过组织化、互动式和研讨式的学习，以及对组织学习的科学管理实现组织的自我学习与进化。每年年初，中金公司都会根据发展需要和员工意见确定年度书单，将其作为重要参考开展学习交流活动，内容涉及经济、管理、历史、科技等方面。很多部门都有导师制度，新员工入职后将被分配一名资深优秀员工作为导师，带领新员工迅速学习。

借助各类平台促进知识分享。学习型组织需要让成员广泛参与分享，才能形成学习氛围，互联网技术手段使实现这一目标成为可能。中金公司通过企业微信公众号、内部社区论坛、网上学习App等各类平台采集不同主题的碎片化知识，凝结全员智慧，推动形成浓厚的内部分享氛围。

举办多样活动，营造良好氛围。打造学习型组织需要以有效的研讨活动碰撞思维火花，激发创造活力。中金公司为此设计了多种活动，在一年内举办各类学习活动20余次，涵盖党史学习教育、企业管理、历史人文、能力提升、科技创新等主题，持续激发员工的学习热情。

学习优秀企业经验。中金公司具有乐于学习、善于学习的好传统，如通过邀请专家现场分享华为企业文化建设与管理经验，学习华为的危机意识、熵减管理和组织激励机制；参观字节跳动，学习灵活机动运作和高效创新文化。

结合业务发展，激发企业创新因子。中金公司结合市场前沿发展趋势，举办了一系列与业务息息相关的读书分享活动，并通过开展“展望2030：企业数字化转型的十大趋势”等专题讲座，帮助员工了解数字化时代的企业发展新动向。中金公司还结合业务发展举办了第一届中金创新挑战赛，鼓励创意设计和创新产品开发。

促进员工综合能力提升。中金公司关注员工的个人成长和能力提升，策划组织了“人人都有领导力”训练营，以线上线下结合的形式开展，围绕情商、沟通、成长性思维、价值观等“自我成长”主题，为全体员工的学习提供便捷的渠道与专业辅导。

作为国有控股金融企业，中金公司通过培养积极进取的学习文化凝聚发展共识，提升组织活力，探索出了一条以打造学习型组织助力建立国际一流投行的新路。

（资料来源：中金公司打造学习型组织的实践探索，新华网）

2. 小组讨论，分析以下问题。

（1）中金公司是如何打造学习型组织的?

（2）这个案例对你有哪些启发?

3. 每个小组安排一名发言人分享小组讨论的结果。

4. 教师总结。

知识储备

一、学习型组织的内涵及特征

学习型组织是倡导组织成员不断学习和发展，以适应快速变化的市场和技术环境的组织。它不仅在个人层面鼓励成员不断学习和成长，而且在组织层面积极推动知识和经验的共享和创新，通过持续的学习、创新和改进提高组织的绩效和竞争力。学习型组织具有如图0-5所示的特征。

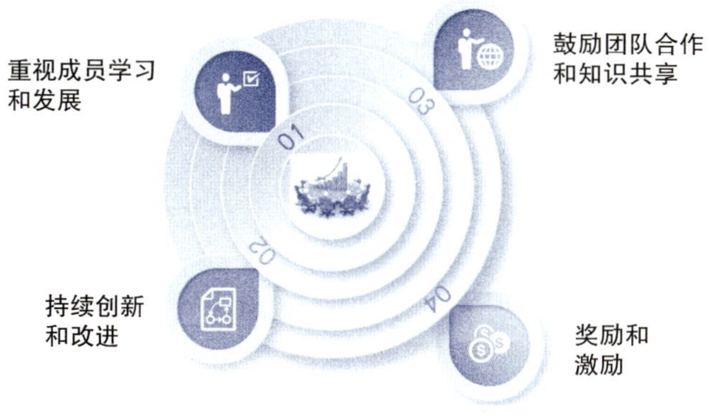

图0-5　学习型组织的特征

1. 重视成员学习和发展

学习型组织会建立有效的学习和知识管理机制，包括学习、知识共享、反馈和持续改进等方面内容，鼓励成员结合组织的目标和策略不断探索，学习新知识、技能和经验，实现组织和成员的共同成长。

2. 持续创新和改进

学习型组织鼓励成员不断探索和尝试新的方法和思路，推动创新的进程，并使成果得到有效的应用，从而持续改进和优化业务和流程，快速适应外部环境的变化和挑战，不断提高组织的适应能力。

3. 鼓励团队合作和知识共享

学习型组织强调以团队合作的方式实现组织的共同目标，鼓励成员沟通和交流，分享学习成果和实践经验，协同完成任务，实现组织的持续发展。

4. 奖励和激励

学习型组织会制定对成员的有效奖励和激励机制，以鼓励他们学习和创新。

温馨提示

同学们要把组建的学习小组建设成学习型组织，在课程的学习过程中，团队合作完成创新创业技能提升实训、创业计划书编写和项目路演，参加创新创业大赛，共同提升创新创业能力。

二、建设学习型组织的步骤

同学们可以参照图0-6所示的基本步骤建设学习型组织。

1. 明确组织目标和价值观

组织成员应共同制定学习目标，明确共同价值观，如组织成员的学习态度、学习资源的利用、学习成果的质量方面的目标和价值观，激发组织成员的学习动力和行动意愿，为后续的学习和实践提供指导和方向。

2. 建立学习文化

学习型组织的核心任务是建立学习文化，培养成员的学习意识和习惯，促使组织成员互相鼓励、互相学习。学习型组织鼓励分享学习成果和反思心得，营造积极向上的学习氛围，提高组织成员的学习积极性和自我发展能力，同时促进组织的创新和发展。

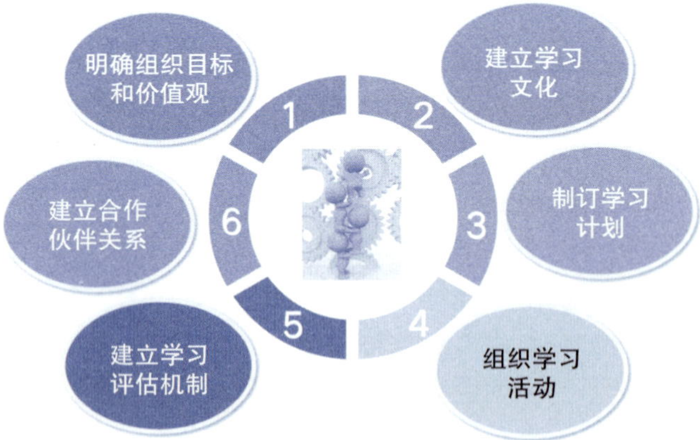

图0-6 建设学习型组织的步骤

3. 制订学习计划

根据组织的目标和成员的需求制订具体的学习计划，明确学习目标、学习内容、学习方式和学习时间。建立学习档案和跟踪表，及时记录和评估学习成果和效果。让成员相互支持和学习，加强组织内部的互动和协作。同时，要给组织成员提供相应的指导和支持，帮助他们达成学习目标。

4. 组织学习活动

组织各种学习活动，如学习分享会、知识竞赛、学习实践，通过学习活动激发组织成员的学习兴趣和动力，同时提高他们的学习效果和能力。

5. 建立学习评估机制

为了确保学习的有效性，要定期评估组织成员的学习效果，收集反馈和建议，及时调整策略，确保成员的学习效果和质量。鼓励组织成员参加学术比赛、论文发表、创新创业大赛等活动，提高学习成果的实际应用价值。

相关链接

入门模块
自我测试

6. 建立合作伙伴关系

建立和其他学习型组织的合作伙伴关系，获取更多学习资源和支持，促进组织的成长和发展。

建设学习型组织是一个长期的过程，需要团队成员共同努力，适时地调整学习策略和方案，不断提升组织的学习水平和素质。需要注意的是，建设学习型组织需要充分调动成员的积极性和主动性，一方面鼓励成员自主学习和创新；另一方面注重团队建设和协作，建立良好的团队氛围和沟通机制，以便成员更好地互相学习和成长。

温馨提示

在模块三的学习过程中，学习小组将转化为创业模拟公司，需要根据创业公司的要求重新设定成员的岗位、职责及工作制度。

创新创业技能提升实训

实训项目一

<table>
<tr><td>实训主题</td><td colspan="2">制订课程学习计划</td></tr>
<tr><td>实训目标</td><td colspan="2">（1）学会制订计划并确保计划有效实施；
（2）树立成长为担当中华民族复兴大任的时代新人的学习目标，激发勇于探索和挑战的创新创业精神</td></tr>
<tr><td rowspan="2">实训流程与要求</td><td>流程与要求</td><td>注意事项</td></tr>
<tr><td>（1）每位同学根据本模块学习的内容，结合自己的实际情况制订本学期的课程学习计划；
（2）学习计划需包括学习目标、具体的行动方案、为确保目标实现的监督和检查等保障措施；
（3）将学习计划发送到班级学习群里，全班同学相互监督计划执行情况</td><td>（1）目标的制定要遵循资料卡片列出的原则；
（2）学习目标应包括知识目标、能力目标和素养目标；
（3）学习计划应可执行、可检查，并有时间进度安排</td></tr>
<tr><td rowspan="4">实训总结</td><td colspan="2">教师点评</td></tr>
<tr><td colspan="2"></td></tr>
<tr><td colspan="2">学生实训心得</td></tr>
<tr><td colspan="2"></td></tr>
</table>

知识卡片

卡片 1：“创新创业基础”课程的内容

卡片 2：“创新创业基础”课程的学习目标

卡片 3：“创新创业基础”课程的学习要求

卡片 4：“创新创业基础”课程的考核方式

环境卡片

实训环境选择：选择安静的环境，小组成员共同完成实训任务。

资料卡片

制定目标的原则

制定目标时，应遵循以下原则。

(1)关注具体性。目标应该明确、具体而清晰，这样可以帮助你更好地理解和聚焦于你想实现的目标。

(2)关注可衡量性。目标应该是可以被衡量和评估的。尽可能设定可以量化的指标，以便追踪和评估目标的实现程度。

(3)关注可实现性。目标应该是合理可行的，要基于对现实条件和可用资源的考虑。要确保你有足够的能力和资源实现所制定的目标。

(4)关注相关性。目标应该与你的价值观、长期愿景和短期计划一致。确保目标与个人、组织的整体发展方向相符。

(5)关注时限性。应该设定明确的截止日期或时间范围，这有助于创建一个具体的时间框架，促使你按计划行动并保持紧迫感。

(6)关注挑战性。目标应该具有一定的挑战性，能够激发你的动力和积极性。适度的挑战可以促使你不断成长和发展。

(7)关注可分解性。将目标分解为更小的、可管理的子目标能使目标更易于实现，同时提供更多的反馈和动力。

(8)建立反馈机制。建立反馈机制，以便监控计划实施的进展，并进行必要的调整。反馈可以帮助你评估目标的有效性，并在必要时进行修正。

(9)关注适应性。目标应该是灵活的，并允许在必要时进行调整。有时环境、条件或优先级会发生变化，因此需要根据实际情况来调整目标，但不宜频繁调整。

在制定学习目标时，要综合考虑这些原则，制定出适当、合理的目标。

实训项目二

<table>
<tr><td>实训主题</td><td colspan="2">制定小组学习制度</td></tr>
<tr><td>实训目标</td><td colspan="2">（1）学会制定小组学习制度；
（2）养成团结协作的集体主义精神</td></tr>
<tr><td rowspan="2">实训流程与要求</td><td>流程与要求</td><td>注意事项</td></tr>
<tr><td>（1）小组成员共同复习本模块的知识；
（2）小组成员充分研讨并结合实际情况制定本学期的小组学习制度；
（3）将学习制度发送到班级学习群里，全班同学相互监督，将制度落实到位</td><td>学习制度是执行学习计划的保障</td></tr>
<tr><td rowspan="4">实训总结</td><td colspan="2">教师点评</td></tr>
<tr><td colspan="2"></td></tr>
<tr><td colspan="2">学生实训心得</td></tr>
<tr><td colspan="2"></td></tr>
</table>

知识卡片

卡片1：学习型组织的特征

卡片2：建设学习型组织的步骤

环境卡片

实训环境选择：选择安静的环境，小组成员共同完成实训任务。

资料卡片

卡片1：制定学习制度的重要性

在课程学习过程中组建学习型组织、制定学习制度对促进同学们的学习、交流和成长具有重要作用。

（1）提高学习动力，促进目标设定。学习制度可以帮助同学们明确学习的目标和计划，激发学习兴趣，提高学习动力，更有条理地安排学习时间，提高学习效率。

（2）营造学习氛围和文化。学习制度可以塑造积极向上的学习氛围和文化，鼓励同学们互相学习、交流和分享知识。这有助于打破孤立状态，让同学们感受到学习的乐趣和成就感。

（3）提升学习质量和效果。制定学习制度可以推动同学们进行更深入、系统化的学习。同学们可以在学习小组中互相讨论，从而加深对知识的理解。

（4）培养团队合作和沟通能力。学习制度鼓励同学们在团队中合作学习，培养团队合作和沟通能力，这对于我们日后的职业发展和人际交往具有重要意义。

（5）培养自主学习能力。学习制度可以帮助同学们逐步培养自主学习能力。同学们需要在规定的学习制度下自行安排学习时间、制订学习计划，这有助于培养自我管理和学习能力。

总之，制定学习制度在大学生学习型组织建设中具有非常重要的作用。它有助于同学们提升学习动力、质量和效果，培养团队合作和自主学习能力，为个人发展奠定坚实基础。

卡片2：如何制定学习型组织的学习制度

在制定学习制度时，可以参考以下内容。

（1）按时参加活动。每位成员都要按时参加小组学习活动，以确保团队的高效运作。

（2）积极参与讨论。鼓励每位成员积极参与小组讨论，提出问题，分享见解和经验。

（3）分享资源。每位成员都应与他人分享有用的学习资源，如笔记、课件、参考资料，以促进全体成员的进步。

（4）分工合作。应将任务分解为不同的部分，并将它们分配给小组成员。每位成员分别负责研究特定的内容，并与他人分享。这样可以提高效率，并确保每个人都有机会参与。

（5）互相帮助。鼓励小组成员相互支持和帮助，在遇到困难或问题时互相帮助，以促进共同学习和成长。

（6）尊重他人。每位成员在小组学习中都要尊重他人的意见和贡献，避免批评或贬低他人。

（7）保密和信任。要对小组内部的讨论和分享的信息保密，建立相互信任的氛围，使每位成员都能自由表达和分享。

（8）承诺完成任务。每位成员都应按时完成分配到的任务，以确保达成学习目标。

（9）尊重时间。小组成员共同商定学习时间表。安排固定的时间进行小组学习可以帮助大家安排时间，并保证每位成员都能参与。每位成员在小组学习中都应合理安排时间，不迟到或早退，并有效利用集中学习时间，避免干扰他人的学习进程。

（10）提供建设性反馈。鼓励小组成员相互提供反馈和支持。可以定期举行反馈会议，讨论学习进展、遇到的问题及解决的方式。这有助于改善小组学习的效果，并促进个人和小组的成长。

制定学习制度的目的是确保小组学习顺利进行，促进有效的合作和学习成果产出。学习制度可以根据具体的学习需求和小组成员的意见进行调整和补充。

模块一 开发创新思维

激发创新活力

- 弘扬创新精神，涵养优良学风
  - 创新的内涵
  - 创新与创业
  - 创新精神与优良学风
- 训练创新思维，营造创新氛围
  - 发散思维与收敛思维
  - 逆向思维与侧向思维
  - 想象思维与联想思维

掌握创新方法

- 认识创新方法，培育创新文化
  - 创新方法的内涵与作用
  - 创新方法的目标与种类
  - 创新文化的培育
- 运用创新方法，提升创造能力
  - 头脑风暴法的应用
  - 思维导图法的应用
  - 设计思维法的应用
  - 其他创新方法的应用

党的二十大报告指出："必须坚持科技是第一生产力、人才是第一资源、创新是第一动力，深入实施科教兴国战略、人才强国战略、创新驱动发展战略，开辟发展新领域新赛道，不断塑造发展新动能新优势。"在这个充满变革的时代，创新已经成为推动社会、经济和科技发展的引擎。要实现真正的创新，首先需要具备创新思维能力，需要不断挑战传统观念、寻找新的解决方案，并将想象转化为现实。作为大学生，我们不仅要掌握丰富的知识，还要具备创新思维能力，以应对不断出现的挑战和机遇。创新思维有一个持续发展的过程，我们需要保持对新知识和新技能的学习和探索，不断打破自己的舒适区，不断追求卓越。只有不断地探索和创新，我们才能成为具有创新精神和创造力的新时代人才，为国家的发展和进步做出更大的贡献。本模块将打破学科壁垒，跨越不同领域，激发同学们的创造潜能，帮助同学们提升独立思考和解决问题的能力，积极投身社会发展和国家建设的伟大事业。

引导案例

中国国际大学生创新大赛（2023）由教育部等12个部委和天津市人民政府共同主办，有来自151个国家和地区、5 296所学校的1 709万人携421万个项目参加比赛。经过激烈角逐，北京电子科技职业学院机电工程学院张宇、周杨等人组成的学生团队精心设计、打磨的项目"阳宇智维——国内首创基于增压定向技术的光伏建筑一体化（BIPV）智能清洁机器人"获得职教赛道金奖。

"阳宇智维"是在我国新能源战略背景下，为解决光伏一体化建筑在清洁运维过程中普遍存在的扬灰、刮伤、定位等问题，由创始人周杨带领团队自主研发的一款新型多功能光伏清洁机器人。项目团队首创增压定向技术，结合双排辊刷、导向制动等创新结构设计，目前已完成三次产品迭代，正在开展四代产品研发。项目依托北京电子科技职业学院、"高端装备智能制造"北京"特高"专业群，聚焦机器人、光伏运维行业。创始人现已申请专利三项，并受邀参加2023世界机器人大会。

学习目标

知识目标：掌握创新、创新思维和创新方法的内涵、类型和作用，知晓创新和创业的关系。

能力目标：掌握创新思维训练的方法和创新方法的应用步骤，提升创新能力。

素养目标：养成创新精神、创造意识和"敢闯会创"的品质。

项目一 激发创新活力

激发创新活力可以让我们更能适应变化，灵活面对不断变化的社会环境和经济环境，为我们未来的个人职业发展打下坚实基础，并为我们未来的创业活动提供帮助。

任务一 弘扬创新精神，涵养优良学风

课前任务

1. 请同学们思考：从小学到现在，你最喜欢的学习方式是什么样的？你为什么喜欢它？

2. 分组讨论：如果有机会设计未来学校的学习方式，你们会设计出什么样的创新方式？将讨论结果写在纸上。

3. 各小组将本组的研讨成果向全班同学展示，每组展示时间不超过3分钟。

4. 各小组在展示结束后分别接受其他小组和教师的提问。

5. 教师点评。

知识储备

一、创新的内涵

创新是指在各个领域中，通过引入新的思想、方法、产品、服务、流程或组织形

式，创造出更有价值、更有效的问题解决方案的活动。创新不仅包括技术上的发明和发展，还包括商业模式、社会制度、文化观念等方面的变革和改进。它是社会和经济进步的动力，也是组织和个体在竞争激烈的环境中取得成功的关键。

（一）创新的意义

1. 国家层面

创新是国家实现持续发展的关键驱动力，党的二十大报告明确提出要“坚持创新在我国现代化建设全局中的核心地位”。首先，创新可以推动经济增长和产业升级。通过技术、产品、商业模式等方面的创新，国家能够培育新的经济增长点，提高产业附加值，增强经济竞争力。其次，创新可以改善人民生活质量，提供更加优质的产品和服务，解决人们面临的各种社会问题和挑战，提高人民的幸福感和满意度。再次，创新增强了国家的安全防卫能力，通过科技创新和军事技术创新，国家能够提升国防装备的技术水平和作战能力，维护国家主权和利益。最后，创新提升了国家的文化软实力和国际影响力，通过文化创新和文化产业创新，国家能够塑造自己的文化品牌，提升国际竞争力，加强在对外交流和合作时的吸引力。

2. 企业层面

创新不仅能提高企业的竞争力，而且能推动企业的发展。第一，创新是企业获取竞争优势的重要途径。通过技术、产品、服务、市场等方面的创新，企业能够不断提升自身核心竞争力，与竞争对手区别开来，赢得市场份额和客户认可。第二，创新可以帮助企业降低成本、提高效率。通过流程创新、管理创新等，企业可以减少资源浪费、提高生产效率，从而降低生产成本，提高利润率。第三，创新能够拓展企业的市场空间。通过不断推出新产品、拓展新业务，企业能够开辟新的市场领域，拓展客户群体，实现市场多元化和业务多样化发展。第四，创新可以增强企业的抗风险能力。在竞争激烈、市场变化频繁的环境中，企业如果能够持续创新，就能够及时调整战略和业务模式，适应市场变化，降低经营风险。第五，创新有助于提升企业的品牌价值和影响力。通过不断推陈出新、引领行业潮流，企业能够树立自身的品牌形象，提高品牌的市场竞争力和价值，赢得消费者的信任和忠诚。企业应当高度重视创新，加强创新投入，搭建创新体系，营造创新文化，推动创新驱动发展，不断提升核心竞争力，实现长期可持续的经营目标。

3. 个人层面

创新不仅能够促进个人成长和发展，提升个人竞争力，帮助个人实现梦想和目标，还能够提高个人生活质量，为个人带来更多的机会和可能性，助力个人实现成功。首先，创新能够激发个人的创造力和想象力，推动个人不断探索和尝试新的领域和方法，从而拓展个人的知识面和技能树，促进个人的全面发展。其次，创新能够提升个人的竞争力和适应能力。在不断变化和竞争激烈的社会环境中，具备创新能力的个人更容易适应新的挑战和变化，能提出创新性的解决方案，获得竞争优势，实现事业的成功。最后，创新也为个人创造了更多的机会和可能性，通过创新思维和创新行动，个人能够发现新的商业机会、开拓新的市场和领域，实现自己的梦想和目标，走上成功之路。因此，我们应当重视创新，不断培养和提升自己的创新能力，积极投身创新活动，不断探索、尝试和创造，实现自身的价值和意义。

温馨提示

同学们在学习过程中，要主动地观察和思考，将创新思维转化为实际行动，积极结合所学专业和生活实践开发创新项目，这不仅有助于我们在目前的学习和未来的职业生涯中取得成功，而且能够为社会经济发展做出积极的贡献。

（二）创新的特征

创新具有多方面的特征，这些特征反映了创新在推动社会、经济和组织进步方面的重要作用。图1-1所示是创新的主要特征。

图1-1 创新的特征

1. 新颖性

创新的核心特征是新颖性，即引入新的思想、概念、方法、产品或服务。但创新不一定是全新，也可以是对现有元素的重新组合和改进。创新反映了创新者独特的见解、观点或解决问题的方式，代表了不同寻常或前所未有的思考方式。

2. 价值性

创新的目标是创造价值，可以表现为提供更有效的解决方案、提高效率、降低成本、改善产品质量，或者满足新的市场需求等。

3. 风险性

创新的风险性指在创新活动中存在各种风险，包括技术、市场、商业模式、资金、法律、政策等方面的风险。在创新过程中需要认识并评估这些风险，采取有效措施加以应对，以确保创新活动成功和可持续。

4. 实践性

创新需要付诸实践，并通过实际应用来展现其价值。它是一种实际行动，而非仅仅停留在理论层面。

5. 动态性

创新是一个不断迭代、不断完善的过程。随着科技、市场和社会的发展变化，新的需求和挑战不断涌现，推动着创新活动的不断进行，在尝试、反思和改进中，不断创造出新的价值和机会，助力组织和个人不断适应和应对变化，实现持续发展和进步。

案例分享1-1

近年来，哔哩哔哩（简称B站）持续打造高质量科普内容，不断构建网上科普新阵地、公益课程新讲堂，站内设有一级分区“科技区”“知识区”，3个频道科学科普栏目的播放量达1 723亿人次。2022年，有2.43亿名年轻人在B站观看知识类内容，其中《知识光年》节目首期内容总播放量达到6亿人次。2023年3月，泛知识类内容在B站平台整体占比达到41%。

（资料来源：2023年度中国互联网企业创新发展十大典型案例，经济日报）

（三）创新的类型

我们可以从不同的视角对创新进行分类。

1. 根据表现形式分类

根据表现形式，创新可分为知识创新、产品创新、管理创新和营销创新。

（1）知识创新。知识创新是通过对现有知识的发现、整合、应用和转化产生新的知识或改进现有知识的活动。它涉及基础科学研究、应用技术研发、知识产权创新等方面。知识创新的目标是推动科学技术进步、提升生产力和解决社会问题。例如，人工智能领域的知识创新推动深度学习等技术在语音识别、图像识别、自然语言处理等领域取得了重大突破。

案例分享1-2

2024年2月26日，中央广播电视总台制作的中国首部文生视频AI（人工智能）动画片《千秋诗颂》在央视综合频道

（CCTV-1）播出。首集《别董大》综合运用可控图像生成、人物动态生成、文生视频等最新技术成果，生动讲述了唐代诗人高适跌宕起伏的人生经历与诗词创作故事，播出后引发热烈反响，首播收视份额达4.22%，收视率在所有上星频道动画片中高居第一。行业专家表示，《千秋诗颂》是一部将AI前沿技术发展应用与中华优秀传统文化传承成功结合的创新引领之作，通过探索诗画融通的国风动画片新呈现方式，让广大青少年进一步加深了对中国经典诗词的理解和喜爱。网友留言："以AI为媒，央视制作的这部国风动画片传承了经典，唤醒了古韵的新生命。"

（2）产品创新。产品创新是通过改进现有产品或开发全新产品满足市场需求，并提升产品性能、功能、质量和体验等的活动，包括产品设计、技术研发、生产工艺等方面的创新。

案例分享1-3

作为国内首个落地应用的装载机器人，网易伏羲无人装载机器人独创人机协作AI产业应用新模式，实现真无人、全流程的智能作业，助力实体经济高效数字化升级，解决工程业人力成本高、效率低、作业风险大等问题，为工程机械领域数字化转型提供了示范样本，为工程机械装上了"智慧大脑"。在以往传统的搅拌站场景中，协同作业至少需要6名作业人员，而引入网易伏羲无人装载机器人后，仅需1人操作，不仅降低了作业强度，还为作业人员提供了更绿色、更安全的作业环境。

如此成效来自网易伏羲的AI技术积累。一方面，基于自研的高精度轨迹跟踪、最优轨迹规划算法等技术，无人装载机器人可实现自动驾驶、自主导航避障、高精度铲卸料等无人作业；另一方面，利用数字孪生技术构建了搅拌站智能管理系统，实现了对搅拌站和装载机的监测和控制，解决了传统搅拌站数字化程度低、人力成本高、人力调度困难和作业风险大等问题。

（3）管理创新。管理创新是指在组织管理层面引入新的理念、方法、策略或实践，提升组织的效率、灵活性和创造力的活动。管理创新不仅关注产品和技术，更关注如何重新塑造组织的结构、流程、文化和领导方式，以适应迅速变化的市场和社会环境。管理创新包括重新设计业务模式、优化工作流程、引入数字技术、培养创新文化及重新制定战略方向等，其目的是使组织更具竞争力、适应性，能够持续应对变革。

（4）营销创新。营销创新是指在企业推广产品或服务的过程中引入新的理念、策略和技术，以适应不断变化的市场环境和消费者需求的活动。通过采用数字营销、内容营销、体验营销等手段，企业不仅能够更精准地与目标客户互动，使之建立品牌认知和信任，还能利用社交媒体、影响者和新兴市场渠道创造新的推广途径。营销创新强调的是在竞争激烈的市场中通过独特而有前瞻性的营销策略实现品牌的差异化，持续吸引消费者。

2. 根据企业经营方式分类

根据企业经营方式，创新可分为商业模式创新、服务创新和流程创新。

（1）商业模式创新。

商业模式是指关于企业如何设计、组织和开展其运营活动以创造、提供和获取价值的系统性方案。它包括明确定义的价值主张、目标客户群体、销售和分销渠道、收入获取方式，以及关键资源和活动等。商业模式不仅涉及产品或服务的本质，还关乎企业如何与客户互动、获取收入、配置资源，并与合作伙伴建立关系。在竞争激烈和不断变化的商业环境中，有效的商业模式是企业成功的基石，影响着其成本控制和市场适应性。

相关链接

创新商业模式，抓住下沉市场数字化转型机遇

（2）流程创新。流程创新是为了提高效率、降低成本、提升质量和服务水平而对组织内部业务流程、工作流程或生产流程进行改进和优化的创新活动。流程创新通常涉及组织管理、运营流程、信息技术等方面，通过重新设计、简化或自动化流程，改善组织运营效率和提升绩效。例如，京东通过采用先进的信息技术和智能化管理，优化供应链流程，减少库存、降低物流成本，实现了快速、准确、高效的物流运作。

（3）服务创新。服务创新是在服务领域引入新的理念、技术、方法或实践，以提供更具价值和创造力的服务的活动，包括重新设计现有服务、创造全新服务产品，以满足不断变化的客户需求和提高服务质量。数字化服务、客户体验创新、社交化服务等是服务创新的关键领域，通过这些手段，组织能够提供更便捷、个性化、可持续的服务，提升用户满意度，提高市场竞争力。在数字化和社会变革的背景下，组织可以通过服务创新更好地满足用户的期望，取得竞争优势并促进可持续发展。

相关链接

宝安“智慧社区”入选“全国社会治理创新案例”（2023）

3. 根据是否原创分类

根据是否原创，创新可分为原始创新和改进创新。

（1）原始创新。原始创新是指对概念、方法、产品或服务的首次创造和发明，成果具有全新的特点和价值，不

依赖于现有知识或技术的延伸或改进。原始创新体现了对现有问题的全新思考，具有颠覆性和突破性的特点。

（2）改进创新。改进创新是指在现有产品、服务、流程或技术基础上进行改进和优化的创新活动，目的是提高效率、降低成本、提升质量或附加值等。改进创新是小步改进、累积优化、逐步完善的创新，是创新活动最为常见的形式。

二、创新与创业

创新与创业密切相关、相辅相成，是推动社会经济发展的重要力量。在竞争激烈的商业环境中，创新是企业生存和发展的关键，创业则是将创新转化为商机的途径。

1. 创新驱动创业

创新是创业的基础。创新不仅包括新产品或新技术的发明，还包括商业模式、市场定位、营销策略等方面的改进。创新为创业者提供了新的商机和发展空间，鼓励他们创办新的企业或扩展现有企业。

2. 创业是创新的实践

创业是将创新理念付诸实践的过程。创业者是创新的思考者，更是创新的实践者。他们将创新的想法转化为实际的企业或组织，通过商业活动在市场中创造价值。虽然创新和创业都伴随着一定的风险，创新可能面临技术、市场和财务方面的风险，创业则涉及市场竞争、管理和财务方面的风险，然而，成功的创新和创业通常也会带来巨大的回报和成就感。

3. 创业激励创新

创业过程中的竞争和市场压力常常激发创新。企业为了在竞争激烈的市场中生存和蓬勃发展，需要不断地寻求创新，包括产品创新、营销创新、管理创新等。成功的创业者通常具备强烈的创新精神。他们能够识别机会，勇于冒险，灵活应对变化，并不断寻找创新的机会。

4. 创新可以提升创业的成功率

创新可以提升创业的成功率。通过引入独特的价值主张、满足市场需求的新产品或服务，创新能够使创业者在竞争激烈的市场中更具竞争力。

创新和创业共同构建了一个充满活力和创造力的生态系统。在这个生态系统中，创新者、创业者、投资者、政府和学术界共同合作，促进新的商业模式涌现和技术发展。

大赛直通车

中国国际大学生创新大赛是由教育部与各地政府、各高校共同主办的技能大赛。大赛的主要任务是以赛促学，培养创新创业生力军，着力造就拔尖创新人才，激励广大青年扎根中国大地，了解国情民情，在创新创业中增长智慧才干，怀抱梦想又脚踏实地，敢想敢为又善作善成，做有理想、敢担当、能吃苦、肯奋斗的新时代好青年。

三、创新精神与优良学风

创新精神与优良学风建设有着密切的关系，两者相互促进、相辅相成，共同推动同学们个人能力和素养的提升。要培育创新精神，涵养优良学风，同学们可以从以下方面入手。

1. 参与创新项目和比赛

同学们在校期间要积极参与创新项目和比赛，如职业技能大赛、科技创新竞赛、创业计划比赛。通过参与这些活动，同学们可以锻炼自己的创新能力和解决问题的能力，也能够提高团队合作能力和沟通能力。

大赛直通车

全国职业院校技能大赛是教育部发起并牵头，联合国务院其他有关部门及有关行业组织、学术团体等共同举办的公益性、全国性职业院校师生综合技能竞赛活动。

2. 开展创新实践

充分利用学校提供的实验室、工作室等资源，开展自己感兴趣的创新实践。我们可以通过在实验室里进行科研探索、设计创意作品、开展技术研发等方式，培养创新思维和动手能力。

3. 参加创新创业培训

我们可以积极参加学校组织的创新创业培训课程和工作坊，学习创业、商业及创新管理等方面的知识。这些培训有助于同学们了解创业的基本概念和实践技巧，为未来的创业实践打下基础。

4. 参与校企合作项目

我们可以通过参与校企合作开展的实习项目、实践项目等，深入了解行业需求和市场动态，培养市场意识和创新思维，加速技能的提升和职业素养的培养。

5. 加入创新团队或创业社团

积极参与学校的创新团队或创业社团，与志同道合的伙伴合作，共同探寻创新创业的机会。在团队合作中，同学们可以相互激励、相互学习、共同成长。

通过以上方式，同学们可以积极培育自己的创新精神，涵养优良学风，提升自身的综合素质和竞争力。这有助于我们在未来的职业发展和社会实践中取得更大的成功。

任务二 训练创新思维，营造创新氛围

课前任务

1. 请同学们做创新思维训练题。

（1）你能用四条线段把图1-2中的九个点连起来，而不让笔离开纸面吗？

（2）你能用三条线段把图1-2中的九个点连起来，而不让笔离开纸面吗？

2. 请同学们思考，回答下面的问题。

（1）刚才的题目，为什么有的同学做得出来，有的同学做不出来？你认为其中的“奥秘”是什么？

（2）你认为创新思维能力能否通过训练得到提升？

（3）创新思维能力如何通过训练得到提升？

图1-2　创新思维训练题1

3. 教师总结。

知识储备

一、发散思维与收敛思维

(一)发散思维

1. 发散思维的内涵

发散思维是一种能够产生多种可能性观点和解决方案的思维方式。个体努力跳出传统的、固定的思维模式，尝试从不同的角度来审视问题，以开放的心态探索各种可能性。

2. 发散思维的特征

(1)多样性。发散思维强调尽可能产生大量、多样化的观点，不受限于传统和常规的思考方式，不必担心产生的观点是否实用或可行。

(2)开放性。发散思维没有预设的方向，能够接受不同甚至冲突的观点，不拘泥于固定的思考框架，允许跳跃性地思考。

(3)创造性。发散思维关注创新性和独特性，追求产生非传统和富有创意的观点；能够激发自由联想，将看似不相关的元素联系在一起，创造新的关联。

思维训练 1-1

假设你要写一本书，书的标题是“未来的我”，请你简述这本书的内容。

这本书是一场引人深思的心灵探索，透过你的叙述，通过你的成长历程、反思和设想，勾勒出充满未知、挑战和可能性的未来。你将带领读者穿越时光的隧道，探索未来的自己可能会是什么样子。不要给自己设限，尽可能考虑多种可能性。

（二）收敛思维

1. 收敛思维的内涵

收敛思维是以某个思考对象为中心，尽可能运用已有的经验和知识整合信息，从个性中找到共性，以达成明确目标或解决问题的思维方式。与发散思维相对应，收敛思维侧重于通过逻辑分析和选择，缩小范围以达到明确的目标。

2. 收敛思维的特征

（1）目标导向。收敛思维强调实现特定目标或解决被明确定义的问题。它关注如何达成结论、做出决策或找到最佳解决方案。收敛思维是唯一确定的，不允许含糊其词、模棱两可。一旦方案选择不当，就可能造成难以弥补的损失。

（2）逻辑性。收敛思维强调利用逻辑推理来分析信息，不仅要进行定性分析，还要进行定量分析，要善于对已有信息进行加工，由表及里、去伪存真，仔细分析可能产生什么样的后果及应采取的对策。收敛思维通常依赖系统性的思考过程，以找到相应的关联。

（3）系统思考。收敛思维强调系统思考，需要将各种知识和信息整合在一起，通过系统性和有条理的方式，推动思考向更深入、更详尽的方向发展，以形成更全面、准确的理解。注意在处理知识和信息时，要有选择性地关注与目标相关的内容，排除无关或不必要的信息。

思维训练1-2

从所给的四个选项中，分别选择最合适的一个填入图1-3、图1-4的问号处，使之呈现一定的规律性。

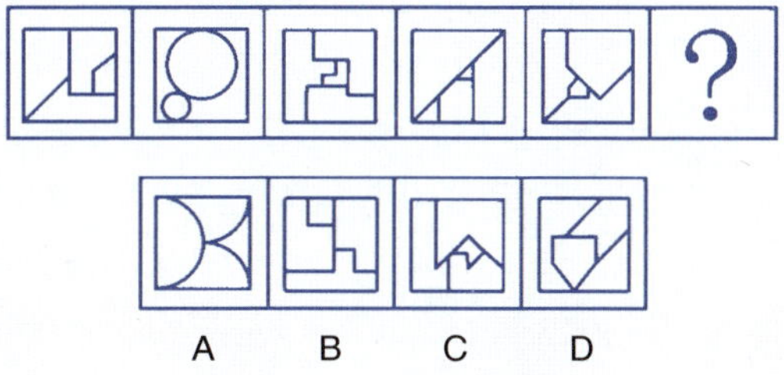

图1-3 创新思维训练题2

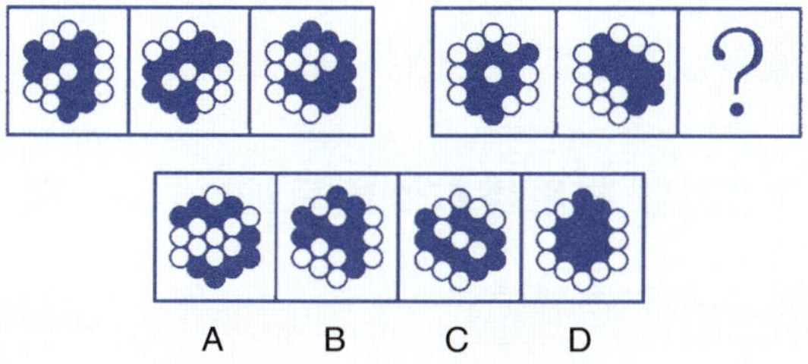

图1-4 创新思维训练题3

思维训练1-3

某全国连锁珠宝店的H分店去年在当地投放了大量电梯促销广告。广告投放后，客流量激增，净利润和前一年同期相比增长了30%，可见电梯促销广告对于提高企业利润十分有效。假设G分店、M分店、R分店、S分店是与H分店规模、位置等相似的其他4家分店，下列选项中最能削弱上述论证的是（　　）。

A. G分店去年没有投放电梯广告，利润却比H分店更高
B. M分店去年投放了报纸广告，利润同比提升了30%
C. R分店去年投放了大量电梯广告，利润却比H分店低
D. S分店去年投放了大量电梯广告，利润同比下降了10%

（三）发散思维与收敛思维之间的关系

发散思维和收敛思维是两种相对而又互补的思维方式。发散思维强调创造性和多样性，其过程涉及生成各种可能的想法和解决方案，是非线性的思维方式。这种思维方式有助于探索新领域、激发创新、增进灵活性，让个体能够从不同的角度审视问题，寻找新的连接和关联。相反，收敛思维更注重整合和选择。它是一种线性的思维方式，旨在通过深入的分析和评估，找出最佳解决方案。个体需要筛选出并专注于最有价值的方案，并确保思考过程具有逻辑性、明确性和有效性。

发散思维常常在面对模糊、开放性问题或需要创意解决方案的情境中发挥作用。收敛思维在面对明确、结构化的问题时效果显著，可以帮助我们从众多可能性中筛选出最符合逻辑和目标的选择。这两种思维方式通常在解决问题的不同阶段交替使用。首先利用发散思维拓展解答空间，产生创新性的方案，然后利用收敛思维从这些方案中挑选出最符合要求、最具可行性的方案。这种动态的交替过程有助于创造性地解决问题。

二、逆向思维与侧向思维

（一）逆向思维

1. 逆向思维的内涵

逆向思维是一种反向、颠覆性的思维方式，其核心思想是从反方向或不同的角度来审视问题、情境或方案。逆向思维的目的是

打破常规思维模式，寻找非传统的解决方案。这种思维方式常常用于解决复杂问题、推动创新、创造独特的解决方案，或者在创业领域中发现新的商业模式等。这种思维方式强调对问题的全面理解，可以促进对多领域知识的综合运用，灵活性和适应性使其成为解决复杂问题和推动创新的有力工具。

思维训练1-4

王老板花30元进了一双鞋，零售价为40元。一人拿一张100元纸币前来买鞋，王老板找不开，请邻居帮助把这100元换成了零钱，找给此人60元。待此人离去后，邻居发现这张100元是假币。王老板只得又还了邻居100元。请问在这场交易里，王老板损失了多少钱？

2. 逆向思维的类型

逆向思维主要有如图1-5所示的五种类型。

（1）问题逆向。从问题的解决方案出发，反向推导出问题的本质或成因。通过思考已有的解决方案的限制和局限性，以及可能的替代方案，找出问题的根源，并提出更有效的解决方案。例如，如何解决城市交通拥堵问题？运用问题逆向思维，可从常规的交通管理和基础设施建设出发，反向思考通过实行远程办公和灵活工作时间减少交通拥堵。

图1-5　逆向思维的类型

（2）目标逆向。设定一个目标，然后反向思考达到这个目标的途径和步骤，通过逆向分析目标的实现过程，找出可能的障碍和风险，并提出相应的应对策略。例如，一家初创企业希望在短期内实现利润最大化，可以设定一个期望的利润目标，然后反向分析达到这个目标的途径和步骤。运用目标逆向思维，企业管理者可能会意识到需要提高产品质量、拓展市场份额或改进营销策略。

（3）结果逆向。从事件的结果出发，反向推导出其可能的原因或影响因素。通过反向思考事件的结果，找出可能的问题解决方案。

（4）过程逆向。通过逆向分析某个过程的各个环节，找出可能的改进方案或优化措施。例如，一家制造企业希望提高生产效率，可以从生产过程的各个环节出发，反向分析可能存在的问题和瓶颈。通过逆向思考，企业管理者可能会发现是生产流程不够流畅、设备维护不当或者物料供应不足导致了生产效率低下，从而提出相应的优化建议。

（5）角色逆向。从不同角色的立场出发，通过换位思考或多角度思考，找出不同视角下问题的解决方案。例如，一个团队在开发新产品时遇到了挑战，可以从不同角色的立场出发，模拟消费者、技术专家、市场营销人员等不同角色，根据不同角色的需求调整产品设计或推广策略。

以上五种类型的逆向思维可以相互结合和交叉运用，在不同的情境中发挥作用，帮助我们发现新的视角和解决方案。

（二）侧向思维

1. 侧向思维的内涵

侧向思维是指以非传统或非直接的方式解决问题的思维方式。它常常涉及通过从不同的角度来审视问题，或者运用富有创意的方法来产生新的解决方案。

案例分享1-4

斯宾塞·西尔弗是美国3M公司的研究人员，在20世纪70年代初，他致力于研发一种强力胶水。然而，他的实验并没有成功，创造出来的胶水不够黏。斯宾塞·西尔弗没有沮丧，他运用侧向思维，将目光从原先的目标上移开，开始考虑这种相对弱黏性的胶水能否被应用在其他方面。在一个偶然的情况下，他意识到这种胶水可以在纸上粘贴，而且可以轻松撕下来，不留下痕迹。这个发现让他联想到一种新的应用场景：生产可以粘贴在文件上，方便标注和撕下的小便笺。便利贴应运而生。斯宾塞·西尔弗成功地将一个看似失败的研究成果转化为一项具有深远影响力的发明。

2. 侧向思维的类型

（1）侧向移入。侧向移入是指跳出本专业、本行业的范围，摆脱习惯性思维，侧视其他方向，将注意力投向更广阔的领域，或者将其他领域已成熟的、较好的技术方法、原理等直接移植过来加以利用，或者从其他领域事物的特征、属性、机理中得到启发，产生对原来思考问题的创新设想。

（2）侧向移出。侧向移出是指将现有的设想、已取得的发明、已有的技术和产品外推到其他意想不到的领域中或对象上。

（3）侧向转换。侧向转换是指将问题转换成为侧面的其他问题，或将解决问题的策略转为侧面的其他策略。围魏救赵、草船借箭、曹冲称象等都是运用侧向转换解决问题的例子。

思维训练1-5

如果你置身于一个没有引力的环境中，你将如何重新设计日常用品，例如杯子或椅子？

三、想象思维与联想思维

（一）想象思维

1. 想象思维的内涵

想象思维通过想象力、创造力和图像化思维构思、设想或者创造新的事物、场景或观念。这种思维方式可以帮助我们超越现实的限制，超越已有的知识和经验，探索新的可能性，激发创意。

2. 想象思维的特征

想象思维能够激发创造力、创新性和灵感，帮助我们在面对未知或复杂问题时找到新的解决方案和视角。想象思维的主要特征如下。

（1）创造性。想象思维是一种创造性的思维方式，能够产生独特、新颖的想法和观念，让人们超越已知的框架和常规的思维模式，创造出全新的事物或场景。

（2）形象性。想象思维常常是通过图像、形象或者视觉化的方式进行的。人们通过具体的图像或场景表达自己的想法和观念，从而更加生动和直观地展现出想象的内容。

（3）自由性。想象思维没有固定的规则或限制。在想象的世界里，人们可以尽情地探索各种可能性，自由地发挥自己的想象力，没有任何束缚。

（4）超越性。想象思维能够帮助人们超越现实的局限性，超越时间、空间和现实的限制，探索未知的领域和未来的可能性。人们可以设想出各种不同的场景和情境，拓展自己的思维边界。

思维训练1-6

请同学们试着想象一种未来办公空间的设计，使员工更具创造性、灵活性和生产力。

3. 想象思维的类型

想象思维可以根据表现形式、应用领域或者思维过程的不同进行分类。以下是几种常见的想象思维分类方式。

（1）根据表现形式，想象思维可以分为视觉想象思维，听觉想象思维和触觉、味觉、嗅觉想象思维。

（2）根据应用领域，想象思维可以分为艺术想象思维、科学想象思维和工程想象思维。

（3）根据思维过程，想象思维可以分为自由想象思维和目标导向想象思维。

对不同类型的想象思维，可以根据具体的情境和需求进行选择和应用，这有助于提高我们的创造力、创新性和问题解决能力。

案例分享1-5

山东省公安厅物证鉴定中心的高级工程师、模拟画像专家林宇辉能够根据语言、文字、图样的描述，在头脑中形成相应的形象，从而生动地绘制出犯罪嫌疑人的图像。林宇辉根据模糊视频绘制的犯罪嫌疑人图像相似度高达80%。将画像技术与警察工作结合的他被称为“神笔警探”。

（二）联想思维

1. 联想思维的内涵

联想思维是一种将不同概念、想法或经验联系起来的思维方式，人们通过触发对一个概念的联想，自然而然地将其与其他相关的概念、记忆或情境联系起来。这种思维方式侧重于将看似不相关的事物或观点联系在一起，以创造出新的事物或观点。更具体地说，联想的过程就是根据输入的信息，在记忆库中搜寻与之相关的信息，或者利用记忆库中的一些信息形成与之相关的新信息的过程。

2. 联想思维的分类

对联想思维可以根据表现形式和具体应用领域进行分类，通常可将其分为相关联想、相似联想、类比联想、对称联想和因果联想。

（1）相关联想。相关联想是由给定事物联想到经常与之同时出现或在某个方面有内在联系的事物的思维方式，这种联想基于事物之间的直接联系或经验的相关性。例如，在推广一款新的健康饮品时，可以通过相关联想将其与健身俱乐部、健康食品和生活方式品牌联系在一起，以便更好地定位市场。

（2）相似联想。相似联想是基于外观、性质、功能等方面的相似性，将一个事物与另一个事物联系起来，产生新的想法或方案的思考方式。例如，创业者对自己的初创企业与某个相似的成功企业进行相似联想，研究该企业在市场中获得成功的策略能否被应用到自己的业务中。

（3）类比联想。类比联想通过将一个领域或概念与另一个领域或概念进行比较，寻找其共同点或相似性。这种思维方式有助于从一个领域中的知识和经验中获得对另一个领域的理解。例如，可以将企业管理类比为军事指挥，寻找类似之处，以提出新的管理策略。

思维训练 1-7

请将企业的成长过程与植物的生长过程进行类比，找出它们之间的相似之处。

（4）对称联想。对称联想是由给定事物联想到在空间、时间、形状、特性等方面与之对称的事物的思维方式。

（5）因果联想。因果联想是通过理解事物之间的因果关系来进行推理和决策的思维方式。通过分析某一事件或决策的原因，可以更好地预测可能出现的结果。例如，创业者分析企业过去几个季度的销售数据，发现广告投入与销售增长之间存在因果关系，并基于这一发现调整广告策略，以取得更好的业绩。

相关链接

互联网思维

温馨提示

创新思维训练的关键在于多元化思考、实践练习和不断反思。同学们要广泛阅读文学、科学、艺术等领域的书籍，以拓展思维广度；参与项目或实践活动，培养创新思维和解决问题的能力；定期回顾学习过程，思考学到的知识和取得的进步之间的关系，最终通过创新思维训练提升“透过现象看本质”的能力，为未来的职业发展打下坚实的基础。

项目二 掌握创新方法

创新不仅是成功的关键，更是在探索未知、成就自我的过程中为社会发展做出贡献的重要方式。在本项目中，我们将深入研究各类创新方法，通过案例分析和实践操作，逐步掌握运用这些方法解决问题的技能。

任务一 认识创新方法，培育创新文化

课前任务

1. 阅读材料“这一年，这些创新成就熠熠生辉”，分析2023年我国取得傲人的创新成就的支撑因素有哪些，思考我们在大学期间该怎样提升创新能力。

2. 每个小组安排一名发言人向全班同学分享小组研讨的结果。

3. 教师点评。

相关链接

这一年，这些创新成就熠熠生辉

知识储备

一、创新方法的内涵与作用

创新是有规律可循、有步骤可依、有技巧可用、有方法可行的，创新方法就是根据创新思维的发展规律总结出来的方法。创新方法是进步和发展的引擎，在解决问题、提高效率、创造价值及适应变革等方面都有关键性作用。

（1）解决问题。创新方法通过开放性、前瞻性的思维方式，融合不同专业领域的知识和经验，帮助我们寻找更全面、更有效的解决方案，而不仅仅依赖传统的方案。

（2）提高效率。创新方法通常能够引入更高效、更智能的流程和工具。通过采用创新方法，个人或组织能够以更有效的方式完成任务，提高生产力和效率。

（3）创造价值。在科学、工程和技术领域，通过应用创新方法，人们发现了许多颠覆性的问题解决方案，推动了科技的不断进步和社会的发展。同时，创新方法能够创造新的产品、服务和业务模式，为市场和社会创造价值，有助于企业保持竞争力，同时也为消费者提供了更多的选择和便利。

相关链接

自主创新炼成中国高铁名片

（4）适应变革。在不断变化的环境中，创新方法能够使个人或组织更具适应性和灵活性，更好地应对新的挑战和机遇。

二、创新方法的目标与种类

（一）创新方法的目标

创新方法的目标是通过系统性的方法解决问题、激发创造性思维，并在不同层面推动创新。

第一，创新方法致力于解决问题，通过识别和解决个人或组织面临的问题，推动更有效的解决方案的产生。

第二，创新方法有助于促进创新思维，鼓励围绕问题产生新的、独特的想法，为创新提供多样的思维路径。

第三，创新方法着眼于推动产品、服务或业务模式的创新，以满足市场需求或创造新的价值。

第四，创新方法专注于流程优化，通过改进工作流程、业务流程或生产流程，提高效率、降低成本或提升质量水平。

第五，创新方法致力于培养团队合作精神，促进创新文化的建立，使创新成为组织的重要活动，从而为形成可持续的创新环境奠定基础。

相关链接

企业创新的本质

这些目标共同构成了创新方法在解决问题、推动创新和提升组织综合创新能力方面的全面价值。

（二）常见的创新方法

常见的创新方法有列举法、设问法、类比法、组合法、六顶思考帽法、头脑风暴法、思维导图法、设计思维法等。所有创新方法的共同目标是激发创造性思考、推动创新性行动和找到有效解决问题的方案，然而，它们在方法论和引导思考的方式等方面存在显著不同，其特点如表1-1所示。

表 1-1 各种创新方法的特点

创新方法	方法描述	特点
列举法	通过列举属性、特征或解决方案的方式，系统地生成想法	侧重于通过罗列清单来激发思考，强调数量和多样性
设问法	通过提出问题的方式探索问题的本质和解决方案	以问题引导思考，重点关注对问题的定义和理解
类比法	将一个领域的概念应用到另一个领域，以创造新的解决方案	侧重于通过类比和联想创造新的解决方案
组合法	将不同的元素组合在一起，创造出新的整体	侧重于通过组合元素形成新的整体，推动创意的产生
六顶思考帽法	采用六种不同的思考模式，从不同角度展开思考	关注平行思维，将团体中的争论变成集思广益的创造
头脑风暴法	团队集体产生各种想法，鼓励自由和开放地思考	重点在于在开放的氛围中产生尽可能多的创意
思维导图法	以图形展示元素之间的关系，有助于组织和表达思路	强调通过可视化工具帮助理解和沟通，并发现新的联系
设计思维法	以用户为中心，强调观察、理解和改善用户体验	突出用户体验的重要性

对这些创新方法可以根据具体情境的需要进行选择和组合使用，以更全面地促进创新。

三、创新文化的培育

（一）创新文化的内涵

创新文化是与创新活动相关的文化形态，是全社会共有的关于创新的价值观念和制度设计。它反映了社会对创新的态度，这种态度体现为一种价值取向，表明社会是否容许、欢迎乃至鼓励创新。激发创造力是创新文化培育的目的。创新文化能促使人们在工作中不断产生新的思想和解决方案，鼓励创新精神的发展，使组织更灵活、更能适应变化并取得成功。

（二）创新文化的作用

创新文化在组织中可以起到多方面的作用，它不仅能够促进组织的创新和持续发展，还能够增强组织的竞争力。

1. 激发创新动力

创新文化能够激发组织成员的创新动力，鼓励他们突破传统思维边界，提出新的理念和解决方案。培养开放、积极的思维氛围可以让成员更愿意提出创新性的观点，从而推动组织的创新活动。

2. 促进团队协作和知识共享

创新文化强调团队协作和知识共享，鼓励成员跨部门、跨领域合作。这有助于融汇具有不同背景和经验的成员的观点，促进创新项目的成功实施。通过横向和纵向的信息共享，组织能够更全面地分析问题，寻找更具创意性的解决方案。

3. 提升组织竞争力和适应性

创新文化能使得组织更具竞争力和适应性。持续创新能够帮助组织在市场中保持领先地位，适应不断变化的环境。通过推出新的产品、服务和业务模式，组织能够更好地满足客户需求，从而强化竞争优势。

相关链接

以培育创新文化赋能高质量发展

（三）创新文化的培育方式

在组织中培育创新文化有一个综合而系统的渐进过程，需要科学的顶层设计和组织成员的共同努力。培育创新文化的三个要点如下。

1. 明确创新目标和策略

组织要明确创新目标并将其纳入战略规划，包括制订创新计划、设定清晰的创新目标和制定相应的策略等，确保创新目标与组织的长期发展目标一致，同时制定奖励机制，认可创新成果，以奖金、奖项、特别福利等激励成员参与到创新活动中。

2. 建立全方位的创新支持系统

组织要为成员提供全面的创新培训，包括创新方法和工具的使用培训；确保成员有足够的资源，如时间、预算和技术来参与创新项目；建设支持创新的平台，如创客空间、创新实验室、在线平台；确保每个成员都有机会参与创新活动，激发成员的创新潜能。

案例分享1-6

“故宫·腾讯联合创新实验室”项目由故宫博物院与腾讯集团共同发起，旨在为故宫珍贵文化遗产的永续保护探索切实的数字化解决方案，基于新一代数字基础设施，为故宫文物数字化保护利用的持续发展筑牢坚实根基。2023年5月18日，实验室正式落成。实验室位于故宫博物院内，总占地面积约450平方米，包括办公区和影像采集工作区两大功能区，现已初步具备超高清二维数字影像、三维文物数据、虚实融合视音频采集等文物多维数据的一体化采集能力。在实体功能区外，故宫博物院与腾讯数字孪生团队还共同研发了“数字孪生智慧管理平台”，使实验室成为一座互联互通的智慧建筑，在数字孪生、云计算、大数据、人工智能技术的帮助下，对文物数据采集环境实现了更加精细化的管控。该平台的实时管控可以使文物在数据采集过程中时刻受到最适宜环境参数的保护，确保文物数据的精确采集、高效加工、永续保存、灵活应用。

3. 营造开放、包容的工作环境

组织要培养开放、包容的工作文化，促进成员分享创新观点，鼓励团队合作和多元思维；建立积极的创新文化，包括接受失败、鼓励尝试新事物；定期组织创新审查，听取成员对创新项目的汇报，从成功和失败中汲取经验教训，同时为其提供反馈和建议，推动成员不断学习和成长。

温馨提示

组织应具有长远眼光，不仅关注短期收益，而且注重创新文化的长期建设。最重要的是，要认识到创新文化的适应性，根据组织的独特特点和成员需求进行灵活调整，以促进创新文化的健康发展。

任务二 运用创新方法，提升创造能力

课前任务

1. 教师给每个小组分别发一副扑克牌，请每个小组分别用扑克牌搭建一座能稳稳矗立的牌塔。注意不可折叠扑克牌。搭建的牌

塔最高、用时最短的小组获胜。

2. 小组讨论，总结游戏的收获，时间为2分钟。

3. 每个小组安排一名发言人分享讨论结果，每组分享时间为1分钟。

4. 教师点评。

知识储备

一、头脑风暴法的应用

头脑风暴法是一种通过团队协作和开放性讨论产生集体创意的方法。在这个过程中，参与者被鼓励自由发表所有可能的想法，无论其多么奇特或不同寻常。在初期不进行批判性评价，以拓展创意的边界；后续可以对产生的想法进行组合和改进，最终筛选出最有价值的创意。

图1-6　头脑风暴法的实施步骤

头脑风暴法通常以会议的形式进行，具体实施步骤如图1-6所示。

1. 明确主题

在开始头脑风暴之前，首先要明确主题。这个主题可以是任何需要提出创意解决方案的议题，例如新产品开发、市场推广策略、团队合作。

2. 确定成员

确定参与头脑风暴的成员，并确保成员的多样性，包括专业背景、经验水平和观点方面的多样性。多元化的成员结构有助于产生更丰富和多样化的想法。

3. 设定规则

在开始头脑风暴之前，要明确设定头脑风暴的规则，例如鼓励自由表达、不评价他人的想法、追求数量而非质量。这些规则有助于营造开放、包容和积极的氛围。

4. 生成创意

开始头脑风暴，团队成员依次提出自己的建议。鼓励成员自由发挥想象力，不加限制地提出各种可能的解决方案，不管它们听起来多么奇怪或不切实际。通过白板、便笺或电子文档记录产生的全部想法，以便后续评估和整理。

5. 鼓励联想

在头脑风暴过程中，鼓励成员在其他人提出的创意基础上进行联想和补充，这有助于激发更多的创意和灵感。

6. 整理筛选

对产生的所有创意进行整理和筛选。可以根据设定的目标和标准对创意进行评估和排序，挑选出最具潜力和可行性的创意。

在头脑风暴结束后，一方面要根据筛选出的最佳方案确定具体的行动计划和实施步骤，确定责任人、时间表和资源需求，确保方案能够得到有效的执行；另一方面要回顾头脑风暴的过程和结果，收集团队成员的反馈和建议，评估头脑风暴的效果和成果，总结经验教训，为下一次头脑风暴提供改进和优化的建议。

温馨提示

开展头脑风暴时要选择一个安静、舒适的场地，确保成员可以集中精力，同时确保有足够的时间。在开始头脑风暴之前，可以进行一些简短的有助于集中注意力的活动，以帮助成员摆脱杂念，专注于创意的产生。在过程中要鼓励成员尽量多地提出想法，不管这些想法听起来多么不切实际或者疯狂。可以通过提问、展开讨论等方式来激发联想。

二、思维导图法的应用

思维导图是一种图形化的创新思维工具，用于呈现思维过程。它通常以中心主题为起点，通过放射状的分支将相关的关键词、概念或信息连接起来，形成树状结构的图表，如图1-7所示。这种图表结构有助于简洁明了地呈现信息之间的层次关系和关联，方便人们更好地理解、记忆和分享信息。

思维导图方便更新和调整，适用于多种场景，包括项目规划、知识整理和问题解决等，可以提高团队合作、可视化分析的效率，降低信息过载的风险，是个人和团队思考、学习和工作的强大辅助工具。绘制思维导图的主要步骤如图1-8所示。

图 1-7　思维导图示例

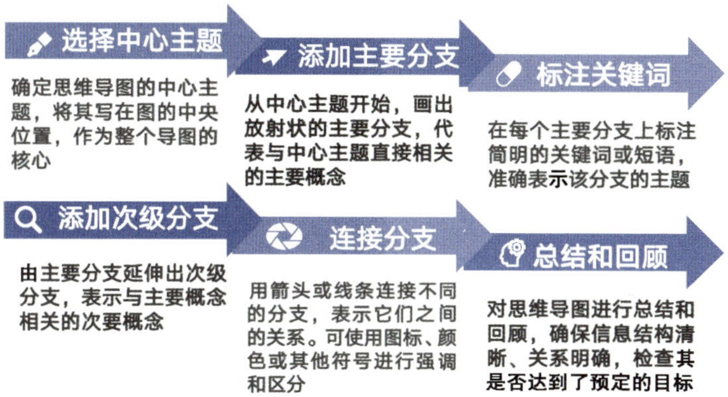

图 1-8　思维导图绘制步骤

绘制思维导图时，要遵循简洁明了、逻辑清晰的原则。要选择清晰、简洁的图形，统一颜色和样式，适度运用图标和符号以强调信息，合理利用空白空间，使思维导图整洁、有序。同时，要遵循逻辑，确保分支之间的关系有条不紊，使用明晰的线条和箭头表示关联关系。在绘制过程中应当不断调整和改进，确保思维导图符合实际需求，文字量适度，避免信息过载。这些技巧有助于使思维导图更具吸引力、易读性和实用性，成为有效的思考和沟通工具。

温馨提示

思维导图不仅是一种培养创造性思维的工具，更是一种整理信息、解决问题的工具。通过制作思维导图，我们能够清晰理解知识，提高记忆力，促进创新思考，提高学习和工作效率。这种视觉化的工具也有助于团队协作和沟通。同时，在职业规划方面，思维导图可以成为明确职业目标、规划发展路径的有力助手。同学们可以尝试在学习和实践过程中养成使用思维导图的习惯。

三、设计思维法的应用

（一）设计思维的内涵

设计思维是一种以人为中心解决问题的思维方式，强调以用户的需求和体验为出发点，通过创造性的方式解决复杂问题。设计思维强调开放性、创造性、灵活性和实践性，通过深入了解用户需求、不断创新和迭代，产生切实可行且用户满意的解决方案。它源自设计领域，目前已逐渐在商业、教育和社会创新等领域得到应用。

温馨提示

设计思维强调“像设计师一样思考”，以用户为中心，设身处地仔细挖掘用户的需求，探究复杂系统的本质，形成解决方案原型，并到用户场景中去测试，根据发现的问题不断迭代，最终设计出让用户满意的方案。

（二）设计思维法的实施步骤

设计思维法的应用通常包含如图1-9所示的五个关键步骤，这些步骤可以循环、反复进行，特别是在面临复杂问题或需求不断变化的情况下。

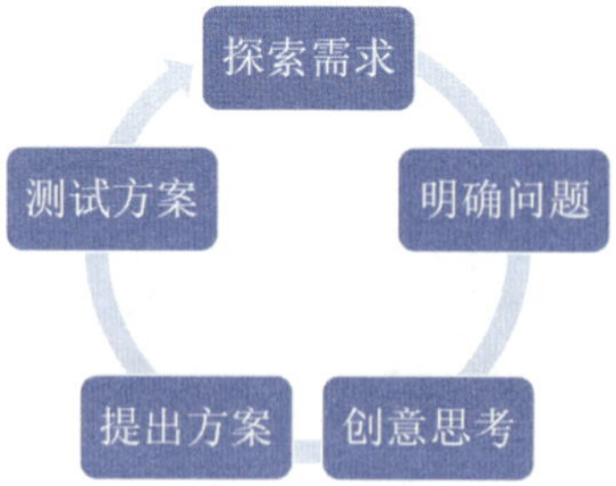

图1-9 设计思维法的实施步骤

1. 探索需求

探索需求的过程是为了设计出符合用户期望的解决方案而深入理解和感受用户的需求、感受和情感的过程。在这一阶段要选择具有创新价值的主题，并完成用户调研，目标是与用户建立深度的、有同理心的连接，更好地理解用户的需求和期望，从而在后续的设计过程中更好地解决问题、创新和提升用户体验。

（1）确认主题。选择一个具有创新价值的主题有助于构建有意义且引人入胜的设计挑战，从而激发团队成员的创造力和解决问题的激情。具有创新价值的主题通常与未被解决的问题、未被满足的需求、新的机遇、未来发展趋势等相关，这样的主题为设计提供了明确的方向和目标，有助于团队集中精力、资源，确保设计方案不偏离核心目标。同时，具有创新价值的主题与用户需求紧密连接，设计团队通过关注用户的痛点，更好地理解用户期望，可以创造出更符合实际需求的设计方案。

（2）调研用户。通过访谈用户、观察用户行为和参与用户活动，准确了解用户的需求、痛点和兴奋点。设计团队要以同理心去体验和感受用户的情感，以更好地理解用户在特定情境中的感受和反应，在此基础上建立用户画像，将用户的需求和特征具体化，同时制作情感地图，展示用户在使用产品或服务的过程中的情感波动，了解用户在不同阶段的情感状态。

温馨提示

同理心是理解和体会他人感受、情感和处境的能力。它包括对他人情感的敏感性、对他人独特经历的理解及对他人需求的认可。同理心是一种情感智力，它有助于建立更加积极的人际关系，促进沟通和协作。同学们在与人交往的过程中，可以尝试积极倾听、换位思考、主动问候和询问、接受和尊重不同意见、细心观察非言语表达信号（眼神、面部表情、姿势、语气等），通过不断实践和反思，逐渐提升自己的同理心水平。这有助于建立更加积极的人际关系，同时也能促进自身的成长和发展。

2. 明确问题

明确问题阶段主要是归纳和总结探索需求阶段收集到的用户信息，通过综合分析，确定要解决哪些核心的用户问题或者用户痛点。在这个阶段，团队需要明确目标和进行问题陈述，确保对问题进行全面理解，以便为后续的创意生成和解决方案设计奠定基础。

（1）明确目标。对问题进行深入调研，收集相关数据和信息；观察当下情况，了解用户、利益相关者的需求和期望，发现问题的根本原因；确定解决问题的最终目标，明确希望达到的结果。这有助于团队形成对问题背后的目标的清晰认识。还要与问题的各利益相关者进行沟通，了解他们对问题的看法和期望。这有助于综合不同视角，形成更全面的问题理解。

（2）确定问题陈述。将问题具体化，明确要解决的挑战。提出问题的时候，可以采用开放式的问题陈述，避免过于狭窄地定义，以激发更多的创意。整理出清晰的问题陈述，确保所有团队成员都能理解问题的核心。问题陈述应该简明扼要，准确反映问题的本质。还要确定衡量问题解决是否成功的关键指标。这些指标应该可以帮助团队评估解决方案的效果，确保其与最初确定的问题相符。

这个阶段有一个不断迭代的过程。随着对问题的理解加深和对解决方案的探索，需要反复调整问题陈述。

> **温馨提示**
>
> 这个阶段可以运用头脑风暴法等创新方法从不同角度思考问题，发现可能的挑战和机会；从多个角度审视问题，考虑不同的解决方案可能涉及的方面，以避免过于狭隘地定义问题。

3. 创意思考

在这一阶段，要鼓励团队成员自由发挥想象力，提出各种解决方案。可以通过开展头脑风暴、设计工作坊或使用在线协作工具来实现。

4. 提出方案

在这一阶段，团队的主要任务是通过创意生成、概念开发和原型制作等形成创新性的解决方案；通过与用户的互动和迭代优化，确保方案符合实际需求并获得用户认可；同时进行全面的可行性评估，考虑技术、经济、法律等因素，保证方案能得以顺利实施；最终通过清晰的沟通与共享，确保团队成员和利益相关者支持提出的方案，为后续实施和细化方案打下坚实基础。这个阶段强调创造性思维、用户参与和迭代优化，以确保最终的解决方案能够切实解决问题并满足各方需求。

5. 测试方案

测试方案阶段的主要任务是验证和评估之前提出的解决方案的实际效果，以确保其能够成功地满足用户需求和解决问题。应通过用户测试、功能测试、性能测试、安全性测试和可用性测试等手段全面检验解决方案的功能性、安全性和用户体验，同时收集用户和利益相关者的反馈，进行数据分析，以便调整和优化解决方案。确认方案通过所有测试后，确保解决方案在实际应用中能够成功满足需求并得到广泛支持，为方案的实施奠定基础。这个阶段的核心目标是确保设计的解决方案在实际环境中有效、可行，并达到预期的效果。测试方案阶段产生的结果也可以被反馈给前面的阶段，以便修正或者重新定义问题，开始新一轮的设计思维法应用。

案例分享 1-7

某医疗科技公司团队对糖尿病患者、医生和护理人员进行了访谈和调查，了解他们在血糖管理方面遇到的问题和需求。

他们发现许多患者因缺乏对血糖变化的实时监测和个性化建议感到困惑和不安。在收集用户反馈后，该团队确定了他们的目标：设计一款智能医疗设备，能够提供实时的血糖监测和个性化的健康建议，帮助糖尿病患者更好地管理他们的血糖。团队成员召开了一系列头脑风暴会议，提出了各种各样的想法和解决方案。他们参考了传感器技术、数据分析算法和用户界面设计以实现他们的目标。基于头脑风暴的结果，该团队设计了一个简单的设备原型，配备了血糖传感器和智能手机的应用程序，邀请了一些糖尿病患者参与原型测试。他们观察患者如何使用设备和应用程序，并收集他们的反馈和建议。基于用户测试的结果，公司团队对原型进行了迭代和优化，改进了设备的设计，使其更加便携。推出这款智能医疗设备后，该团队还继续与用户保持联系，收集反馈，并不断优化他们的产品。

四、其他创新方法的应用

（一）列举法的应用

列举法是一种通过罗列大量可能性观点或解决方案激发创新思维的方法。这种方法的目的是快速产生多样性的想法，为后续的创新过程提供基础。列举法通常在团队合作或头脑风暴的情境中应用，以促使参与者从不同的角度思考问题，鼓励产生创造性的想法。列举法的具体实施步骤如图1-10所示。

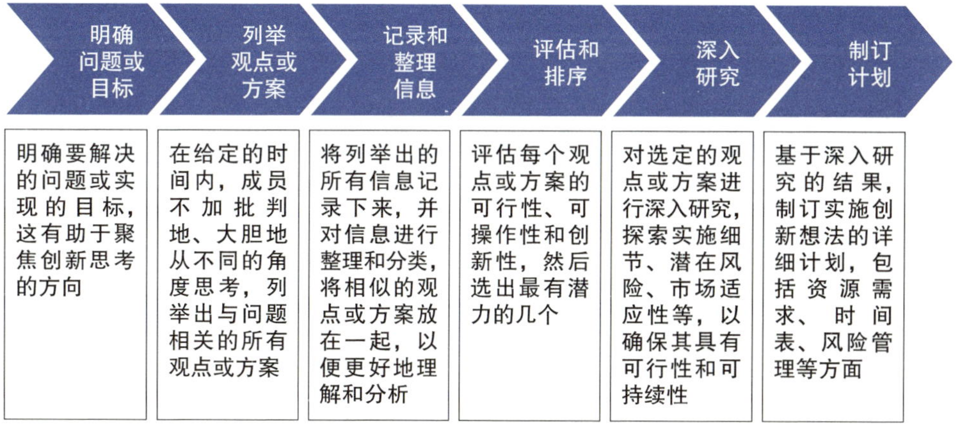

图1-10　列举法的实施步骤

这六个步骤可以帮助我们在创新过程中有条不紊地思考和行动。需要注意的是，创新是一个动态的过程，需要灵活调整和改进这些步骤以适应特定的场景。通过应用列举法，能够快速产生丰富的创新性想法，为解决问题和推动创新提供有力的支持。

在应用列举法激发思考时，我们可以从多个角度切入，如：① 观察和分析事物的属性或特征，然后针对每一项属性或特征提出改进的方法，或改变某些属性或特征（大小、形状、颜色等），使其产生新的用途；② 列举与特定问题或目标相关的各种功能，包括产品、服务、流程或系统的功能，以便改进或创造功能；③ 分析行业的发展趋势和发展方向，列举可能受到影响的因素及可能的创新方向；④ 从用户的角度出发，列举与产品或服务相关的用户体验要素，包括易用性、便捷性、满意度等，找到用户不满意或希望获得的体验，以此作为改进或创新的切入点，还可以从其可能产生的影响、可用的资源等方面切入思考。具体应用时，要根据问题的性质、团队的目标及所处的领域灵活选择切入点，促使团队产生创新性的想法。

案例分享1-8

某款智能插座产品的设计目标是具备安全、智能、便捷和节能的特点，满足用户对于家庭电器控制的各种需求，并提供额外的安全保障和便利功能，为用户打造智能、舒适的家居生活环境。设计团队通过对用户的调查，总结出了如表1-2所示的希望点。

表 1-2 用户对智能插座的希望点

希望点列举	对希望点的具体描述
安全性	用户希望智能插座具有高度的安全性，拥有过载保护、短路保护和防火设计
多设备支持	用户希望插座能够支持多种不同类型的电器，并且能够同时控制多个电器
用户友好的应用界面	用户希望手机应用的界面简单直观，易于操作
通知功能	用户希望能够接收到有关电器状态变化的通知，例如插座被关闭或电器被拔掉的通知
节能模式	用户希望插座能够提供节能模式，能自动降低电器的用电量
语音控制	用户希望能够通过语音助手控制插座，实现更便捷的操作

（续表）

希望点列举	对希望点的具体描述
数据隐私保护	用户希望插座能够保护他们的个人数据隐私，不会泄露他们的用电信息
远程固件升级	用户希望插座支持远程固件升级，以获取最新的功能补丁和安全补丁
与其他产品的兼容性	用户希望插座能够与其他智能家居产品（如智能灯泡、智能门锁）无缝连接和协作
紧急救援功能	用户希望插座能够在紧急情况下触发报警或紧急联系人通知，提供额外的安全保障

希望点的列举帮助设计团队更全面地了解了用户需求，确保在产品设计和开发过程中充分考虑了各种可能的特性和功能，最终使产品能够满足用户的期望并具有竞争力。

（二）设问法的应用

设问法通过提出具有启发性和引导性的问题激发创新思维，推动创新活动。图1-11所示是设问法的实施步骤。

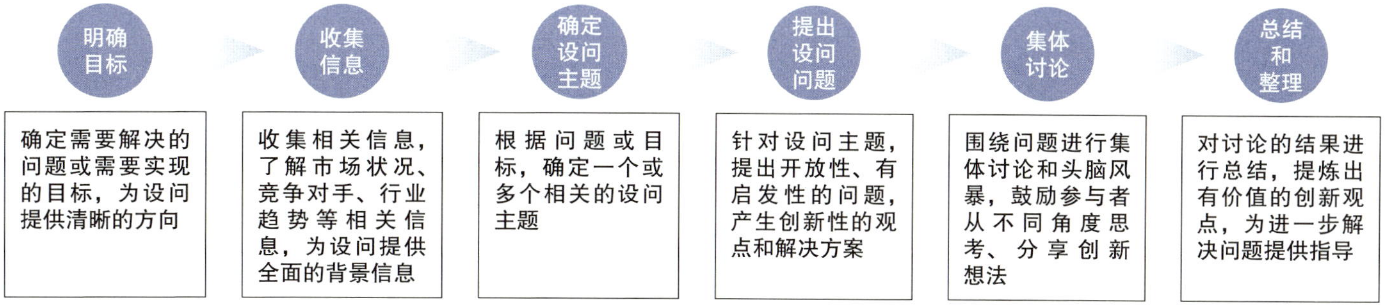

图1-11　设问法的实施步骤

通过采用设问法，我们可以深入思考问题的本质，应用创新思维，从不同的角度思考，从而产生独特和创新性的解决方案。设问法强调问题的重要性，并通过提出有针对性的问题来引导创新活动。设问法的灵活性使得它广泛适用于各领域和各层面的创新活动。例如，需要实现的目标是“提高企业产品的市场份额”，运用设问法确定设问主题为“市场拓展和产品改进”。针对这一主题提出的设问问题可以是“如何设计更具吸引力的产品定位”“有哪些未被开发的市场领域可以进一步探索”“能否通过技术创新提高产品性能”等，然后围绕这些问题集体讨论并总结、提炼讨论结果。

思维训练1-8

为了应对数字化时代的挑战，请同学们运用设问法，设计一份“提高企业在数字化时代的竞争力”的方案。要深入思考未来的可能性，提炼出可以推动企业数字化的创新点子，为企业实施数字化战略提供方向。

（三）类比法的应用

类比法通过将需要解决的问题与其他领域的类似问题进行比较，寻找解决方案，启发思考和创新。类比法利用对相似性和差异性的比较引出新的见解。图1-12所示是类比法的实施步骤。

类比法特别适合解决需要跨不同领域、借鉴其他成功经验的创新问题。将问题或目标与其他领域、行业或应用场景进行比较，有助于从不同领域获取经验和知识，拓宽思维的广度，寻找创新点子，为解决复杂问题找到新的思路和方法。

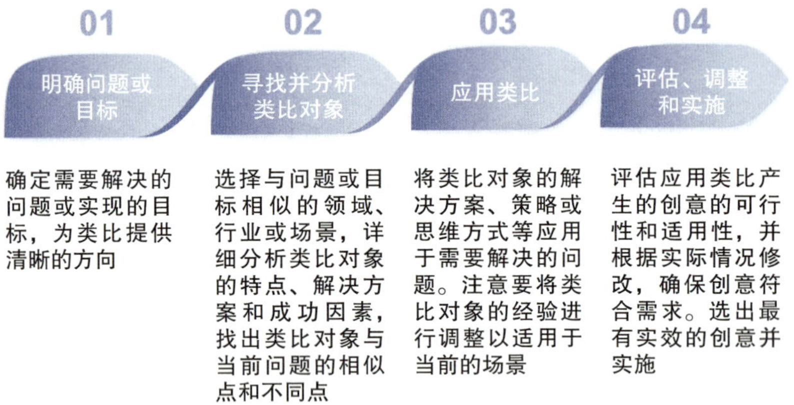

图1-12　类比法的实施步骤

（四）组合法的应用

组合法是将不同的科学技术原理、方法、现象或物品进行重新排列和整合，创造出具有统一整体性功能的新技术、新产品或新形象的方法。这种方法对不同领域或同一领域内的多个元素进行重新组合，发现不同领域之间的潜在联系，提高了创新的维度和广度。创新者可以利用这一方法打破传统思维，从多个来源汲取灵感，形成更复杂、更多样化的创新成果。组合法的实施步骤根据具体的问题和创新目标有所不同，图1-13所示是通用的组合法的实施步骤。

组合法适用于解决复杂问题，它可以在跨学科创新、技术集成、新产品设计、解决矛盾需求、探索新业务模式等多种场景中充分发挥各种元素的优势，创造全面、独特且具有市场竞争力的解决方案。尤其是在面对变革和不确定性时，组合法能够灵活适应新情境，提高整体创新水平。例如将物联网技术、人工智能技术、传感器技术及家电进行组合创造出的智能家居系统，能够实现家电的互联及自动化控制，提升了居住体验；结合传感器技术、移动通信技术、生物医学工程技术创造出的智能手表和健康监测器等可穿戴设备具备健康管理和生活记录等多种功能。

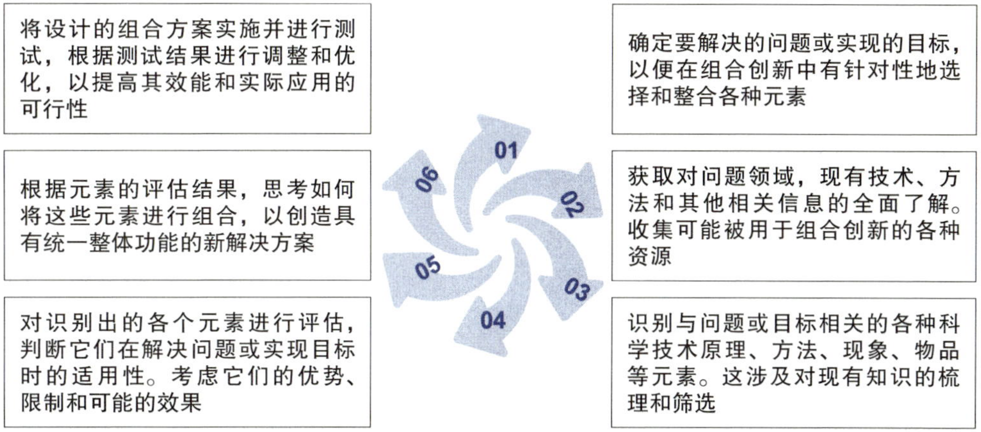

图 1-13　组合法的实施步骤

（五）六顶思考帽法的应用

六顶思考帽法是一种创新性的思考方法，以蓝、白、红、黄、黑、绿六种颜色的“思考帽”代表不同的思考角度，使参与者能够有条理地切换不同的思维模式，以更系统、全面和平行的方式思考问题，避免陷入单一思维模式，从而提高决策和问题解决的质量。六顶思考帽的作用如表 1-3 所示。

表 1-3　六顶思考帽的作用

思考帽	作　　用	具　体　内　容
蓝帽	蓝色是冷静的。蓝帽控制和调节思维过程，同时兼管其他各帽的使用	团队的管理者戴上蓝帽，负责引导整个讨论过程，包括确保讨论按照计划进行、控制讨论的节奏、总结，并提出下一步的行动计划
白帽	白色是中性的、客观的。白帽只关心客观的事实和数字	团队成员戴上白帽后扮演“信息专家”的角色，提供关于问题的事实、数据和信息，以便他人了解问题的基本情况，确保讨论基于共享的客观信息

（续表）

思考帽	作用	具体内容
红帽	红色代表激情。红帽提供情感方面的看法	团队成员戴上红帽后可以充分、自由地表达情感、感觉和直觉，而无须提供理由或解释
黄帽	黄色代表太阳和肯定。黄帽是乐观的，满怀希望，从正面思考问题	团队成员戴上黄帽后关注问题的积极面，强调可能的好处、机会
黑帽	黑色代表忧郁和否定。黑帽关注逻辑和批判	团队成员戴上黑帽后充当“批判者”的角色，关注缺陷、可能的风险和负面因素。这有助于团队提前识别潜在问题
绿帽	绿色代表生机，代表富足和茁壮成长。绿帽表示创造性和新观念	团队成员戴上绿帽后充当“创造者”的角色，发挥创意，提出新的想法、解决方案和建议。这有助于推动创新性思考

通过轮流戴上不同颜色的思考帽，团队成员可以有针对性地探索问题，从多个角度审视问题，确保全面理解问题，避免忽视关键信息，促使产生更好的决策。这个方法有助于打破思维定式，提高团队思考的深度和广度。

温馨提示

人们思考时容易陷入“盲人摸象”的误区，只从自己的认知出发，而六顶思考帽法能帮助人们从不同的角度看待事物或问题。切记，不同的思考帽代表着不同的方向，要沿着它们代表的方向思考。“来点白帽思考吧”是指特别关注信息，从这一刻开始，每个人都要尽力考察现有信息、所需信息和获得信息的方式等；“请你对此展开红帽思考”是要求对事物注入情感、直觉和情绪；“请转向黄帽思考”这是请人们考察事物的优点、价值；等等。

应用六顶思考帽法时需要确定思考帽的顺序和引导团队成员戴上不同颜色的思考帽，图1-14所示是主要的实施步骤。

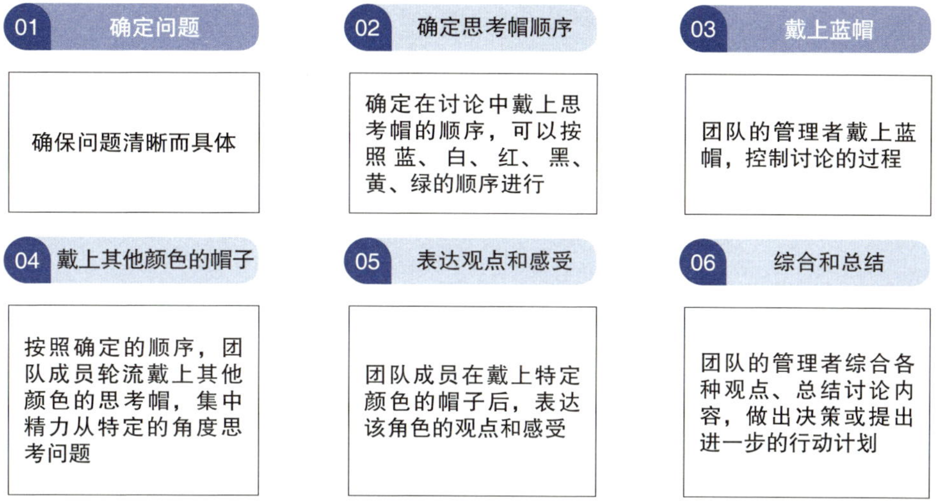

图1-14　六顶思考帽法的实施步骤

应用六顶思考帽法，团队成员可以更好地尊重和理解彼此的不同思考方式，提高协作效率。通过切换不同的思考帽，我们能够在不同的维度上审视问题，避免陷入单一思维的局限。同时，蓝帽的引导有助于保持思维过程的秩序井然，确保团队在解决问题时不偏离主题。这种方法有助于全面、系统地思考问题，提高决策和问题解决的质量。

相关链接

模块一
自我测试

创新创业技能提升实训

实训项目一

<table>
<tr><td>实训主题</td><td colspan="2">在职业生涯规划中运用创新方法</td></tr>
<tr><td>实训目标</td><td colspan="2">运用所学创新方法解决实际问题，激发勇于探索和挑战的创新创业精神，养成团结协作的集体主义精神</td></tr>
<tr><td rowspan="2">实训流程与要求</td><td>流程与要求</td><td>注意事项</td></tr>
<tr><td>（1）每个小组分别运用头脑风暴法积极思考，列举我们在大学期间能做的所有事情，包括学习、实践、娱乐、锻炼等；
（2）运用设问法，每位同学提出1 ~ 2个问题，问一问自己你的理想是什么，未来想要成为什么样的人，做什么工作等，最终确定自己的职业目标；
（3）运用类比法，选择一个与自己职业目标类似的人物，对他的职业生涯进行深入了解，找到值得借鉴的内容，制定为了实现职业目标应该达成的各项指标；
（4）每位同学根据自己的实际情况，运用思维导图法，将自己的职业生涯规划绘制出来，包括为实现职业目标而需要完成的各项任务；
（5）请同学们思考为了实现职业目标，你在大学期间应该做出哪些努力，再回头看看小组头脑风暴列举出的事情中，哪些是你要做的，还缺少哪些；
（6）用思维导图法将大学期间你的个人发展计划绘制出来；
（7）将自己的职业生涯规划和大学期间的个人发展计划发到班级群里，同学们相互借鉴，提出建议；
（8）教师点评</td><td>（1）对头脑风暴产生的每一个想法都要及时记录并展示，可以用便笺写下来，贴在大白纸上；
（2）职业生涯规划思维导图的中心主题应是个人的职业目标；
（3）如果不愿意公开分享职业生涯规划和大学期间的个人发展计划，可不发到班级群里，而是直接发给教师；
（4）这个实训项目仅仅是为了帮助同学们掌握创新方法的实际应用，职业生涯规划的相关知识需要同学们进一步系统地学习</td></tr>
<tr><td rowspan="4">实训总结</td><td colspan="2">教师点评</td></tr>
<tr><td colspan="2"></td></tr>
<tr><td colspan="2">学生实训心得</td></tr>
<tr><td colspan="2"></td></tr>
</table>

知识卡片

卡片 1：创新方法的内涵

卡片 2：创新方法的目标与种类

卡片 3：创新方法的应用

环境卡片

实训环境选择：选择教室、会议室或实训教室开展实训。请同学们做好人身安全和财物安全保护，并确保活动不影响他人。

资料卡片

卡片 1：大学生职业生涯规划的内涵

大学生职业生涯规划是指个人在大学阶段通过对个人兴趣、价值观、技能和职业目标的认知，制订并实施一系列计划，以实现个人职业发展的过程。这个过程可以帮助大学生更好地认识自己，明确未来的职业方向，为将来的职业生涯发展制订有计划、有针对性的方案。大学生职业生涯规划包括以下几个方面。

1. 自我认知与定位

了解自己的兴趣、价值观、优势和劣势，明确个人的职业目标和发展方向，分析个人的学科优势、专业技能、性格特点，以确定适合自己的职业领域。

2. 职业信息的收集与分析

主动获取相关职业信息，包括各个行业的发展趋势、职业岗位的工作要求、薪酬水平等。还可以通过参加职业讲座等方式了解实际工作环境。

3. 职业目标与规划的设定

根据自身情况和职业信息设定短期和长期的职业目标，并制订实现目标的具体规划，包括提升专业知识、积累实践经验、提高职业竞争力等方面。

4. 技能和素质的培养

主动学习与自身职业目标相关的技能，提升专业技术能力、沟通能力、团队协作能力等；强化综合素质，如培养创新精神，以适应未来职业发展的需求。

5. 实践经验的积累

参与实习、兼职、社会服务等活动，积累实践经验，了解职业生活的方方面面。主动参与学科竞赛、项目实践等，拓展自己的知识面，提升实际操作能力。持续关注行业动向，不断提升自己的职业素养，保持对新知识和新技能的敏感性。

同学们在大学期间需要不断调整和完善自己的职业生涯规划，以适应社会职业发展的需求。这有助于同学们在毕业后更好地投身职场，实现自己的职业目标。

卡片2：如何使用常用思维导图软件Xmind

Xmind是常用的思维导图制作工具，可用于整理和展示思维成果、构建项目计划、组织复杂的信息等。使用Xmind绘制思维导图的一般步骤如下。

（1）安装Xmind。在计算机上安装Xmind软件，可以从Xmind官方网站下载并安装适用于你的操作系统的版本。

（2）打开Xmind。安装完成后，启动Xmind应用程序。

（3）创建新文件。如果要开始制作新的思维导图，选择“新建”或“创建新文件”选项，然后选择思维导图类型。

（4）添加核心主题。在思维导图的中心有一个主题框，这是思维导图的核心主题。点击主题框，可以添加核心主题。

（5）添加子主题。点击主题框，然后按下回车键，就会添加一个子主题。继续按回车键，可以添加更多的子主题。你还可以通过点击主题框上的小图标或使用右键菜单添加子主题。

（6）编辑主题文本。双击主题框中的文本就可以编辑主题的内容，并使用常见的文本编辑功能。

（7）连接主题。可以通过点击主题上的小图标或右键菜单连接主题。这对于表示关系或流程图中的连接非常有用。

（8）调整布局。Xmind提供了多种布局选项，包括层次结构、鱼骨图等。你可以选择合适的布局来呈现思维导图。

（9）添加图标、标签和超链接。可以添加图标、标签，还可以插入超链接，使思维导图更加丰富和有趣。

（10）导出和分享。在完成思维导图后，可以将其导出为图片、PDF、Word等格式，还可以直接分享导图文件。

（11）保存。在完成工作后保存文件，防止数据丢失。

以上步骤基本涵盖了在Xmind中创建简单思维导图的过程。此外，Xmind还提供了许多高级功能，如样式定制、标签过滤、主题设计，可以根据需要深入研究这些功能，以优化思维导图。

注意：软件升级更新会导致一些操作上的调整，同学们在使用Xmind软件时，应根据界面实际情况进行调整。

实训项目二

<table>
<tr><td>实训主题</td><td colspan="2">设计创意学习空间</td></tr>
<tr><td>实训目标</td><td colspan="2">运用所学创新方法解决实际问题，激发勇于探索和挑战的创新创业精神，养成团结协作的集体主义精神</td></tr>
<tr><td rowspan="2">实训流程与要求</td><td>流程与要求</td><td>注意事项</td></tr>
<tr><td>（1）每个小组分别确定一个有创新价值的设计主题，旨在打造融合先进技术、舒适宜人、符合教育发展趋势的创意学习空间，以提升同学们的学习体验；
（2）在学校内外进行大学生学习需求的深入调研，观察现有学习空间和设备，通过对同学的访谈和问卷调查等，了解他们对学习环境的需求和期望，包括社交、独立学习、小组合作等方面，并根据调研结果定义问题，确定设计目标；
（3）在小组内部组织创意工坊，采用头脑风暴法和设计思维法收集和整理各种创新性的学习空间设计理念，涵盖空间布局、家具设计、科技应用、互动性等方面，形成创意池；
（4）通过征集意见、组织座谈会或设计竞赛等方式吸引同学们参与设计过程，确保他们的真实需求被充分考虑；
（5）基于收集到的创意和用户反馈，小组形成学习空间的虚拟原型设计，包括平面布局、家具样式、色彩搭配、技术应用场景等，以满足多样化的学习需求；
（6）将设计成果呈现给同学们，收集反馈意见，并根据反馈进行调整和改进，确保设计符合实际需求；
（7）各小组分别展示最终的设计方案，并接受其他小组同学的提问；
（8）教师点评</td><td>（1）本项目将综合运用空间设计、技术整合、用户体验等多个方面的知识和技能，涉及家具等硬件设备的选择、空间布局的优化、虚拟现实（VR）和增强现实（AR）技术等新兴技术的使用，以提升学习效果和创新性；
（2）设计时应考虑到学习空间的可持续性，包括环保材料、节能设计等，使学习空间不仅有创新性，还符合可持续发展的理念；
（3）条件所限，每个小组最终只能设计出一个方案；
（4）在班级展示时，其他小组可以从可行性、经济性、实用性、有效性等方面提出疑问</td></tr>
<tr><td rowspan="4">实训总结</td><td colspan="2">教师点评</td></tr>
<tr><td colspan="2"></td></tr>
<tr><td colspan="2">学生实训心得</td></tr>
<tr><td colspan="2"></td></tr>
</table>

知识
卡片

卡片1：头脑风暴法的实施步骤

卡片2：设计思维的内涵

卡片3：设计思维法的实施步骤

环境
卡片

实训环境选择：涉及校园内的多个场景，包括宿舍、食堂、教室等。

资料
卡片

卡片1：用户深度访谈的特点

在运用设计思维法时，进行用户深度访谈是指设计团队与目标用户进行深入交流和探讨，以深度挖掘用户的需求、期望、体验和情感。这种调研方法强调与用户的深层次互动，目的是更全面地理解用户的观点、感受和行为，从而为设计过程提供更有深度和广度的信息。用户深度访谈有以下特点。

（1）开放性提问。设计团队会提出开放性问题，而不是简单的是/否问题，以鼓励用户分享更多的细节和个人经验。

（2）探究用户感受。针对用户在特定情境中的感受进行深入挖掘，了解他们在使用产品或服务时的真实体验。

（3）理解用户需求。通过询问用户的期望和痛点，设计团队能够更清晰地把握用户的真实需求，而不是仅仅收集表面的反馈。

（4）挖掘用户的故事。用户深度访谈关注用户的故事，力求理解他们的生活方式、价值观，以便更好地与用户需求对接。

（5）建立信任关系。通过与用户建立信任关系，鼓励用户分享更加真实和深层次的信息，使得访谈更为有效。

用户深度访谈有助于揭示用户真实的需求和期望，而不仅仅是他们表面上表达的意见。这种方法强调与用户建立深层次的连接，为设计团队提供更为深刻、全面的洞察，有助于创造更符合用户实际需求的解决方案。

卡片2：用户深度访谈的操作步骤和注意事项

1. 用户深度访谈的操作步骤

（1）明确目标。制定用户深度访谈的目标，明确要探讨的问题，确保设计团队成员对访谈的目的达成清晰共识。

（2）选择受访者。选择具有代表性的用户作为受访者，确保其能够提供有价值的信息。要考虑用户特征的多样性，以涵盖不同用户群体的观点。

（3）制订访谈计划。确定访谈大纲，包括开场白、主要问题、深入探讨的方向等。安排访谈时间和地点，确保环境舒适，这有助于建立良好的交流氛围。

（4）建立信任关系。在开始访谈后，通过亲切的问候和简短的自我介绍与用户建立信任关系。强调访谈的目的是改进产品或服务，而非评判个人。以开放性问题引导访谈，鼓励用户自由表达想法。避免采用偏颇的问题，确保用户能够真实地表达想法。

（5）深入探讨用户体验。针对用户在使用产品或服务时的具体体验，深入了解他们的感受。了解具体的案例、故事或场景，以获取更丰富的信息。引导用户分享他们的日常生活、需求和习惯，了解更多他们的背景信息。鼓励他们分享与产品或服务相关的真实故事。

（6）记录和整理信息。在访谈过程中记录重要的信息，可以使用录音设备或记笔记。结束访谈后，整理信息，提炼关键点，形成可供团队分析的资料。

（7）感谢和反馈。结束访谈后，表达对用户的感谢，强调他们的贡献对于设计团队而言很重要。如有必要，向用户提供反馈并说明后续可能的改进计划。

2. 用户深度访谈的注意事项

（1）尊重用户隐私。在访谈流程中，要确保尊重用户的隐私，明确告知用户访谈信息的使用目的。

（2）避免主观偏见。访谈时要保持中立和客观，避免在提问和解释的过程中表达主观看法。

（3）适度引导。在用户分享经验时，适度引导以确保获得关键信息，但要避免引导性太强。

（4）灵活应对。根据用户的反应灵活调整访谈计划，以确保更深入地了解用户。

（5）谨慎解释和解读。在访谈过程中，不要主观地解释用户的回答，而是尽量保持客观态度。

（6）及时反馈。若有可能，建立与用户的反馈循环，将设计团队的改进反馈给用户，并了解他们对改进的看法。

通过精心设计的用户深度访谈，设计团队可以更深入地了解用户的需求、期望和体验，为后续的设计过程提供更有深度和广度的用户洞察。

卡片3：用户深度访谈的问题清单

用户深度访谈的问题清单应该根据具体的设计项目和访谈的目的进行调整，要确保问题具体、详细、明确，以获取具体的、有价值的用户洞察。以下是一个通用的用户深度访谈问题清单，可供参考。

1. 背景信息和使用场景

（1）您能描述一下您的职业是什么，在工作中您主要做些什么吗？

（2）您平时是在家里、办公室还是其他地方使用我们的产品/服务的？

（3）是否在特定的时间、地点或情境中您更倾向于使用我们的产品/服务？

2. 初次接触和第一印象

（1）您是通过什么途径了解我们的产品/服务的？

（2）对于我们的产品/服务，您最初的印象是什么？

（3）它是否有任何功能或特性给您留下深刻印象或者让您失望？

3. 使用体验和需求

（1）在使用我们的产品/服务的过程中，您最喜欢的是它的哪个方面？

（2）它在使用上有没有让您感到困扰、不便利之处，或者需要改进的方面？
（3）您认为我们的产品/服务是否满足了您的特定需求？
4. 具体场景和案例
（1）能否分享一个您觉得在使用产品/服务时比较有趣或者有意义的场景或案例？
（2）您有没有在某个具体场合使用我们的产品/服务时的特别感受或体验？
5. 期望和改进
（1）您对我们的产品/服务有什么期望或希望它改进的方面？
（2）您是否发现了其他类似产品/服务做得更好的地方？
（3）如果您能定制这个产品/服务，您会对它做出什么改变？
6. 情感和体验
（1）在使用我们的产品/服务时，您有没有感到过愉悦、沮丧、惊喜或者其他情绪？
（2）是否有与我们的产品/服务相关的情感体验对您而言特别重要？
（3）它是否有什么具体的设计或功能让您感到特别满意？
（4）是否有什么改进会使您更加愉快地使用我们的产品/服务？
7. 技术和功能
（1）对于我们的产品/服务的技术或功能，您有什么看法？
（2）您是否觉得我们的产品/服务缺少某些您期望它具备的技术或功能？
（3）它是否有任何您认为多余或不必要的技术或功能？
8. 反馈和建议
（1）您是否有想要对我们做出的反馈？您是否收到过其他用户的反馈？
（2）如果您对它有一个愿望清单，上面会列出哪些内容？
9. 整体满意度
（1）请您用1到10的分数表示您对我们产品/服务的整体满意度。
（2）您是否愿意向朋友或同事推荐我们的产品/服务？

10. 补充问题

（1）有没有其他您认为我们应该了解的信息？

（2）您是否还有其他方面的体验或想法想要分享？

注意事项：

（1）尽量保持问题简洁、清晰，确保用户能够理解；

（2）避免使用术语或可能使用户感到困惑的词汇；

（3）保持问题的开放性，鼓励用户详细回答；

（4）避免采用过于主观或引导性过强的问题；

（5）根据用户的回答灵活调整后续问题的提问顺序；

（6）在用户回答之后，可以进一步深挖某些方面以获取更详细的信息；

（7）注意观察用户的情绪和肢体语言，以获取更全面的信息；

（8）保持尊重、开放的沟通氛围，鼓励用户分享真实感受；

（9）问题清单可以根据具体情况进行调整和扩展，确保涵盖关键的用户体验和需求。

模块二 形成创新成果

开发创新成果

- 产生创意
  - 创意的含义
  - 创意开发
  - 创意与创造、创新、创业
- 产出创新成果
  - 创新成果的含义
  - 创新成果的特征
  - 创新成果的产出

应用创新成果

- 转化创新成果
  - 创新成果转化的含义
  - 创新成果转化的模式
- 保护创新成果
  - 保护创新成果的主要方式
  - 创新成果保护的内容

在飞速发展的时代，创新成果的开发和应用已经成为社会进步与经济发展的引擎。无论是科技领域的突破，还是文化、艺术领域的创新，都离不开创新成果的开发、转化和保护。我国始终坚持创新在现代化建设全局中的核心地位，取得了“蛟龙”入海、“嫦娥”探月、“神舟”飞天、“祝融”探火、“羲和”逐日、“天和”遨游、“北斗”组网等重大创新成果，迈入创新型国家行列。由于国家对创新活动的大力支持和相关政策的不断完善，越来越多的大学生参与到创新活动中来，涌现出一大批创新成果，创新成果的产业转化，知识产权确权、保护等工作也日益受到重视。

引导案例

“梅花飘香是因为经历了严寒淬炼。”2023年3月31日，华为发布了2022年年度报告。发布会上，华为轮值董事长用“梅花”比喻今天的华为。数据显示，2022年，华为实现全球销售收入6 423亿元，增长0.9%，净利润356亿元，研发投入1 615亿元，研发费用率为25.1%。

营业收入略有增长，研发投入处于历史高位——面对严峻的外部环境和非市场因素，这既是华为的“答卷”，又透露出华为的应对策略。2022年华为经营依然面临较大压力，总体而言经营业绩符合预期。华为正逐步适应这种常态化考验，进入正常运营状态。整体经营利润下滑及研发投入加大是整体经营盈利能力下滑的主要原因，而在压力之下，加大研发投入，加强多种技术要素（芯、软、硬、端、网、云）的协同创新，成为华为生存与持续发展的关键。数据显示，近十年来，华为累计投入的研发费用超过9 773亿元。华为年报强调：“只有确保和增强研发投入，才能不断创新。要通过架构重构、系统工程、优化设计等提升产品竞争力。”

目前华为是全球最大的专利持有企业之一，在全球共持有有效授权专利12万件，2022年PCT（《专利合作条约》）国际专利申请量为7 689件，位列第一。在人才方面，截至2022年12月31日，华为员工总数约20.7万人，研发员工约占总员工数量的55.4%。在赋能生态方面，华为持续强化鸿蒙、鲲鹏、昇腾、云服务等平台，优化开发者体验，与900多万名开发者、4万多名生态伙伴一起释放生态创造力。

华为正通过压强式投入提升产品竞争力。2022年，华为在运营商业务领域实现销售收入2 840亿元，企业业务实现销售收入1 332亿元，终端业务实现销售收入2 145亿元。整体而言，其ICT（信息与通信技术）基础设施业务稳定增长，数字能源和华为云业务快速增长，云计算业务持续高速增长。

“我们必须找到面向未来持续提升产品和服务竞争力的途径。”在华为人看来，拥有ICT领域最全面的技术要素是华为的独特优势。未来，华为要加强多种技术要素的协同创新，让信息以最科学的方式被采集、传输、处理和呈现，持续构建和提升差异化优势，支持产品和解决方案实现持续领先。

（资料来源：王震，华为发布2022年报：十年研发投入近万亿 创新成为生存与发展的关键，人民网）

学习目标

知识目标： 掌握创意、创新成果及其转化的含义，了解创新成果产出、转化、保护的基本原理。

能力目标： 掌握创新成果产出的步骤和方法、创新成果转化的模式和创新成果保护的方式，实现创新成果的产出、转化和保护。

素养目标： 树立创新意识和法治观念，增强运用法律武器保护创新成果的意识。

项目一 开发创新成果

创意和创新成果的价值不仅体现在促进问题解决、经济增长和竞争力提升上，它们也是促进社会进步和个人成长的关键因素。在不断变化的环境中，创新成果能够帮助个人和组织更好地适应变革，创造更加智能、便捷和富有创意的未来。因此，学习如何产生创意、产出创新成果，不仅有助于个人在竞争激烈的社会中脱颖而出，也可以为社会的可持续发展和进步贡献力量。

任务一 产生创意

课前任务

1. 请同学们分享你在生活中发现的让人“脑洞大开”的创意设计，每人的发言时间为2分钟。发言内容需要包括该创意的来源、解决的问题及创新点。如果你针对该创意有不同的创意点，也请分享给大家。

2. 开展头脑风暴：可乐瓶兑换中的创意。

（1）阅读以下材料，小组开展头脑风暴，将想出的对策记录下来。

一位教授曾经组织他的学生做过一个可乐瓶兑换的游戏。假设1瓶可乐2元，2个空可乐瓶可以换1瓶可乐，现在给每个人发6元，那么每个人最多能喝到多少瓶可乐？

同学们做出了不同的回答，有的认为最多能换4瓶，有的认为最多能换5瓶。至于怎么换到4瓶或者5瓶，同学们也有不同的方法。有的同学说，可以先用6元去废品收购站收购空可乐瓶，或者亲自去捡拾空可乐瓶，再用空可乐瓶换取可乐，喝完的可乐瓶还可以继续换可乐，这样周而复始，就可以换取很多瓶可乐。还有的同学提出，喝完可乐后，可以向其他人借1个空可乐瓶，加上自己的空可乐瓶，就又可以换1听可乐，喝完了，再将空瓶还给借瓶人。

除此之外，还有没有更好的创意兑换方法？请继续想下去。

（资料来源：鲁百年，《创新设计思维：创新落地实战工具和方法论》，清华大学出版社2018年版）

（2）请3～5名同学分享自己进行可乐瓶兑换的方法。

3. 教师点评。

知识储备

一、创意的含义

创意就是好的想法和巧妙的构思，主要指具有新意的点子、想法、主意等。在学术领域，创意是创造意识或创新意识的简称，它是创新思维的成果，通常体现为对资源组合方式的创新或改变，以此提升资源价值。创意作为一种原创性成果，既可以是对某种新发明或新技术、新方式的探索，又可以是新的要素组合方式、商业模式等。“现代管理之父”彼得·德鲁克曾说过：“当前社会经历的不是技术革命，也不是软件、速度革命，而是一场观念和思维方式的革命。”创意并非艺术家、文学家的专利，商业创意基于消费者的需求而生，与市场经济结合而长，受科学技术的滋养而兴，不断提升着人们的生活品质和工作效率，推动着人类社会的进步与发展。

案例分享2-1

农夫山泉凭借经典的广告语“我们不生产水，我们只是大自然的搬运工”成为饮用水市场中的龙头企业之一。2022年，农夫山泉限量发售1 000份数字藏品，“大自然的搬运工”也正式踏入元宇宙。数字藏品的主题为“独特心意，独属于你”，以和品牌紧密关联的高山、湖泊、东北虎、猫头鹰等自然元素为灵感进行艺术创作（图2-1），体现产品采用的都是天然、健康的原料。数字藏品是技术高速发展时代的产物，具有唯一性，可收藏，满足了当代年轻人对品牌价值的需求。

图2-1 农夫山泉推出的部分数字藏品

创意一般可以从变化的环境趋势、尚未解决的问题和市场中存在的空隙三个方面去寻求，如图2-2所示。

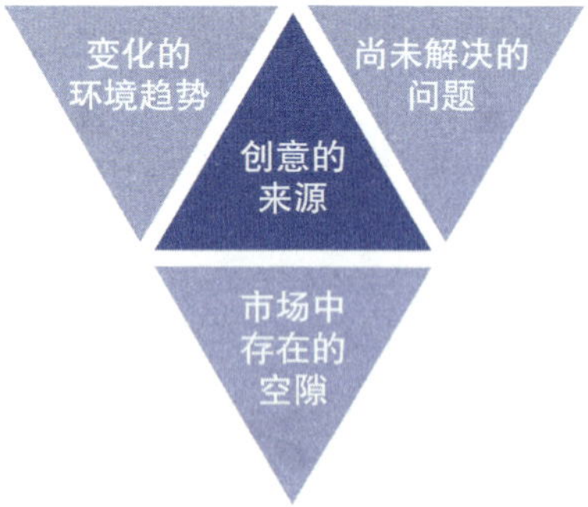

图2-2 创意的来源

1. 变化的环境趋势

环境趋势发生变化，往往会刺激新的创意诞生。例如，人们出现了寻找有效利用资源方法的需求，便催生了共享经济；人口老龄化趋势催生了一大批提供家庭护理、保健服务的健康品牌企业；消费者的个性化需求及消费升级催生了多元智能品牌；智能手机快速升级，催生了基于移动端的支付宝、微信。

2. 尚未解决的问题

创意的第二个来源就是尚未解决的问题，这些问题可能存在于日常的学习、生活中，也可能存在于工作中。感受这些问题，在解决问题的过程中就能产生出创意。例如，2013年中国出境游人次首次跃居全球首位，小红书创始人敏锐地捕捉到这个机会窗口，于当年创立了小红书，避开传统电商的路径，从构建海外购物经验分享社区起步，致力于帮助消费者“找到国外的好东西”。至今，小红书已发展成为拥有2亿名用户、有“海外购物神器”之称的跨境电商平台。

3. 市场中存在的空隙

很多消费者需要的商品在特定地区无法购买，或市场中根本没有。造成这一现象的原因有很多，比如大型零售商针对主流消费者进行价格竞争，只销售绝大多数消费者需要的主流商品，不可避免地留下了很多市场空隙。极具个性的时装精品店、24小时便利店等就是凭借特殊的定位和良好的市场服务在市场空隙中生存和发展的。

二、创意开发

（一）创意开发的含义

创意开发是遵循创新思维原理将多种要素进行整合，最终实现创意目标的过程。创意开发同其他社会生产活动一样涉及多种因素，如创意开发的主体、创意开发的对象和创意开发的方法。

（二）创意开发的特点

创意开发的本质是创造，包括文化、艺术和技术上的创造。创意开发具有以下特点。

1. 目的性

创意开发是一种有极强目的性的社会生产活动，在开始前首先要确定目标。

2. 新颖性

新颖的事物往往具有创造性。创意开发是一个“求异”的实践过程，要想人之所未想，发人之所未发，突破思维定式，寻找新的解决方案。

3. 主观能动性

创意开发活动的主体是人，其过程是使精神变为物质的转化过程。主观能动性是人类特有的，在创意开发活动中表现为创意开发意识的运用和创意开发手段的实施等。

（三）创意开发的原理

为了保证较高的工作效率，实现预期的目标，我们需要掌握如图2-3所示的创意开发原理。

1. 择优原理

择优符合人的天性，每个人都在潜意识中不断地择优。个人在成长的过程中会不断地择优：选择更好的书籍、更好的朋友、更好的生活条件、更好的学校等。在创意开发的过程中，择优也是必不可少的。创意开发的实质就是对问题的创造性解决，当遇到问题时，人们就可以围绕这个问题进行创意构思，提出多种解决方案，并实施最佳方案。

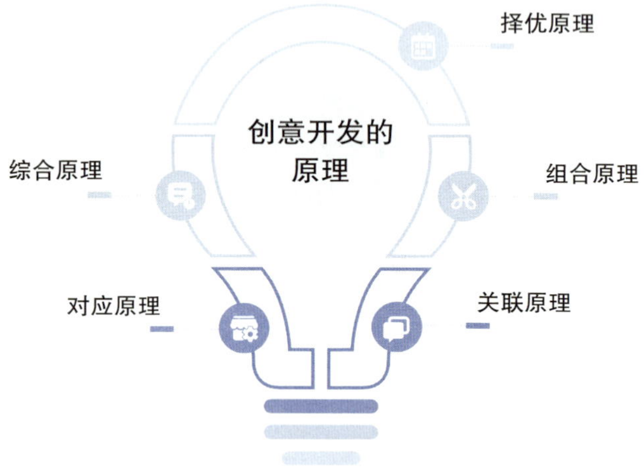

图2-3 创意开发的原理

2. 组合原理

在创意开发的过程中，将两种或两种以上的技术、思想或产品进行适当组合，就可形成新的创意，不同的组合可以得到不同的结果。

3. 关联原理

人们可能因为一个创意而产生对与其内涵相似的许多创意的联想。世界上的每个事物或现象都同其他事物或现象相互联系着，这种关联性是引发联想的重要因素。在创意开发的过程中，有些关联是直接的，有些是间接的，有些容易发现，有些不容易发现，需要进行具体的分析研究。

4. 对应原理

从现有的创意的相反方面出发，去构造新的创意，这就是创意开发的对应原理。客观事物错综复杂，都有其对立面，这为对应原理的应用提供了可能性。在创意开发的过程中，此原理的运用是为了扩展人们思维的范围，从而开发出更多的创意。

5. 综合原理

在创意开发的过程中，可以把问题分解为多个要素，分别加以研究，分析其本质、特征、优势、劣势，然后将这些要素按其内在联系重新有机地组织起来，即形成新的创意。

案例分享2-2

在流行文化占主导地位的当下，河南卫视独辟蹊径，从中国传统节日入手，以创意十足的“国风奇妙游”形式，将每个节目都玩出了新花样。2023年河南卫视推出的多个舞蹈节目数次“出圈”，在互联网和短视频迅猛发展的今天，已经成为一个现象级的文化品牌。我们看到的不仅有精湛的制作，更有对中国传统文化的独到解读：《唐宫夜宴》中，从仕女画到泼墨山水，让传统绘画显得既震撼又亲切；《元宵奇妙夜》中，14位舞蹈演员化身唐俑，出现在河南博物院、登封观星台、洛阳明堂、开封清明上河园等省内极具特色与代表性的景点，吸睛无数；《七夕奇妙游》中，金刚遇上飞天仙女，古风舞蹈邂逅龙门石窟，世界级的艺术瑰宝以一种新奇的表达方式再次惊艳观众，带给大家的不只有浪漫，更有家国情怀。

（资料来源：方翔，河南卫视凭什么又“火”了，新民晚报）

（四）创意开发过程

创意开发过程有两种模式。

1. 问题解决过程模式

问题解决过程是从问题的起始状态出发，经过一系列有目的、有指向的认知操作，最终达到目标的过程。以问题为中心的问题解决过程模式一般包括如图2-4所示的四个阶段。

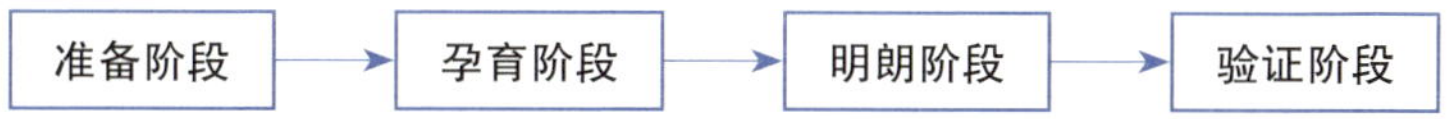

图2-4 问题解决过程模式的四个阶段

（1）准备阶段：认识问题的特点，并用一些术语来表达。

（2）孕育阶段：针对问题收集一定的资料。

（3）明朗阶段：想出解决问题的方法。

（4）验证阶段：对提出的解决方法做详细的验证。

2. 思维过程模式

在创意开发过程中，思维的最大特征是创造性。创意开发活动的思维过程模式包括如图2-5所示的四个阶段。

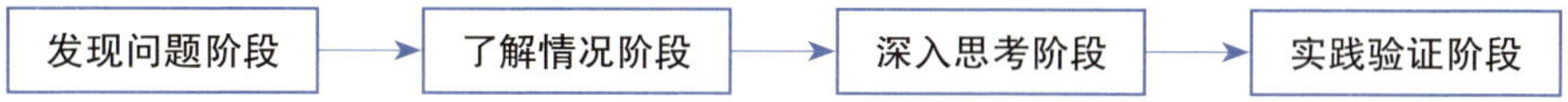

图2-5 思维过程模式的四个阶段

（1）发现问题阶段。创意开发活动始于发现问题。人们在对客观事物的认识上产生了矛盾，也就出现了问题。解决这个问题，提高认识水平，才能使事物按人们的意图发展。

（2）了解情况阶段。发现问题之后，人们必然想深入了解这个问题的各方面情况，包括它的来龙去脉及多方面的联系，从而将这一问题弄清楚。

（3）深入思考阶段。深入思考是在掌握丰富资料的基础上进行的。从占有的资料中找出规律，这是一个脑力加工的过程。脑力加工的形式有比较、归类与类推，分析与综合，归纳与演绎，抽象与概括，想象与假设等。

（4）实践验证阶段。对在深入思考阶段产生的结论是否可靠，必须付诸实践加以检验。实践验证有多种方式，如通过观察、调查等测定其实际效果。

（五）创意开发的方法

一些创意开发方法的使用可以有效帮助我们产生好的创意。目前，常用的创意开发方法有六种（图2–6）。

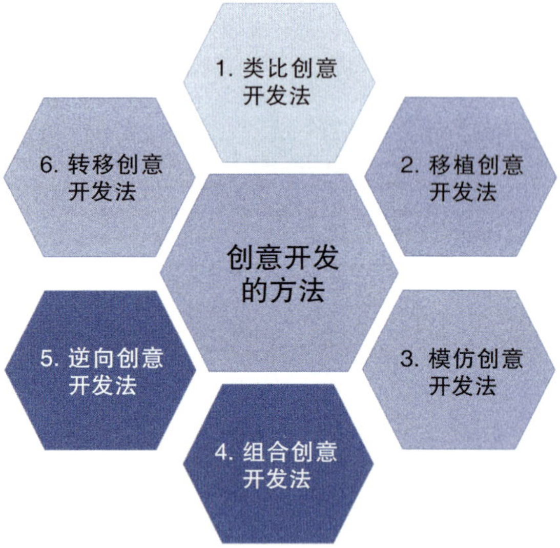

图2–6　创意开发的方法

1. 类比创意开发法

类比创意开发法是指因某一事物而产生和该事物在性质或形态上相似的事物的联想的方法。它的核心是通过已知事物与未知事物之间的比较，从已知事物的属性出发，推测未知事物也有类似属性。例如，鲁班从草的锯齿形边缘可以划破手指联想到锯齿能截断木头，从而发明了锯子。

2. 移植创意开发法

移植创意开发法是将某一领域的技术、方法、原理或构思移植到另一领域而产生新事物的方法。例如，将超导技术具有的强磁场、大电流、无热耗的特性移植到其他领域，可以研制出很多高科技的新产品，如无功耗的超导计算机、磁悬浮列车、核磁共振扫描仪。

3. 模仿创意开发法

模仿创意开发法是通过模拟、仿制已知事物来构造新事物的方法。如果被模仿的已知事物是人们熟知的某种生物，则称“仿生法”；如果模仿已知事物的形状，则称“仿形法”。模仿创造是人类创造性思维的一种重要模式，当我们不知从何入手时，不妨通过对已知的类似事物的模仿获得答案。例如，迷彩服是对大自然色彩的模仿，淋浴的喷头是对莲蓬的模仿。

4. 组合创意开发法

组合创意开发法最基本的要求是各组成要素间必须建立某种关系，形成一个系统整体，否则就只是杂合在一起的混合物。要实现组合创意开发，可以沿着两种思路进行：一是从某个功能目的出发，去寻找具有或接近具有这种功能的对象，对其加以组合；二是在没有明确目的的情况下，对已有的一些事物随意地加以组合，若组合后确有一定新意，则也是一项创意。例如，应用于航空航天领域的复合材料，就是通过组合创意开发法把不同的材料组合在一起形成的具有综合性能的新材料。

5. 逆向创意开发法

逆向创意开发法是一种与原有事物、思路故意“唱反调”的思维方法。例如，改造盐碱地，传统的做法是挖沟排水，让土地变干，但效果一直不佳。后来有人干脆反其道而行之，变排水为蓄水，在大面积盐碱地上建成许多蓄水池用来养鱼养虾，不仅年年有水产品出售，而且，由于鱼虾的粪便及腐殖质的作用，几年后，池塘底就沉积了一层可耕种的良性土壤。

6. 转移创意开发法

转移创意开发法是一种通过引入其他领域的创意和解决方案激发新的创意的开发方法。该方法有助于打破思维定式，开阔视野，从不同的角度解决问题。例如，将海豚和金枪鱼的流线型形状应用到汽车外形设计中，优化汽车车身的曲线，使其在高速行驶时拥有更低的风阻系数；将荷叶的微观结构应用到服装材料设计中，开发出具有类似微观结构的纤维，使服装材料防水又不影响透气性。

三、创意与创造、创新、创业

（一）创意开发与创造、创新的关系

创意开发是创新的基础，创新是创意开发的结果。创意通常是天马行空的，在创新过程中处于初始阶段。创意不一定能够准确面向商业应用，创新则更注重创造商业价值。

创造是创新过程中的一个环节，创新的本质在于创造。创造就其对社会发展的作用来说具有两面性，有积极的创造，也有消极的创造；而创新在产生商业价值的过程中一般起积极作用。

因此，三者的关系可理解为：创意开发产生思路，指导创造过程的进行，最后借助创新产生商业价值和经济效益（图2-7）。

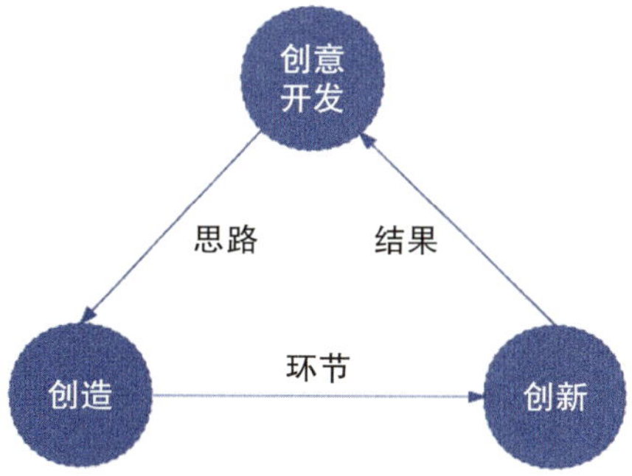

图2-7　创意开发与创造、创新的关系

（二）匹配创意与创业机会

创意不一定是创业机会，从某种意义上说，创业机会是创意的一个“子集”。要将创意转化为良好的创业机会有一定难度，因为新颖、独特的创意如果没有市场需求，也不能成为创业机会。也就是说，好的创意未必就是好的创业机会。尽管大多数情况下，创业机会源于创意，但创业机会拥有大多数创意所不具备的一个重要特征，即能满足消费者的某些需求，具有市场价值。这就是创意和创业机会之间最重要的差别。这一特征使有价值的创业机会从众多创意中脱颖而出，成为创业者关注的焦点。因此，从众多创意中寻找值得关注的机会，是创业者实施创业战略的第一步。

大赛直通车

全国大学生电子商务“创新、创意及创业”挑战赛（以下简称“三创赛”）是2009年起由教育部委托教育部高校电子商务类专业教学指导委员会主办的全国性在校大学生学科性竞赛。举办“三创赛”的目的是强化创新意识、引导创意思维、锻炼创业能力、倡导团队精神。

对于同学们来说，选择什么项目参加“三创赛”是大家所要面对的首要问题。在寻找项目时，要记住，不要尝试颠覆式创新，要做微创新。许多缺少经验的创业者喜欢创造新开发的、市场上从来没有的项目，虽然这些项目有很大的市场潜力，但刚刚起步的创业者本身没有足够的经验，且新项目比已有的项目存在更大的风险，所以颠覆式创新的项目会增加参赛获奖的难度。如果颠覆性创新项目没有真正立地创业成功，评委是无法评判此项目的市场性与落地性的，因而此类项目不适合参加比赛。同学们可以通过以下方法挖掘合适的参赛项目。

1. 逆流而上的问题法

（1）发现问题、发明创造是源泉。发现问题并据此进行发明创造是寻找创业机会的一种方式。如有团队看到家乡桃花凋落的景象，感叹其落地后化为泥土，从而创建了“YOUNG·生”项目，利用学校国家生物实验室的提取技术提取桃花精油，一方面利用了桃花花瓣资源，为偏远地区创造收益，另一方面填补了桃花精油的市场空缺。

（2）寻找痛点、变更渠道是秘诀。善于寻找痛点，改变渠道通路是寻找创业机会的一个秘诀。“实习僧”App的诞生就得益于这一秘诀。该团队成员由于在寻找兼职的过程中屡遇骗局，萌生了做一款靠谱的兼职推介App的想法，为大学生兼职提供安全可靠的渠道，“实习僧”App由此诞生。

2. 迎风扬帆的趋势法

新科技出现、消费结构升级、城市化加速、思想观念改变、政府政策变革都可以是创业依托的趋势。目前物联网、VR

（虚拟现实）技术、AR（增强现实）技术、人工智能技术蓬勃发展，科技创业成为大学生创业发展的新趋势。

对于“三创赛”来说，参赛项目应当结合新技术和电子商务发展新趋势，这样才更有竞争力。例如，随着我国生育政策的改变和育儿观念的转变，儿童教育成为创业新热土。2019年获国家级特等奖的项目“慧读慧写”就是针对这一领域的创业项目。

3. 整而合之的组合法

组合就是把两个或多个事物通过一定方式进行整合，从而起到“1+1 > 2”的效果。组合可以是功能的组合、形态的组合、合作的组合、渠道的组合等。比如，随着淘宝直播和抖音、快手等短视频App的火热，“直播+”“短视频+”成为“互联网+”创业的新趋势，催生了一批“互联网+”新渠道的创业，比如直播私教指导、远程家教、无忧代购。

（资料来源：苗苗、李静波、杨柳，《创新创业创青春》，西南交通大学出版社2020年版）

任务二 产出创新成果

课前任务

1. 大学生在创新活动中取得的成果，绝大多数是非物质性的智力成果。请同学们通过网络搜索大学生创新成果的类型及典型案例。
2. 请同学们分享自己总结出的大学生创新成果的创新点、产出过程等，每人时间为2分钟。

知识储备

一、创新成果的含义

创新成果是指在研究、开发、生产或服务等领域，通过引入新的、改进后的或独特的方法、产品、技术、流程或服务而获得的成果。创新成果通常是对现有问题的创造性解决方案，可以是新产品、新技术、新业务模式、新流程等。

创意和创新成果之间存在密切的关系，但它们并不完全相同。创意是新想法，而创新成果是这些新想法转化成的实际可用的产品、服务或问题解决方案。形成创新成果需要将创意付诸实践，并通过开发、实施和应用，最终实现其价值和效益。

在商业和科技领域，创意是创新的源泉，而创新成果是创意的体现和结果。企业如果能够有效地将创意转化为创新成果，便能在市场竞争中取得优势，并实现可持续的发展。因此，创意和创新成果在推动社会进步和经济发展中都起到了重要作用。

相关链接

我国重大创新成果

二、创新成果的特征

创新成果是创新活动的产物，但并非创新活动的所有产物都是创新成果。创新成果具有图2-8所示的特征。

1. 新颖性

创新成果实现了对原有实践成果的突破。新颖性是创新成果最鲜明、最根本的特征。新颖性有两层含义，一是指创新成果是具有创造性的，之前没有类似的东西；二是指之前已有类似的东西，但创新成果对其做出了新的突破。

2. 时效性

求新是创新活动的内在要求，创新成果被利用一段时间后，必将被更新的成果所替代。创新成果永远处于更替状态，每一次产生的创新成果都不是最终成果。

3. 价值性

创新成果具有很强的价值性。创新成果都能满足某些主体的某些需要，满足主体需要的程度越高，价值就越大。

4. 风险性

创新活动的影响因素较多，创新成果能否产生预期效果具有很强的不确定性。

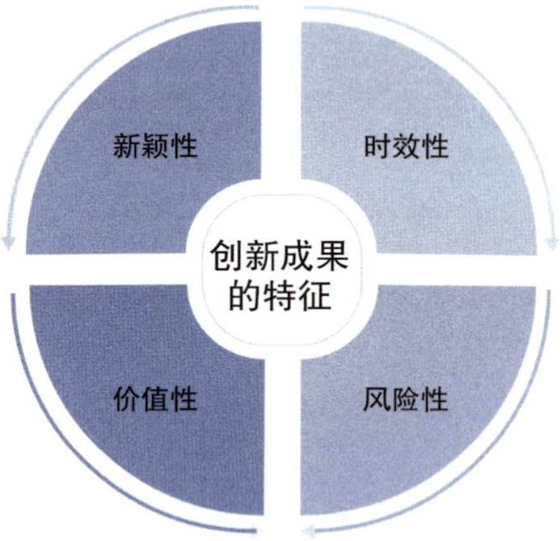

图2-8 创新成果的特征

案例分享2-3

在全国上下大力推进生态文明建设之际，浙江金融职业学院大二学生胡文帅发明了一款以太阳能为动力的生态循环净水系统，目前已经有24项专利被受理。胡文帅从小就有一个科技发明的梦想。考入浙江金融职业学院后，他与同学组建了研究团队，想针对市面上传统净水产品造价高、安装麻烦、维修不易、净水方式单一等痛点，着手研发一款依靠太阳能供电的净水设备。他与团队成员一稿又一稿地修改设计方案，深入工厂，记录第一手数据，设计出了主系统光伏旋射曝气装置，并不断在此基础上进行改良，最终研制出了生态循环净水系统。这个系统由四个净水处理系统集合而成，主系统与水生植物净化系统、水生动物净化系统、微生物填料净化系统相互补充，能够构建起一个生态微循环。目前该系统已经在杭州市多处水域投放使用，净水成效显著。

三、创新成果的产出

将创意转化为创新成果是一个具有挑战性的过程，需要有系统性的方法和有效的执行。图2-9所示的步骤可以帮助同学们将创意转化为创新成果。

1. 创意的产生和收集

运用创新思维，组织创意竞赛或创意工坊等收集创意。同时，进行市场调研和用户调研，了解市场状况和用户需求，寻找潜在的创意。

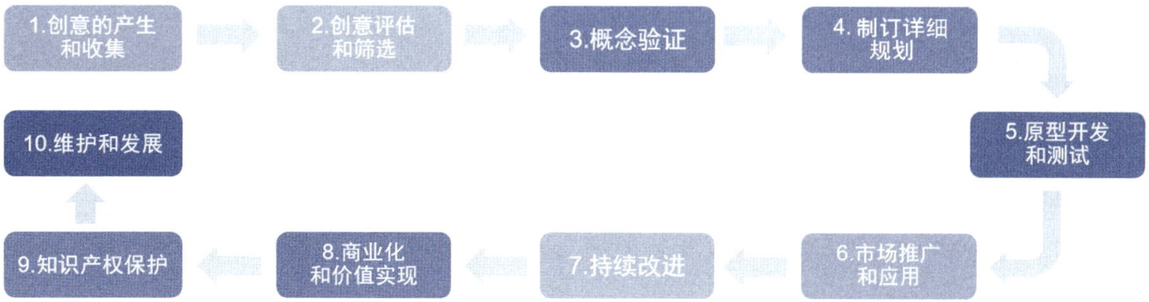

图2-9 创新成果产出的步骤

2. 创意评估和筛选

对收集到的创意进行评估，考虑技术可行性、市场潜力、资源投入等因素，筛选出最有潜力的创意。可以使用评估矩阵、决策树等工具进行创意评估。

3. 概念验证

对筛选后的创意进行概念验证，制作简单的原型或模型，或进行实验测试。通过原型、模型或实验结果，初步验证创意的可行性和效果。

4. 制订详细规划

为通过概念验证的创意制订详细规划，包括研发规划。明确项目的目标、范围、时间表和资源需求，分解任务和责任，建立项目团队。

5. 原型开发和测试

进行创意的原型开发和测试。制作具体的样品或软件原型等，进行功能测试和用户体验测试，收集用户反馈信息。

6. 市场推广和应用

完成原型开发和测试后，准备将创意推向市场。进行市场推广，向目标用户群体展示创意的优势和特点，并寻找合作伙伴或初步用户。

7. 持续改进

收集用户反馈信息和市场数据，进行持续改进。根据用户反馈信息和市场需求，不断调整和改进创意，提高其竞争力和适应性。

8. 商业化和价值实现

确保创意能够实现商业化和产生价值。制订商业计划和推广策略，确保创意得到市场认可，实现商业成功。

9. 知识产权保护

对有价值的创意进行知识产权保护，如申请专利、商标等，防止知识产权被侵害。

10. 维护和发展

成功将创意转化为创新成果后，继续维护和发展创新成果。持续改进并推出新版本，保持其竞争力和持续发展。

在整个过程中，要确保团队的紧密协作和有效沟通，将创意转化为创新成果需要团队成员的积极参与和贡献。同时，要保持对市场的敏锐洞察力，持续学习，不断更新创意，以适应不断变化的市场环境和用户需求。

案例分享2-4

华为是全球领先的信息和通信技术解决方案供应商，专注于提供电信设备、消费者设备和企业解决方案。华为在产生创新成果的过程中，充分发挥了创意的作用，鼓励员工创造性地提出想法和解决方案，并持续投入大量资源用于研发和创新。这些创意最终转化为创新成果，使华为在全球科技行业取得了巨大成就。

创新成果1：5G技术

华为在早期就意识到5G技术的重要性，积极投入研发，并与行业合作伙伴紧密合作探索5G技术。通过持续研发和技术突破，华为成功开发了5G核心技术和标准，并投入大量资源进行大规模的实验和测试，验证了5G技术的可行性。华为与政府、运营商和其他企业合作，将5G技术应用于不同场景，推出了5G基站、5G智能手机等，通过不断测试和优化，最终实现了5G技术的商用化，并在全球范围内推广5G服务。

创新成果2：智能手机

华为在早期就看到了智能手机市场的潜力，决定投入大量资源进行研发和设计，聚焦于技术创新和用户体验提升，通过创新设计和硬件技术提供更具吸引力的产品。华为的智能手机业务蓬勃发展，Mate系列和P系列产品备受欢迎。

创新成果3：人工智能

华为发现了人工智能在手机、云服务和物联网领域的应用前景，建立了专门的人工智能研究团队，投入大量资源进行AI芯片和算法的研发。华为自主研发的AI芯片在手机中得到应用，提供了更智能的拍照、语音识别等功能，使用户体验得到显著提升。在云服务领域，华为的AI技术也帮助企业实现了更高效的数据处理和决策。

创新成果4：华为云服务平台

华为提出了构建云服务平台的创意，投入大量资源开发了多样化的云服务产品。华为与各种企业合作，为客户提供定制化的云解决方案，帮助企业加速数字化转型。华为还建设了全球范围的云服务平台。通过云服务平台，用户可以灵活选择各种云服务。

项目二 应用创新成果

创新成果的转化和保护对于创新者和社会都至关重要。转化意味着将创新成果转变为产品或服务，为市场和社会创造实际价值。保护则意味着确保创新者获得应有的回报和权益，激发其持续创新的热情，为社会创造持续发展的动力。两者共同构建了一个有利于创新者、企业和整个社会可持续发展的创新生态。

任务一 转化创新成果

课前任务

1. 请同学们思考：转化创新成果的途径有哪些？假设你发明了一项创新成果，该如何进行创新成果转化？

2. 教师事先准备写有相关信息的卡片若干张、不透明抽卡箱一个。卡片分为两种：一种是知识产权方卡片，信息包括知识产权名称、知识产权类别、知识产权描述及知识产权价值；另一种是投资方卡片，信息包括投资方名称、领域、此次投资的资本上限。

3. 全班同学分组，每组3～5人，共分为若干个知识产权方小组和若干个投资方小组。各组代表抽取卡片，各组分别扮演知识产权方和投资方，进行模拟创新成果转化谈判：知识产权方和投资方自由接洽，知识产权方的目的是依靠自身的知识产权获得尽可能多的收益，投资方的目的是凭借能够动用的资本获得价值尽可能高的知识产权。

4. 双方交易完成后，公布知识产权价值，看看班级中哪个小组获利最多。

5. 各组分别派代表分享活动心得。

6. 教师点评。

知识储备

现实中，许多大学生的创新成果在拿到相应的奖项和证书后就走到了尽头，很难走出校园，转化为有价值的生产力。推动大学生创新成果的转化，对我们和社会而言都十分重要。

一、创新成果转化的含义

创新成果转化指的是将创新成果转变为实际的产品或服务，使其对经济、社会和科技发展产生实际效益。创新成果转化的含义包括以下几个方面。

1. 商业化

创新成果的转化通常与商业化紧密相关。商业化即将创新成果转变为商业产品或服务，实现经济效益，包括产品或服务的生产、市场推广、销售等一系列商业活动。

2. 社会应用

创新成果不仅涉及商业领域，还涉及对社会问题的解决。将创新成果应用于社会领域，可以推动社会发展，提高人民生活质量，解决环境、医疗、教育等方面的问题。

3. 技术转让

创新成果可能来源于科研机构或企业的研发活动，通过技术转让，这些成果可以被传递给其他企业或组织，得到更广泛的应用和推广。

4. 产业升级

创新成果的转化有助于推动产业升级。引入新的技术、生产方式或商业模式，可以提高整个产业的竞争力和效益。

5. 经济增长

创新成果的转化对经济增长具有积极作用。新产品、新服务的推出，市场份额的增加都有助于创造就业机会，促进经济的发展。

6. 知识产权保护

创新成果的转化涉及对知识产权的保护。确保创新成果的知识产权得到妥善保护，可以鼓励创新者继续投入研发，并有助于吸引投资。

创新成果转化是创新活动的最终目标，目的是将创新性的概念、想法或技术转变为实际的、可应用的、有价值的成果。这需要综合考虑技术、市场、商业和法律等多个因素，涉及创新生态系统中的各个参与者。

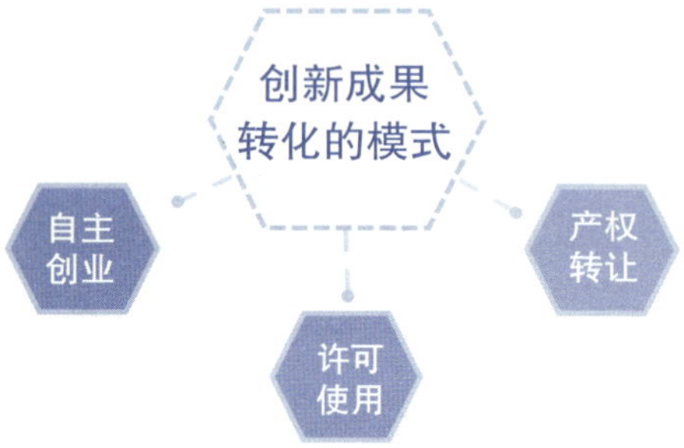

图2-10　创新成果转化的模式

二、创新成果转化的模式

目前主要的创新成果转化模式如图2-10所示。

（一）自主创业

自主创业即自主开发、自己使用，是将个人、研究院所、高等院校、企业等创新者的创新成果在内部进行转化的模式。其特点是创新成果的成果源与吸收体一致，将市场交易内部化，消除了中间环节，转化交易成本较低，转化效率较高。

案例分享2-5

张天资是复旦大学2017级硕博连读生，RoboWay团队负责人，上海莱陆科技有限公司创始人兼首席执行官。在复旦大学，为了加强校内交通安全管理，外卖配送员需将车辆停在集中区域后步行给同学们送餐，而订单配送有限定时间，所以导致在高峰期送餐时部分外卖员拒绝配送。发现这一情况的张天资从视觉SLAM（即时定位与地图创建）技术的场景化运用构想中获得了灵感，决定研制一款智能配送机器人解决问题。想法萌生后，张天资在导师的支持和指导下成立了RoboWay团队，并注册了公司。2019年，RoboWay团队自主研发的第三代智能配送机器人“蓝朋友”在中国国际工业博览会上正式亮相。这台机器人拥有多传感器融合的自主导航系统，具备对于周围环境高精度建模、识别、避障等功能，能够在道路阻塞的情况下利用后台调度系统自动切换配送路径，可被投入快递收发、外卖配送、超市跑腿等应用场景。

（二）许可使用

创新成果的许可使用是指产权人授权他人在一定时期和范围内以一定的方式行使创新成果的使用权并获得相应报酬的行为。

1. 著作权许可使用

著作权许可使用指著作权人授权他人在一定的地域、期限内以一定的方式使用其作品并获得报酬的行为。著作权许可使用是最常见的著作权贸易方式，也是著作权人实现其著作财产权的主要方式。

2. 专利实施许可

专利实施许可是指专利权人授权他人在一定的地域、期限内以一定方式，包括制造、销售等使用其专利并获得报酬的行为。专利实施许可是最常见的专利贸易形式，是专利权人获得经济价值的主要方式之一。

案例分享2-6

吴刚是浙江师范大学职业技术教育学院数控专业的大三学生，已申请技术专利40多项。在大二时，他就靠专利获得了近百万元的年收入。除了自己发明专利，吴刚也有自己的店铺，专门代别人申请专利。不到一年的时间内，吴刚就拥有了自己的专业团队：7名专业工程师和1名助手。他们包办专利申请、专利转让、高新企业项目申报、专利评估等各项业务，谈成了400多笔业务，其中公司大单业务就有十几笔，年收入近百万元。吴刚说："这是一个知识产权的时代，国家越来越重视保护知识产权。申请专利的个人、企业越来越多，我的生意也越来越好。"

3. 商标许可使用

商标许可使用是指注册商标所有人授权他人在一定地域、期限内以一定方式使用其注册商标并获得报酬的行为。商标许可使用是商标注册人实现其商标经济价值的主要方式。

相关链接

推动高价值专利产业化

（三）产权转让

产权转让指产权所有人依法将其享有的创新成果产权中的财产权利全部或部分转移给他人的行为，包括著作权转让、专利权转让、注册商标转让等。有偿转让创新成果产权是产权所有人实现其产权的经济价值的主要方式之一。

1. 著作权转让

著作权转让是指著作权人依法将其享有的著作财产权的全部或者部分转移给他人的行为。通过著作权转让，受让人成为该著作全部或者部分财产权的权利人，转让人丧失相应权利。

相关链接

著作权转让的效力确定

与商标权、专利权不同，著作权的转让，相关法律没有强制要求进行登记后才生效。同时，《中华人民共和国著作权法实施条例》规定：与著作权人订立专有许可使用合同、转让合同的，可以向著作权行政管理部门备案。由此判断，著作权转让即使不经备案也是可以的。

2. 专利权转让

专利权转让指专利权人依法将其专利权转移给他人的行为。转让人有权依照合同收取转让金，受让人有权受让该项专利权，成为新的权利主体。

3. 商标转让

商标转让是指商标权人依法将其注册商标专用权转移给他人的行为。商标权人为转让人，接受注册商标专有权者为受让人。

相关链接

专利转让的基本流程

相关链接

商标转让的基本流程

任务二 保护创新成果

课前任务

1. 阅读下面的案例，并分组讨论：你获得了哪些启发？我们在专利权受到侵害时应该怎么办？

武汉毳雨环保科技有限责任公司（以下简称毳雨公司）的核心技术是由公司创始人李恒在大学期间研发的一种“高空喷淋降尘系统”。该系统通过将水雾化进行高空喷淋，吸附工地现场空气中的灰尘颗粒和杂质，可以达到润湿地面和防止尘土重新扬起的效果，改善城市环境。武汉市建设科学技术委员会曾专门组织评审，认为该技术成果属国内首创。李恒依托该创新成果申请到了国家专利，并开始了创业，生产的“治霾神器”服务于全国近300个工地，毳雨公司也被认定为湖北省高新技术企业。

几年后，毳雨公司的销售人员发现某环保公司模仿该专利制造了塔吊喷淋装置，并销售给两家公司共6套设备，在武汉某大桥和某地铁工地投入使用。为此，毳雨公司以涉嫌侵犯其专利权为由申请立案。最终，侵权企业一次性赔偿了毳雨公司2.8万元。尽管维权艰难，但李恒没有放弃，还加大了公司技术研发投入。在他看来，知识才是大学生创业最大的“杀手锏”。

（资料来源：胡林、雷宇，大学生创业者专利维权何去何从，中国青年报）

2. 每个小组安排一名代表汇报讨论结果，每组时间不超过2分钟。

3. 教师点评。

知识储备

一、创新成果保护的主要方式

创新成果不是唾手可得的，不能被无偿使用和占有。要想促进创新，就必须对创新成果实施保护。创新成果保护的主要方式有以下几种。

（一）知识产权的法律保护

法律是保护创新成果的重要武器。相关的法律主要有《中华人民共和国知识产权法》（以下简称《知识产权法》）、《中华人民共和国著作权法》（以下简称《著作权法》）和《中华人民共和国反不正当竞争法》（以下简称《反不正当竞争法》）等。如《知识产权法》通过清晰地界定知识资产的权利状态（包括权利的性质、范围和界限），明确规定不同情况下知识资产的权利归属，保护创新的个人或企业合法利用、控制和支配所获得的创新成果。

在《知识产权法》不能有效保护创新成果的情况下，《著作权法》和《反不正当竞争法》的作用便会凸显出来。《反不正当竞争法》对侵犯著作权、专利权、商标权等的行为予以法律制裁，还对《知识产权法》不能管辖的创新成果给予保护，从而达到更广泛地保护创新者权益的目的。当前我国关于知识产权保护的法律法规等如表2-1所示。

表2-1 关于知识产权保护的法律法规等

类 型	具体内容
知识产权保护法律	《中华人民共和国专利法》（以下简称《专利法》）、《中华人民共和国商标法》（以下简称《商标法》）、《著作权法》《知识产权法》《反不正当竞争法》等
知识产权行政法规	《中华人民共和国著作权法实施条例》《中华人民共和国计算机软件保护条例》《中华人民共和国专利法实施细则》《中华人民共和国商标法实施条例》（以下简称《商标法实施条例》）、《中华人民共和国知识产权海关保护条例》《中华人民共和国植物新品种保护条例》《集成电路布图设计保护条例》等
知识产权行政规章	《国家工商行政管理局关于禁止侵犯商业秘密行为的若干规定》等
知识产权司法解释	《最高人民法院关于审理专利纠纷案件适用法律问题的若干规定》《最高人民法院关于诉前停止侵犯注册商标专用权行为和保全证据适用法律问题的解释》等
我国加入的知识产权保护国际公约	《与贸易有关的知识产权协定》《保护工业产权巴黎公约》《保护文学和艺术作品伯尔尼公约》《世界版权公约》《商标国际注册马德里协定》《专利合作条约》等

（二）科技成果的行政管理

不少科技成果没有法定的知识产权，成果创造者无法独占这样的成果，这就需要通过加强对科技成果的行政管理，保护这些创新成果创造者的权益。科技成果的行政管理主要涉及成果鉴定、颁发证书、给予奖金或其他奖励等。与知识产权的法律保护相同，科技成果的行政管理的对象也是创新性的智力成果，宗旨都是维护创新者的权益和荣誉。

（三）创新成果的企业内部制度保护

创新成果的保护关系到企业的发展乃至生存，企业的创新成果若没有健全的企业内部制度的保护，极易被他人侵害，特别是没有获得相关法律所赋予权利的创新成果。因此，企业必须建立创新成果管理的内部制度，诸如专利申报制度、专有技术申报制度、员工在工作中产生创新成果的奖励制度。在某些情况下，企业还需要与相关人员签订保密协议。同时，企业还需要通过相关工作强化员工的创新成果保护意识，例如组织员工学习创新成果保护的相关法律法规，邀请专家举办创新成果保护讲座，给予保护企业创新成果有功者奖励。

二、创新成果保护的内容

（一）知识产权的内涵

知识产权也称智力成果权，指权利人对其所拥有的知识资产所享有的专有权利。知识产权是一种非物质性财产权，是从事创造性智力活动的人取得成果后依法享有的权利，一般只在有限的时间内有效。知识产权主要包括著作权、专利权和商标权。

（二）知识产权性成果的特点

知识产权性成果是智力劳动产生的成果，其特点如图2-11所示。

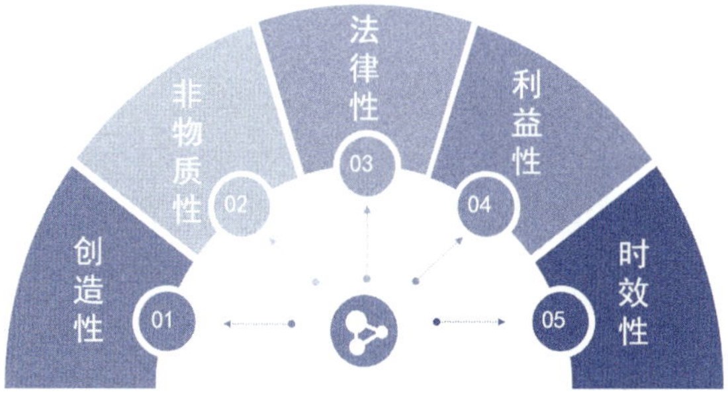

图2-11 知识产权性成果的特点

1. 创造性

知识产权性成果是创造性的智力成果，是创造者发挥自己的智慧，在艰苦劳动后产生的成果。

2. 非物质性

知识的本质决定了知识产权性成果的非物质性特点，其可以被重复利用和传播。

3. 法律性

知识产权是法定权利，是受法律保护的私权，不仅包含财产权利，而且包含精神权利，同时具有对抗性特点，即只有在许可或禁止他人使用时才体现出来。知识产权性成果必须具有为人所知的客观形式，并依照法律规定的条件和程序得以确认。

4. 利益性

从财产的角度来看，知识产权性成果作为一种生产要素被投入到经济活动之中，可以提高产出或降低成本，产生一定的物质利益。由此，知识产权性成果成为一种资产或财产。

5. 时效性

知识产权性成果具有时效性，即在法律规定的有效期限内，特定的知识产权性成果才能受到保护，期限届满即丧失效力。

（三）著作权的保护

1. 著作及著作权

著作即作者、作家等人的文学、艺术或科学作品，或将某个人、某群人及某类人的作品结集出版形成的作品。著作的形式包括文学作品、艺术作品和科学作品等，其中科学作品又分为自然科学作品、社会科学作品、工程技术作品等。著作权是指一定期限、一定地域范围内作者对其作品享有的发表、署名、修改、使用、赠予的专有权，是重要的知识产权。

相关链接

著作权的保护内容

2. 著作权侵权行为

著作权侵权行为的基本类型有承担民事责任的侵权行为、承担行政责任的侵权行为、承担刑事责任的侵权行为，如表2-2所示。

表 2-2　著作权侵权行为的基本类型

基本类型	内容	相应责任
承担民事责任的侵权行为	（1）侵犯作者精神权利的行为； （2）侵犯财产权的行为； （3）侵犯邻接权的行为； （4）其他侵权行为	（1）停止侵害； （2）消除影响，公开赔礼道歉； （3）赔偿损失

（续 表）

基本类型	内容	相应责任
承担行政责任的侵权行为	（1）未经著作权人许可，复制、发行、表演、放映、广播、汇编、通过信息网络向公众传播其作品； （2）出版他人享有专有出版权的图书； （3）未经表演者许可，复制、发行录有其表演的录音录像制品，或者通过信息网络向公众传播其表演； （4）未经录音录像制作者许可，复制、发行通过信息网络向公众传播其制作的录音、音像制品； （5）未经许可播放或者复制广播电视； （6）其他侵权行为	（1）警告； （2）责令停止制作和发行侵权复制品； （3）没收非法所得； （4）没收侵权复制品及制作品； （5）没收侵权复制品的制作设备； （6）罚款
承担刑事责任的侵权行为	（1）未经著作权人许可，复制发行其文字作品、音乐、电影、电视、录像作品、计算机软件及其他作品； （2）出版他人享有出版权的图书； （3）未经录音录像制作者许可，复制发行其制作的录音录像； （4）制作、出售假冒他人书名的美术作品	（1）犯侵犯著作权罪，违法所得数额较大或者有其他严重情节的，处三年以下有期徒刑或者拘役，并处或者单处罚金，违法所得数额巨大或者其他特别严重情节的，处三年以上七年以下有期徒刑； （2）犯销售侵权复制品罪，违法所得数额巨大的处三年以下有期徒刑或者拘役，并处或者单处罚金

案例分享2-7

“剧本杀”是当下时兴的一种角色扮演游戏，其游戏剧本中有多个角色，有较多互动性情节和对话，是以破案为主线的文字作品。

冯某为游戏剧本《血》的作者及著作权人，该作品于2017年创作完成并公开发表。2018年6月，郭某向谭某购买了游戏剧本《画》，并在万游引力公司经营的店铺“引力探案馆”中销售。2018年9月，郭某又与久幺幺公司签订协议，将《画》的信息网络传播权及电子形式的改编权、复制权等著作权、财产权利独家、排他地授权给久幺幺公司，并约定了著作权保证条款。2018年10月，久幺幺公司经营的游戏社交平台App“百变大侦探”上架销售了《画》。

冯某无意中发现《画》完全抄袭了自己的作品《血》，郭某、万游引力公司、久幺幺公司在线上线下大量销售侵权作品，侵犯了自己的合法权益，并给自己造成重大经济损失，故诉至法院。法院审理认为，经比对，《血》《画》均为游戏剧本，故事主线基本一致，核心情节高度相似，构成实质性相似。法院判决被告立即停止对《画》的宣传，刊登声明，消除影响，赔偿原告的经济损失，并返还侵权利润。

3. 著作权的保护方式

著作权自创作完成后便自然拥有，不必申请。但如果想证明该著作权是自己的，需要一些证据来证明作品是你创作的。进行著作权登记可以获得著作权登记证书，以证书来证明你拥有该作品的著作权。著作权登记可以根据自身情况自行决定如何申请办理。第一种方式是申请人自行到中国版权保护中心网站办理登记，或者到当地的知识产权局办理登记，要准备的资料比较多，发证时间比较长。第二种方式是申请人请知识代理机构代办登记，费用较高，但省时省力。

（四）专利权的保护

1. 专利的含义

专利权简称专利，是国家专利管理部门向发明人授予的在一定期限内排他性生产、销售或以其他方式使用发明的权利。专利是法律授予发明者的独占权，它可以是一项产品，也可以是一种生产方法，还可以是解决某个问题的技术方案。它不同于有形财产，是看不见、摸不着的，并且具有时间性和地域性的限制。随着经济的高速发展和市场竞争的日益激烈，专利的申请与保护也被越来越多的人重视。

2. 专利的类型

专利可以分为三类：发明专利、实用新型专利、外观设计专利。发明专利是指针对产品、方法的改进提出的新的技术方案。实用新型专利是指对产品的形状、构造或者其结合提出的适于使用的新的技术方案。外观设计专利是指对产品的形状、图案、色彩或者其结合所做出的富有美感并适于工业应用的新设计。

三种专利的区别如表2-3所示。

表 2-3　三种专利的区别

项　　目	发 明 专 利	实用新型专利	外观设计专利
内　容	产品、方法	产品的形状、构造或其结合	产品的形状、图案、色彩或其结合
审查时间	2年左右	6～8个月	4～6个月
审查程序	受理、初审、实审、授权/驳回	受理、初审、授权/驳回	受理、初审、授权/驳回
保护时间	20年	10年	10年

3. 专利申请流程

专利申请是获得专利权的必须程序。专利权的获得要由申请人向国家专利机关提出申请，由国家专利机关批准并颁发证书。申请人在向国家专利机关提出专利申请时，还应提交一系列申请文件，如请求书、说明书、摘要和权利要求书。具体申请流程如图2-12所示。

相关链接

申请专利的流程

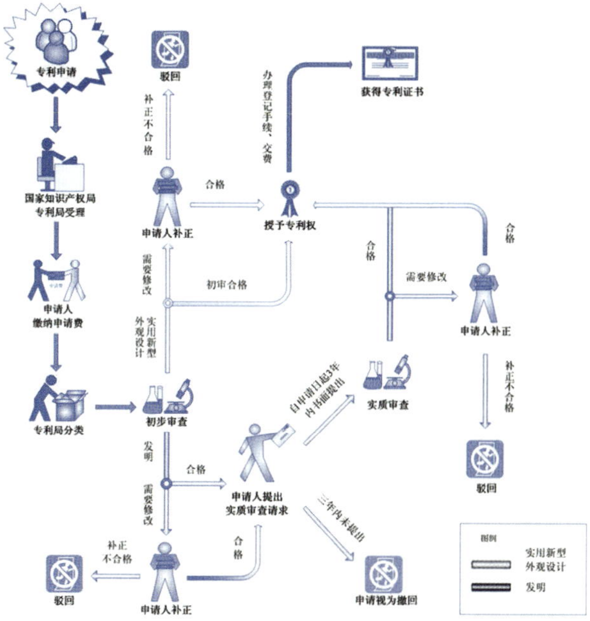

图2-12　专利申请流程图

4. 专利法

专利法是确认发明人或设计人对其发明创造享有专利权，规定专利权人的权利和义务的法律规范的总称。

（1）专利权的主体。专利权的主体即专利权人，是指依法享有专利权并承担相应的义务的人。当有多个人就相同的发明创造申请专利时，专利权应该授予谁，通常依据两个原则：先发明原则和先申请原则。先发明原则是指有多个人就相同的发明创造申请专利时，将专利权授予先完成发明的人。先申请原则是以提出申请时间的先后为准，即谁先提出申请，专利权就授予谁。包括我国在内的绝大多数国家都实行先申请原则。

（2）专利权的客体。专利权的客体即专利法保护的对象，是指能取得专利权，受专利法保护的发明创造。《专利法》规定："本法所称的发明创造是指发明、实用新型和外观设计。"因此，专利权的客体应该是发明、实用新型、外观设计。

（3）专利权的内容。对于专利所有人而言，其在申请被授予专利之后，则成为专利权人，享受相应的专利权。专利权的主要内容如图2-13所示。

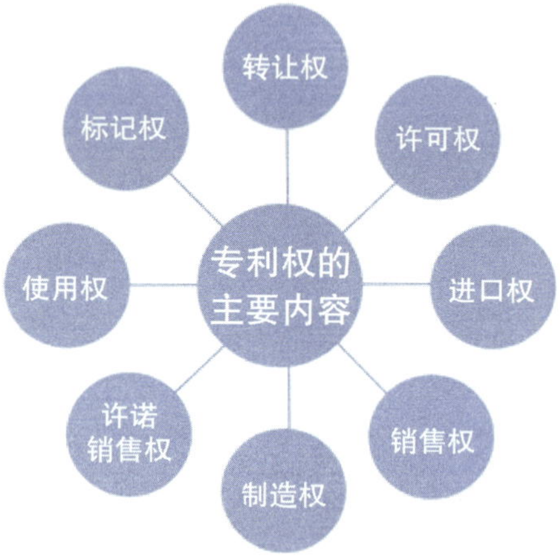

图2-13 专利权的主要内容

5. 专利保护

专利保护是指专利权被授予后，他人未经专利权人的同意，不得对发明创造进行商业性制造、使用、许诺销售、销售或者进口，以及在专利权受到侵害后，专利权人可通过协商、请求专利行政部门干预或起诉的方式保护专利权。侵害专利权应承担的法律责任如表2-4所示。

相关链接

如何提升大学生专利创新能力

表2-4 侵害专利权应承担的法律责任

基本类型	相应责任
承担民事责任的侵权行为	（1）停止侵权； （2）赔偿损失； （3）消除影响
承担行政责任的侵权行为	相关部门责令侵权行为人停止侵权行为，责令改正、罚款等，还可以依当事人的请求，就侵犯专利权的赔偿金额进行调解
承担刑事责任的侵权行为	依照《专利法》和《中华人民共和国刑法》的规定，假冒他人专利，情节严重的，应对直接责任人追究刑事责任

（五）商标权的保护

商标是用来区分不同企业的商品或者服务的可视化商品属性。商标古已有之，现代意义上的商标则是商品经济的产物。今天，商标已与我们的日常生活密切相关，成为消费者选购商品时的重要参考。

1. 商标与商标权

商标是对商品和服务的特别标记。商标权是商标法的核心，是获得法律确认和保护的商标所有者所享有的权利，包括商标的专用权、禁止权、续展权、转让权和许可使用权等。在我国，取得商标权的唯一途径是进行商标注册。

（1）商标权主体。商标权主体又叫商标权人，是指依法享有商标权的自然人、法人或者其他组织，包括商标权的原始主体和继受主体。商标权的原始主体是指商标注册人，继受主体是指依法通过注册商标的转让或者移转取得商标权的自然人、法人或者其他组织。

（2）商标权的客体。商标是生产者、经营者在商品或者服务上采用的，用于区别商品和服务来源，由文字、图形、字母、数字、三维标志、声音、颜色或上述要素的组合构成的具有显著特征的标志。经国家核准注册的商标为注册商标，受法律保护。

（3）商标权的内容。

① 专用权。专用权是指商标权人对其注册商标依法享有的在核定商品或服务上独占使用的权利。商标权人使用注册商标时有权标明“注册商标”字样或者注册标记。

② 禁止权。禁止权是指商标权人依法享有的禁止他人不经过自己的许可而使用注册商标和与之近似的商标的权利。

③ 许可权。许可权是指商标权人通过签订商标使用许可合同许可他人使用其注册商标的权利。

④ 转让权。转让权是指商标权人依法享有的将其注册商标依法定程序和条件转让给他人的权利。

⑤ 续展权。续展权是指商标权人在其注册商标有效期届满前依法享有的申请续展注册，从而延长其注册商标保护期的权利。注册商标的有效期为10年，自核准注册之日起计算。注册商标有效期满，需要继续使用的，应当在期满前6个月内申请续展注册；在此期间未能提出申请的，可以给予6个月的宽展期。每次续展注册的有效期为10年，宽展期满仍未提出申请的，注销其注册商标。

（4）商标权的原始取得。在国际上，商标权的原始取得可遵循以下三个原则：商标注册在先取得原则、商标使用在先取得原则、混合原则（兼顾注册在先取得原则和使用在先取得原则）。我国遵循商标注册在先取得原则。

2. 商标权的保护

商标权侵权行为可分为假冒注册商标，销售侵犯商标权的商品，伪造、擅自制造他人注册商标标识或者销售伪造、擅自制造他人注册商标标识的商品，反向假冒，给他人的注册商标专用权造成其他损害等，如表2-5所示。

表 2-5 商标权侵权行为及相应责任

基本类型	相应责任
承担民事责任的侵权行为	(1)停止侵害； (2)赔偿损失； (3)消除影响
承担行政责任的侵权行为	由工商行政管理部门责令其立即停止侵权行为，没收、销毁侵权商品和用于制造侵权商品、伪造注册商标标识的工具，并可处以罚款
承担刑事责任的侵权行为	依照《商标法》的规定，假冒他人注册商标，构成犯罪的，除赔偿被侵害人的损失外，依法追究刑事责任；伪造、擅自制造他人注册商标标识或者销售伪造、擅自制造的注册商标标识的商品，构成犯罪的，除赔偿被侵权人的损失外，依法追究刑事责任；销售明知是假冒注册商标的商品，构成犯罪的，除赔偿被侵害人的损失外，依法追究刑事责任

案例分享2-8

江西省抚州市市场监督管理局执法人员对童服客栈服饰（杭州）网店的实际经营场所进行检查时，发现店主熊某以每件21元的价格购进了1 267件假冒“FILA”品牌的服装，并以每件26.9元至46.9元的价格销售。网店展示涉案服装的页面宣称该服装为“知名品牌代工厂尾货产品”，销售的服装均清晰标注“FILA”商标。案发时，当事人已销售涉案服装67件，销售金额为2 522.3元，尚未销售的涉案服装货值金额约为4.2万元。

抚州市市场监督管理局认定，当事人在网店销售侵权服装，构成《商标法》规定的侵权行为，责令当事人立即停止侵权行为，没收尚未销售的侵权商品和违法所得，并罚款6.6万元。

3. 商标注册步骤

商标注册是商标权人取得商标权的前提条件，只有经核准注册的商标才受法律保护。商标注册需具备法定条件并经法定程序，其步骤如图2-14所示。

（1）草拟商标。申请人初步拟定需要注册的商标，包括文字和图案。

（2）进行商标查询。申请人到当地工商行政管理局或代理机构进行商标查询，排查近似的商标，提高商标注册的成功率。

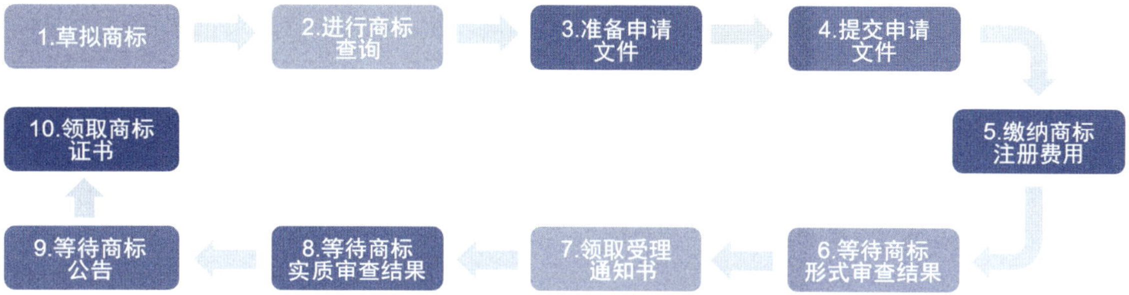

图2-14　商标注册步骤

（3）准备申请文件。申请人准备商标注册的相关文件，如盖公章的商标注册申请书、商标图样（黑色或彩色）、申请人证明文件复印件；委托商标代理机构办理的，应当提交商标代理委托书，直接办理的，应当提交申请人身份证件复印件；要求优先权的，应当提交书面声明，并同时提交或在申请之日起三个月内提交优先权证明文件；将个人肖像作为商标图案进行注册申请的，应当予以说明，附送肖像人的授权书并公证；所提交材料是外文的应当附送中文译文。

（4）提交申请文件。办理商标注册申请有两种途径：一是自行办理，即由申请人直接到商标局办理商标注册申请；二是委托依法设立的商标代理机构办理。

（5）缴纳商标注册费用。商标注册费用缴纳途径有两种：一是直接办理，在商标注册大厅以现金、刷卡、支票、银行汇票、银行信汇、电汇等方式缴费；二是委托商标代理机构办理商标业务，商标注册费用从商标代理机构对商标局的预付款项中扣除，申请人无须直接向商标局缴纳费用。

（6）等待商标形式审查结果。商标局对商标注册申请书形式合法性，商标注册申请书的填写是否属实、准确、清晰、规范，以及有关手续是否完备进行审查，进而决定是否受理该商标注册申请。

（7）领取受理通知书。商标形式审查通过后，商标局将发给商标注册申请人商标注册申请受理通知书。申请人或代理人到商标局领取商标注册申请受理通知书。

（8）等待商标实质审查结果。国家商标局依照《商标法》和《商标法实施条例》的相关规定，按申请日期的先后，通过检索、分析、对比，审查商标注册的合法性，以确定是否发布初审审定公告。商标注册的实质审查主要审查该商标是否与在先申请的商标相同，是否与在先申请的商标存在近似冲突，是否违反《商标法》及《商标法实施条例》的有关规定。

（9）等待商标公告。商标局对符合规定或者在部分指定商品上使用的注册申请符合规定的商标予以初审审定，并予以公告；对不符合规定或者在部分指定商品上使用的注册申请不符合规定的商标予以驳回，书面通知申请人并说明理由。商标初审时间为三个月，初审审定的商标自刊登初审公告之日三个月内无人提出异议，便予以注册，同时刊登注册公告。

（10）领取商标证书。直接办理的，申请人须到商标注册大厅领取商标证书。委托代理机构办理的，商标局将商标证书发给代理机构，申请人到代理机构领取。

相关链接

模块二自我测试

创新创业技能提升实训

实训项目一

<table>
<tr><td>实训主题</td><td colspan="2">小发明创造工坊</td></tr>
<tr><td>实训目标</td><td colspan="2">激发创造力，强化实际动手能力和解决实际问题的能力，培养团队合作和创新意识</td></tr>
<tr><td rowspan="2">实训流程与要求</td><td>流程与要求</td><td>注意事项</td></tr>
<tr><td>（1）分组研讨身边存在的问题和需求，找到潜在的解决方案；
（2）了解市场上是否有类似问题的解决方案，寻找创新空间；
（3）运用创新方法，小组成员共同生成创意，并进行创意评估和筛选，选出最具可行性的创意；
（4）利用简单的设计工具设计创意的初步原型，并使用可获得的材料制作创意的初步原型；
（5）进行用户测试，收集反馈，进行原型的迭代和改进，使最终的创新成果应能够实际应用；
（6）在班级中进行成果展示，与其他小组分享创新成果的产生过程；
（7）教师点评</td><td>（1）本实训项目的成果将被用于在下一个实训项目中申请专利，同学们可以找一找身边的生活用品、学习用品或实习实训时使用的工具等是否存在使用不方便、功能不完备等问题，由此产生创意；
（2）创意应有可实现性，如果能够做出创意的原型更佳；
（3）每组分享时间控制在3分钟内；
（4）汇报时用PPT将要点展示出来，逻辑和表达清晰</td></tr>
<tr><td rowspan="4">实训总结</td><td colspan="2">教师点评</td></tr>
<tr><td colspan="2"></td></tr>
<tr><td colspan="2">学生实训心得</td></tr>
<tr><td colspan="2"></td></tr>
</table>

知识卡片

卡片1：创意的含义和创意开发

卡片2：创新成果的含义、特征和产出

卡片3：创新成果转化的含义和模式

环境卡片

实训环境选择：选择能够进行小组研讨的场所，如实训教室，配合设计好的情景环境和相关工具进行活动。注意环境的安全性、稳定性。

资料卡片

项目管理的基础知识

项目管理是通过计划、执行和监控项目实施，有效地整合项目资源，管理时间、成本、质量、沟通和风险等方面，以达到项目目标的过程。其主要内容包括以下方面。

（1）项目规划。制订项目规划，明确项目目标和阶段性目标；确定项目的时间框架，据此安排任务。

（2）任务分配。将项目分解为具体的任务，确定每个成员的职责和任务。要了解团队成员的专长和技能，合理分工。

（3）时间管理。确定项目时间表，设定里程碑，确保项目按计划进行，并及时调整计划以应对变化。

（4）沟通和协作。建立有效的沟通渠道，确保团队成员之间信息畅通；促进团队协作，解决沟通问题和团队内

创新创业基础
积分卡

创新创业基础
积分卡

创新创业基础
积分卡

创新创业基础
积分卡

创新创业基础
积分卡

创新创业基础
积分卡

创业维艰　奋斗以成

创业维艰　奋斗以成

创业维艰　奋斗以成

创业维艰　奋斗以成

创业维艰　奋斗以成

创业维艰　奋斗以成

部冲突。

（5）风险管理。识别潜在的项目风险，采取措施减小风险发生的可能性；制订应对计划，确保在风险发生时能够及时应对。

（6）项目监控。监测项目进展，确保任务按计划完成；收集数据和反馈，进行项目绩效评估。

（7）问题解决。及时识别和解决项目中出现的问题；遇到挑战时，寻找解决方案并做出调整。

（8）团队建设。了解团队成员的需求和期望，激发团队成员的积极性；提供合适的激励和支持，建设积极向上的团队氛围。

这些基础的项目管理知识可以帮助项目团队更好地组织和协调工作，确保项目按时、按质、按量完成。

实训项目二

<table>
<tr><td>实训主题</td><td colspan="2">申请专利</td></tr>
<tr><td>实训目标</td><td colspan="2">（1）了解专利申请的基本流程；
（2）掌握撰写专利申请文件的技能；
（3）培养创新能力和保护知识产权的法律意识。</td></tr>
<tr><td rowspan="2">实训流程与要求</td><td>流程与要求</td><td>注 意 事 项</td></tr>
<tr><td>（1）参加有关专利申请的辅导讲座；
（2）各小组根据实训项目一“小发明创造工坊”产出的创新成果，确定申请专利的类型；
（3）小组共同学习资料卡片中专利申请文件和实用新型专利请求书的格式及撰写要求；
（4）撰写申请专利的相关文件；
（5）小组成员一起对专利申请能否通过进行评判，并说明理由；
（6）小组将修改完善后的专利申请相关文件发给教师，教师予辅导</td><td>（1）登录国家知识产权局网站，下载相关的撰写示例文档，依照规范要求完成申请文件的撰写；
（2）以申请实用新型专利为例，同学们需完成实用新型专利请求书、权利要求书、说明书、说明书附图、说明书摘要的制作；
（3）仔细检查所有专利申请文件；
（4）对于具备条件、符合要求的申请文件，可请专业人士进一步辅导并提交</td></tr>
<tr><td rowspan="4">实训总结</td><td colspan="2">教 师 点 评</td></tr>
<tr><td colspan="2"></td></tr>
<tr><td colspan="2">学生实训心得</td></tr>
<tr><td colspan="2"></td></tr>
</table>

知识卡片

卡片1：创新成果保护的主要方式

卡片2：创新成果保护的内容

卡片3：三种专利类型

卡片4：专利申请的途径

环境卡片

实训环境选择：选择能够进行开放性活动的场所，比如实训教室，配合设计好的情景环境和相关工具进行活动。注意环境的安全性和稳定性。

资料卡片

卡片1：国家知识产权局网站网址（http：//www.cnipa.gov.cn）

卡片2：专利检索及分析网址（http：//pss-system.cponline.cnipa.gov.cn/conventionalSearch）

卡片3：国家知识产权局表格下载网址（http：//www.cnipa.gov.cn/col/col192/index.html）

卡片4：专利申请受理通知书样例（图2-15）

卡片5：专利申请文件样例

笔杆、笔套连体式书写笔专利申请文件

一、技术领域

本发明属于文具用品领域。

二、背景技术

对于广大学生和需要书写的工作人员来说，书写笔必不可少。目前使用的书写笔大多由笔杆与笔套组成，笔套套在笔杆上用来保护笔尖，使用时将笔套拔下。缺陷是笔套容易丢失，影响美观；笔尖常因坠落、碰撞而损毁；笔芯裸露，墨水易干燥或漏出而污染物品，不便携带。

三、发明内容

为克服现有技术存在的缺陷，本发明的目的在于提供一种笔杆、笔套连体式书写笔。

笔杆、笔套连体式书写笔包括笔杆、笔套和笔芯，其特点是沿笔杆轴线方向设有滑道，滑道上、下端均设有环形凹槽。笔套内壁设有两处凸起，凸起能够与环形凹槽扣紧。笔套内另设有滑块，滑块与笔杆滑道贴合，笔套的前端设有活动套头，通过软条与笔套连接。使用时，拔出笔套上的活动套头，将笔套向笔杆下端方向推，将凸起推出上端凹槽，在滑道与滑块的限位作用下，笔套内壁的凸起被推至笔杆下端凹槽内，笔套固定在笔杆下端。不用时，将笔套回复原位。

与现有产品相比，本发明构思新颖，结构简单，美观实用，携带方便，笔杆与笔套连成一体，不易丢失，能减少笔芯损耗，避免墨水泄漏污染物品，且不影响书写质量。

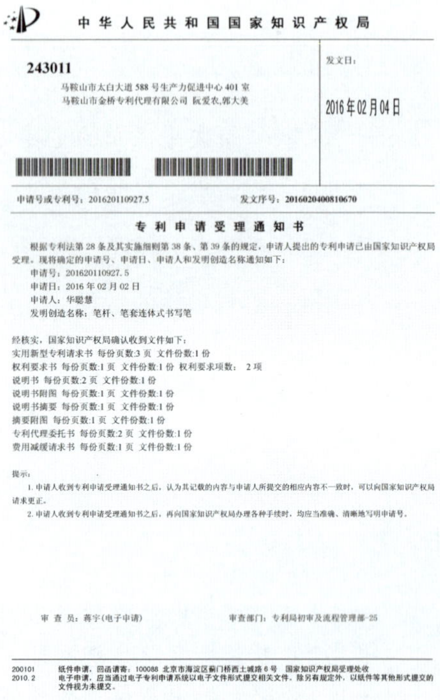
中华人民共和国国家知识产权局

243011
马鞍山市太白大道588号生产力促进中心401室
马鞍山市金桥专利代理有限公司 阮爱农,郭大美

发文日：
2016年02月04日

申请号或专利号：201620110927.5　　发文序号：2016020400810670

专利申请受理通知书

根据专利法第28条及其实施细则第38条、第39条的规定，申请人提出的专利申请已由国家知识产权局受理。现将确定的申请号、申请日、申请人和发明创造名称通知如下：

申请号：201620110927.5
申请日：2016年02月02日
申请人：华聪慧
发明创造名称：笔杆、笔套连体式书写笔

经核实，国家知识产权局确认收到文件如下：
实用新型专利请求书 每份页数:3页 文件份数:1份
权利要求书 每份页数:1页 文件份数:1份 权利要求项数： 2项
说明书 每份页数:2页 文件份数:1份
说明书附图 每份页数:1页 文件份数:1份
说明书摘要 每份页数:1页 文件份数:1份
摘要附图 每份页数:1页 文件份数:1份
专利代理委托书 每份页数:2页 文件份数:1份
费用减缓请求书 每份页数:1页 文件份数:1份

提示：
1. 申请人收到专利申请受理通知书之后，认为其记载的内容与申请人所提交的相应内容不一致时，可以向国家知识产权局请求更正。
2. 申请人收到专利申请受理通知书之后，再向国家知识产权局办理各种手续时，均应当准确、清晰地写明申请号。

审 查 员：蒋宇(电子申请)　　审查部门：专利局初审及流程管理部-25

200101　纸件申请，回函请寄：100088 北京市海淀区蓟门桥西土城路6号 国家知识产权局受理处收
2010.2　电子申请，应当通过电子专利申请系统以电子文件形式提交相关文件。除另有规定外，以纸件等其他形式提交的文件视为未提交。

图2-15　专利申请受理通知书样例

四、附图说明

下面结合附图对本发明进一步说明。图1是笔杆、笔套连体式书写笔结构示意图。图2是笔套结构示意图。图中1为笔杆，2为笔套，3为活动套头，4为凸起，5为滑块，6为环形凹槽，7为滑道，8为笔芯，9为软条。

笔杆（1）沿轴线方向设有滑道（7），滑道上、下端均设有环形凹槽（6）。笔套内壁设有至少两处凸起（4），能够与环形凹槽扣紧。笔套内另设有滑块（5），滑块与笔杆滑道贴合。笔套的前端设有活动套头（3），通过软条（9）与笔套连接。环形凹槽和凸起尺寸相符，凸起卡在环形凹槽内，使笔套（2）与笔杆连接，笔套不易脱离。使用时，

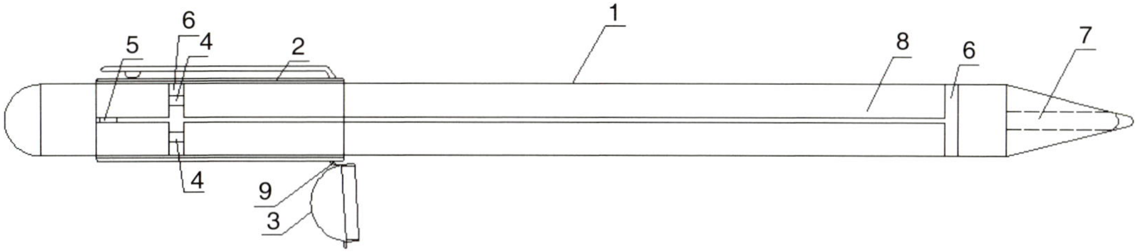

图1

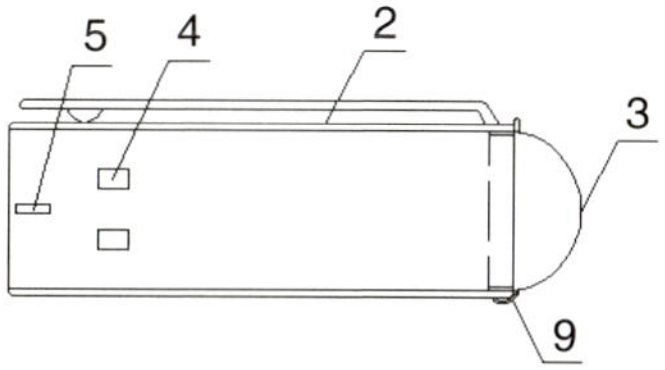

图2

拔出笔套上的活动套头，将笔套向笔杆下端方向推，将凸起推出上端的环形凹槽，在滑道与滑块的限位作用下，笔套内壁的凸起被推至笔杆下端的环形凹槽内，将笔套固定在笔杆下端。不用时，将笔套回复原位。

卡片6：实用新型专利请求书样例

实用新型专利请求书样例如表2-6所示。

表2-6　实用新型专利请求书样例

实用新型专利请求书		此框内容由国家知识产权局填写
⑦ 实用新型名称		① 申请号　（实用新型）
		② 分案提交日
⑧ 发明人		③ 申请日
		④ 费减审批
		⑤ 向外申请审批

（续表）

⑨ 第一发明人国籍或地区		身份证件号码		⑥ 挂号号码
⑩ 申请人	申请人(1)	姓名或名称		电话
		居民身份证件号码或组织机构代码		电子邮箱
		国籍或注册国家（地区）		经常居所地或营业所所在地
		邮政编码	详细地址	
	申请人(2)	姓名或名称		电话
		居民身份证件号码或组织机构代码		
		国籍或注册国家(地区)		经常居所地或营业所所在地
		邮政编码	详细地址	
	申请人(3)	姓名或名称		电话
		居民身份证件号码或组织机构代码		
		国籍或注册国家(地区)		经常居所地或营业所所在地
		邮政编码	详细地址	
⑪ 联系人	姓名		电话	电子邮箱
	邮政编码		详细地址	

（续 表）

⑫ 代表人为非第一署名申请人时声明　　特声明第　　署名申请人为代表人

<table>
<tr><td rowspan="4">⑬ 专利代理机构</td><td colspan="2">名称</td><td colspan="2">机构代码</td></tr>
<tr><td rowspan="3">代理人(1)</td><td>姓名</td><td rowspan="3">代理人(2)</td><td>姓名</td></tr>
<tr><td>资格证号</td><td>资格证号</td></tr>
<tr><td>电话</td><td>电话</td></tr>
</table>

⑭ 分案申请　原申请号　　针对的分案申请号　　原申请日　年　月　日

<table>
<tr><td rowspan="5">⑮ 要求优先权声明</td><td>序号</td><td>原受理机构名称</td><td>在先申请日</td><td>在先申请号</td><td rowspan="3">⑯ 不丧失新颖性宽限期声明</td><td rowspan="3">□ 已在中国政府主办或承认的国际展览会上首次展出
□ 已在规定的学术会议或技术会议上首次发表
□ 他人未经申请人同意而泄露其内容</td></tr>
<tr><td>1</td><td></td><td></td><td></td></tr>
<tr><td>2</td><td></td><td></td><td></td></tr>
<tr><td>3</td><td></td><td></td><td></td><td colspan="2" rowspan="2">⑰ 援引加入声明：本申请在递交日要求了优先权，声明以援引加入方式补交缺少或者错误提交的文件</td></tr>
<tr><td>4</td><td></td><td></td><td></td></tr>
</table>

⑱ 保密请求
□ 本专利申请可能涉及国家重大利益，请求按保密申请处理
□ 已提交保密证明材料

（续 表）

⑲ 同日申请　□ 声明本申请人对同样的发明创造在申请本实用新型专利的同日申请了发明专利

⑳ 摘要附图　指定说明书附图中的图　为摘要附图

㉑ 放弃主动修改权利　□ 申请人声明，放弃《专利法实施细则》第57条规定的主动修改的权利

㉒ 延迟审查　□ 请求对本申请延迟审查，延迟期限为1年

㉓ 申请文件清单		㉔ 附加文件清单	
1. 请求书	页	□ 优先权转让证明	份
2. 说明书摘要	页	□ 优先权转让证明中文题录	页
3. 摘要附图	页	□ 保密证明材料	份
4. 说明书	页	□ 专利代理委托书	份
5. 说明书附图	页	总委托书备案编号（____________）	
		□ 在先申请文件副本	份
权利要求的项数	项	□ 在先申请文件副本中文题录	份
		□ 向外国申请专利保密审查请求书	份
		□ 其他证明文件（名称____________）	份

㉕ 全体申请人或专利代理机构签字或者盖章	㉖ 国家知识产权局审核意见
年　月　日	年　月　日

（续表）

实用新型名称	
发明人姓名	
申请人名称及地址	

注意事项

（1）申请实用新型专利，应当提交实用新型专利请求书、权利要求书、说明书、说明书附图、说明书摘要、摘要附图。申请文件应当一式一份（表格可在国家知识产权局网站下载）。

（2）本表应当使用国家公布的中文简化汉字填写，表中文字应当打字或者印刷，字迹为黑色。外国人姓名、名称、地名无统一译文时，应当同时在请求书英文信息表中注明。

（3）本表中方格供填表人选择使用，若有方格后所述内容的，应当在方格内做标记。

（4）本表中所有详细地址栏，本国的地址应当包括省（自治区）、市（自治州）、区、街道门牌号码，或者省（自治区）、县（自治县）、镇（乡）、街道门牌号码，或者直辖市、区、街道门牌号码。有邮政信箱的，可以按规定使用邮政信箱。外国的地址应当注明国别、市（县、州），并附具外文详细地址。其中申请人、专利代理机构、联系人的详细地址应当符合邮件能够迅速、准确投递的要求。

填表说明

（1）本表第①、②、③、④、⑤、⑥、㉖栏由国家知识产权局填写。

（2）本表第⑦栏实用新型名称应当简短、准确，一般不得超过25个字。

（3）本表第⑧栏发明人应当是个人。发明人有两个以上的应当自左向右顺序填写。发明人姓名之间应当用分号隔开。发明人可以请求国家知识产权局不公布其姓名。若请求不公布姓名，应当在此栏所填写的相应发明人后面注明“不公布姓名”。

（4）本表第⑨栏应当填写第一发明人国籍，第一发明人为中国内地居民的，应当同时填写居民身份证件号码。

（5）本表第⑩栏申请人是中国单位或者个人的，应当填写其名称或者姓名、地址、邮政编码、组织机构代码或者居民身份证件号码；申请人是外国人、外国企业或者外国其他组织的，应当填写其姓名或者名称、国籍或者注册的国家或者地区。申请人是个人的，应当填写本人真实姓名，不得使用笔名或者其他非正式的姓名；申请人是单位的，应当填写单位正式全称，并与所使用的公章上的单位名称一致。

（6）本表第⑪栏，申请人是单位且未委托专利代理机构的，应当填写联系人，并同时填写联系人的通信地址、邮政编码、电子邮箱和电话号码，联系人只能填写一人，且应当是本单位的工作人员。

（7）本表第⑫栏，申请人指定非第一署名申请人为代表人时，应当在此栏指明被确定的代表人。

(8)本表第⑬栏，申请人委托专利代理机构的，应当填写此栏。

(9)本表第⑭栏，申请是分案申请的，应当填写此栏。申请是再次分案申请的，还应当填写所针对的分案申请的申请号。

(10)本表第⑮栏，申请人要求外国或者本国优先权的，应当填写此栏。

(11)本表第⑯栏，申请人要求不丧失新颖性宽限期的，应当填写此栏，并自申请日起两个月内提交证明文件。

(12)本表第⑱栏，申请人要求保密处理的，应当填写此栏。

(13)本表第⑲栏，申请人同日对同样的发明创造既申请实用新型专利又申请发明专利的，应当填写此栏。未做出声明的，依照《专利法》第九条第一款关于同样的发明创造只能授予一项专利权的规定处理。(注：申请人应当在同日提交发明专利申请文件。)

(14)本表第㉓、㉔栏，申请人应当按实际提交的文件名称、份数、页数及权利要求项数正确填写。

(15)本表第㉕栏，委托专利代理机构的，应当由专利代理机构加盖公章。未委托专利代理机构的，申请人为个人的应当由本人签字或者盖章，申请人为单位的应当加盖单位公章；有多个申请人的由全体申请人签字或者盖章。

(16)本表第⑧、⑩、⑮栏，发明人、申请人、要求优先权声明的内容填写不下时，应当使用规定格式的附页续写。

缴费须知

(1)申请人应当在缴纳申请费通知书（或费用减缓审批通知书）中规定的缴费日前缴纳申请费和申请附加费。申请人要求优先权的，应当在缴纳申请费的同时缴纳优先权要求费。

(2)一件专利申请的权利要求（包括独立权利要求和从属权利要求）数量超过10项的，从第11项权利要求起，每项权利要求增收附加费150元；一件专利申请的说明书页数（包括附图页数）超过30页的，从第31页起，每页增收附加费50元，超过300页的，从第301页起，每页增收附加费100元。

(3)申请人请求减缓费用的，应当在提交申请文件的同时提交费用减缓请求书及相关证明文件。

(4)各种专利费用可以直接到国家知识产权局缴纳，也可以通过邮局或者银行汇付。

(5)通过邮局汇付的，收款人姓名为国家知识产权局专利局收费处，商户客户号为110000860。应当在汇款单附言栏中写明申请号、费用名称（或简称）及分项金额。

（6）通过银行汇付的，户名为中华人民共和国国家知识产权局专利局，开户银行为中国工商银行北京北太平庄支行，账号为0200010009014400518。应当在银行汇款单中写明申请号、费用名称（或简称）及分项金额。

（7）对于只能采用电子联行汇付的，应当向银行付电报费，正确填写并要求银行至少将申请号及费用名称两项列入汇款单附言栏中。

（8）应当正确填写申请号（注：最后一位校验位可能是字母），小数点不需填写。

（9）费用名称可以使用下列简称：

印花费——印

实用新型专利申请费——申

实用新型专利检索报告费——检（实检）

实用新型专利复审费——复

著录事项变更费——变

优先权要求费——优

改正优先权要求请求费——改（改优）

恢复权利请求费——恢

实用新型专利权无效宣告请求费——无（无效）

实用新型专利登记印刷费——登

延长费——延

权利要求附加费——权（权附）

说明书附加费——说（说附）

实用新型专利年费滞纳金——滞（年滞）

实用新型专利第N年年费——年N（注：N为实际年度，例如，实用新型专利第8年年费——年8）

实用新型专利权评价报告请求费——评价

（10）费用通过邮局或者银行汇付时，遗漏必要缴费信息的，可以在汇款当日以传真或电子邮件的方式补充。补充完整缴费信息的，以汇款日作为缴费日。当日补充不完整而再次补充的，以国家知识产权局收到完整缴费信息之日作为缴费日。

补充缴费信息的，应当提供邮局或者银行的汇款单复印件、所缴费用的申请号（或专利号）、各项费用的名称和金额，同时应当提供接收收据的地址、邮政编码、接收人姓名或名称等信息。补充缴费信息的，如不能提供邮局或者银行的汇款单复印件，还应当提供汇款日期、汇款人姓名或名称、汇款金额、汇款单据号码等信息。

（11）未按上述规定办理缴费手续的，所产生的法律后果由汇款人承担。

模块三 组建创业团队

成为担当中华民族复兴大任的创业者

- 评估自己作为创业者的基本素质和能力
  - 创业者的基本素质和能力
  - 开展自我评估
- 制订提升创业素质和能力的计划
  - 提升创业素质和能力的途径
  - 制订个人行动计划

培育践行社会主义核心价值观的创业团队

- 了解创业团队的建设要求
  - 创业团队的内涵
  - 创业团队的结构类型
  - 创业合伙人的选择原则
- 制订创业团队的建设方案
  - 组建创业团队的原则
  - 组建创业团队的步骤
  - 提升创业团队的工作效能

创业，既可以是一个人单枪匹马开辟自己的创业之路，又可以是寻找志同道合的合伙人形成团队合作创业。实践表明，创业能否成功，很大程度上取决于创业者的素质和能力的高低。在社会、经济高速发展的时代，创业涵盖管理、技术、营销、财务等各个方面，创业者凭一己之力可能无法完成。因此，为了实现企业的创办成功和健康、持续发展，创业团队的组建和管理显得尤为重要。

引导案例

说起携程旅行网的成功，就不得不说到它创业之初的团队“携程四君子”，这个合伙人团队就像武侠小说中的“四剑客”一般，共同创造了创业路上的奇迹。

梁建章是个技术人才。他13岁开始学习编程，16岁考入复旦大学少年班，17岁考入美国佐治亚理工学院，4年就读完了本硕的所有课程。1991年，他进入甲骨文公司工作，1997年便担任甲骨文中国区咨询总监，此时他只有28岁。季琦则出生于一个普通农村家庭，1985年考入上海交通大学，并在本校取得了硕士学位。季琦拥有极强的销售及管理能力，毕业后曾担任中化英华公司的华东区总经理，后来自己创业，成立了一家公司，做系统集成业务。

1999年，在朋友的介绍下，梁建章和季琦相识。两人一见如故，很快谈起了共同的创业理想。梁建章懂技术，季琦懂销售和管理，要想共同创业，还缺一个懂财务和融资的人，沈南鹏成为两人都想拉入伙的最佳人选。沈南鹏从小就拥有极高的数学天赋，读中学时便获得过全国中学生数学竞赛一等奖，还在美国中学生数学竞赛中获得过海外赛区冠军。毕业后，沈南鹏进入花旗银行，后又进入德意志银行，担任德意志摩根建富的董事，负责中国资本市场业务。沈南鹏此时已在投资行业工作了8年，他非常看好当时风起云涌的互联网行业，只是一直没有好的机会加入。梁建章与季琦找到他，提出一起创业，三人一拍即合。

1999年2月，三人凑到一起，开始正式讨论创业项目。在梁建章的提议下，他们确定了要做一个旅游网站。但很快他们又发现了一个重大问题：三人都不是旅游行业出身，除了喜欢旅游，对其他事情一无所知。他们必须再找一个旅游行业的合伙人才行。最后，他们找到了范敏。范敏在四人当中年龄最长，也最低调、沉稳。他1983年考入上海交通大学，就读于管理学专业。毕业后，他选择进入人才稀缺的旅游行业。工作几年后，他晋升成了上海旅行社总经理兼大陆饭店总经理。他们进行了一番游说，但范敏不为所动。季琦没有放弃，拿出之前跑业务的劲头，隔三岔五就往范敏的办公室跑，和他谈人生、谈梦想。最终，范敏答应加入。

他们四人当中，梁建章负责网站技术方面的工作；季琦具备极强的销售管理能力和创业激情，负责市场和销售工作；沈南鹏精通财务数据，负责财务和融资工作；范敏从业经验丰富，负责运营工作。四位创始人根据各自的专长进行了明确的分工，共同打造了携程旅行网。携程的成功不仅在于他们的专业能力和分工，还在于他们之间的互补性和团队精神。

学习目标

知识目标：了解创业者的基本素质和能力、创业团队的含义和类型。

能力目标：能够熟练运用所学知识提升创业所需的能力和素质，能合理组建创业团队。

素养目标：成为具有坚定理想、扎实本领、担当精神的创业者，具备团队合作精神。

项目一

成为担当中华民族复兴大任的创业者

要成为担当中华民族复兴大任的创业者，同学们应培养全面的素质，不仅要掌握学科知识，还要具备创新思维、创业精神、团队协作和沟通等能力，奠定创新创业的坚实基础，同时关注社会发展趋势，承担社会责任，为实现中华民族伟大复兴做出积极贡献。

任务一 评估自己作为创业者的基本素质和能力

课前任务

1. 请同学们思考并分享：你身边有创业者吗？你读过哪些创业者的故事？你认为他们身上有哪些优点、哪些不足？

2. 教师在黑板上分别记录同学们所说的优点和不足。

3. 请同学们对照黑板上教师记录的优点和不足，评估自己具备哪些优点、存在哪些不足。

4. 请同学们思考并分享：你真的了解自己吗？如何全面、客观地对自己做出评价？

知识储备

创业者是创业活动的主体，创业过程既是创业者发现创业机会、整合资源、把握机会的过程，又是创业者学习和成长的过程。创业能否成功，在很大程度上取决于创业者的素质和能力。

一、创业者的基本素质和能力

创业者所具备的素质和能力是其成功创业的基础。一般说来，创业者应具备表3-1、表3-2所示的基本素质和能力。

表 3-1 创业者的基本素质

素质	主要内容
创业动机	创业动机是指引起和维持个体从事创业活动，并使活动朝向某些目标的内部动力。它是鼓励和引导个体为实现创业成功而行动的内在力量
信心	创业者是富有挑战精神的群体，有理想、有目标，并且内心强大，能积极面对压力和竞争。对创业者来说，信心是创业的动力。要对自己有信心，对未来有信心，要坚信成败并非命中注定而是全靠自己努力，更要坚信自己能战胜一切困难
团队精神	团队精神的形成基于对创业团队成员个人爱好、观念和成就的尊重。创业团队成员在创业过程中通过发挥个人特长和协同合作，共同完成目标，形成向心力、凝聚力，从而使个体利益和整体利益达到统一，进而实现创业团队的高效运作
责任心	创业不仅是创业者实现自身价值的过程，而且是其承担社会责任的过程。创业者要不忘初心，强化责任意识，为国家、为社会、为他人创造价值，做出贡献
身心健康	创业者在创业过程中要拥有相对健康的身体和积极、良好的心态
诚信	创业者待人处事要真诚、老实、讲信誉。诚信是市场经济的灵魂，是创业者的“金质名片”
毅力	创业者需要具备毅力，能克服创业过程中的各种困难

表 3-2 创业者的基本能力

能力	主要内容
领导能力	创业者要能积极引导团队成员凝聚在一起，激励他们不断做出卓越绩效，实现自我成长，完成创业目标
专业技能	在创业过程中，创业者要积极弘扬劳动光荣、技能宝贵、创造伟大的时代风尚

（续 表）

能 力	主 要 内 容
创新能力	创新能力是运用知识和理论，在实践领域中不断产生具有经济价值、社会价值、生态价值的新思想、新理论、新方法和新发明的能力
谈判能力	谈判能力涉及思维、观察、反应和表达等多个方面
管理能力	创业者的管理能力从根本上说就是提高组织效率的能力。创业者需具备下列三种管理能力：全面、准确地制定工作标准的能力，对工作水平与标准之间的差距敏锐洞察的能力，纠正偏差的能力
预见判断能力	预见判断能力是根据事物的发展特点、方向、趋势进行预测、推理的思维能力，是通过敏锐分析评估面临的情况并迅速做出准确判断的能力
应变协调能力	应变协调能力是指在企业的内部管理和对外经营中遇到突发事件时，通过积极的沟通和协调，使问题得到有效解决的能力

案例分享3-1

追梦，像山鹰那样高飞

走进格桑顿珠的办公室的人都会被展台上的奖状和荣誉证书吸引：西藏自治区就业创业工作先进集体、“中国创翼”创新大赛西藏赛区阿里地区选拔赛暨首届创业创新大赛一等奖……这些荣誉见证着他的创业之路，更记录着他鹰击长空的雄心壮志。

1995年，格桑顿珠出生在阿里地区日土县的一个普通农牧民家庭。因家境贫困，年仅15岁时，他便挑起了生活的重担。长年的兼职工作经验让格桑顿珠萌生了创业的想法。大学期间，他积极投入创业实践，有过不凡的成绩，也遇到过重重挫折。2019年大学毕业后，格桑顿珠回到自己的家乡，和同学一起创办了阿里地区首家人力资源公司——西藏旺达人力资源服务有限责任公司，以中介服务、劳务派遣、物业管理为主营业务，通过帮助本地农牧民群众和大学毕业生稳定就业，助推阿里地区实现经济社会高质量发展。

创业初期，格桑顿珠遇到了许多困难。当时公司只有一间40平方米的出租屋作为办公室，里面只有一张办公桌，没有员工，日常业务的开展也遇到了很多挫折。格桑顿珠没有被吓倒，他把公司的标志设计为老鹰，就是希望像苍鹰一样，拥有翱翔高空的翅膀、精准锋利的眼神，一旦认定目标，便坚持朝着目标进攻。“在创业路上，每次遇到坎坷时，我都会用老鹰的精神激励自己，告诉自己永不放弃，一定要坚持到最后。”格桑顿珠说。

有志者事竟成，2020年，阿里地区建成象雄双创中心，格桑顿珠的公司第一批入驻。享受到了政府的大学生自主创业补贴、经营场地及水电补贴，公司发展终于驶入快车道，各项业务发展得蒸蒸日上。公司从最初的一无所有发展到拥有12名员工，实现年营业收入80余万元，帮助140余名农牧民、大学毕业生实现稳定就业，被评为西藏自治区就业创业工作先进集体。

为了回报社会，格桑顿珠经常组织开展爱心公益活动。寒假期间，他带领员工为易地扶贫搬迁户的40名孩子开设免费补习班；“学雷锋树新风”活动月里，他带领员工走遍大街小巷，为在寒风中工作的环卫工人送上热茶，身体力行诠释着新时代青年的责任与担当。

展望未来，格桑顿珠豪情满怀。“作为新时代的青年，作为一名自主创业大学毕业生，我将努力整合市场资源，建好人力资源服务平台，继续帮助更多农牧民群众和大学毕业生稳定就业，在建设美丽幸福阿里的道路上奋力奔跑，不负时代，不负韶华。”

（资料来源：格桑顿珠的创业故事：追梦，像山鹰那样高飞，西藏日报）

二、开展自我评估

由于创业竞争日趋激烈，进行创业素质和能力的自我评估是非常重要的，这可以帮助我们清楚地了解自己的优势和不足，从而更好地制订和执行创业计划。评估自己是否适合创业需要考虑多个因素，可以从意愿、动机、个性、经验、知识、能力等方面进行自我评估。

1. 个性与素质评估

在开展创业行动前，对自己的个性和素质进行系统、谨慎的评估十分有必要。毅力、自信、自律、创造力、想象力、市场洞察力、风险承受能力、团队合作能力和身体素质等个性和素质都能体现出个体是否具备较强的创业潜力，对其的评估有助于我们审视自己、了解自己、取长补短。

2. 知识和能力评估

我们应评估自己是否拥有足够的业务知识、财务知识、商业知识、市场营销知识、管理知识和领导、决策、沟通等方面的能力，以便为成功开展业务做好准备。

3. 经验评估

创业者的经验对其素质和能力有着重要的影响，它们相互作用，共同塑造了创业者在创业过程中的表现。要评估自己是否拥有创业经验，可以从是否已经开展了一些成功的业务，是否已经具备解决市场、财务和人际关系等方面问题的能力入手。

温馨提示

经验会对创业者的素质和能力产生积极影响，但并不是说缺乏经验的创业者就没有机会成功。在创业过程中，创业者可以通过经验的积累不断提升素质和能力。

通过自我评估，我们可以了解自己是否具备成为创业者所需的素质和能力。创业者需要的是综合素质和能力，不可偏废。有些素质是天生的，但大多数素质和能力可以通过后天的努力而改善。我们要从现在做起，不断提升自己的综合素质和能力，努力成长为能够担当中华民族复兴大任的优秀创业者。

相关链接

创业者素质自我测评

任务二 制订提升创业素质和能力的计划

课前任务

1. 在小组内，同学们依次分享自己在创业素质和能力方面的优势与不足。
2. 在小组内分类汇总同学们的优势和不足。
3. 组内研讨自我提升的途径和方法，写在大白纸上。
4. 各小组依次向全班同学分享讨论成果。
5. 结合个人实际情况，课后分阶段制订本学期和大学期间个人创业素质与能力提升的行动计划。

知识储备

一、提升创业素质和能力的途径

学习和实践是提升创业素质和能力的核心途径。

1. 学习

我们要不断加强学习，努力提升知识素养，才能满足创业成功并实现企业持续发展的要求。对先进的理论和科学管理经验等的学习也能使创业者在学习过程中提升创业能力。对于有心的创业者来说，行业从业人员的做法、竞争对手的经验、业内专家的成果等都可以成为学习的内容。

2. 实践

实践出真知。创业者除了学习理论知识和他人经验，更要将理论和经验运用到创业实践活动中，在实践中拓宽视野、增长才干、磨炼意志，从而提升创业素质和能力。在实践中提升创业素质和能力的途径有接受培训、与人讨论、向成功人士学习、复盘工作项目情况、开展模拟创业等。

二、制订个人行动计划

1. 明确自身行动目标

制订行动计划的第一步就是明确目标。有了确定的目标，才会有行动的方向和动力。对照创业者所需具备的素质和能力开展自我评估，找到自己的差距和不足，明确下一步努力的方向，定下实际的、可量化的行动目标。

2. 积累专业领域知识

创业者需要具备各个领域，如市场营销、财务管理、人力资源管理的专业知识。我们要通过广泛学习、阅读掌握知识，也要有意识地参加实习实训和社会活动，在实践中更好地理解和运用知识。

3. 锻炼沟通交往能力

在创业过程中，良好的沟通交往能力十分重要。对内，它有助于我们与团队成员更好地交流，促进团队内部形成强大凝聚力；对外，它有助于我们与客户、供应商等进行有效的信息交换，使合作更加顺畅。我们可以通过参加模拟创业培训、模拟商业竞赛等方式锻炼自己的沟通交往能力。

4. 培养积极平和的心态

创业之路注定不会一帆风顺，有时会遇到失败和挫折。我们应树立积极、坚持、谦虚、奋进的心态，勇于直面挑战和自我提升，成为有朝气、有活力的新时代创业者。

青年强则国家强。当代中国青年生逢其时，施展才干的舞台无比广阔，实现梦想的前景无比光明。广大青年要坚定不移听党话、跟党走，怀抱梦想又脚踏实地，敢想敢为又善作善成，立志做有理想、敢担当、能吃苦、肯奋斗的新时代好青年，让青春在全面建设社会主义现代化国家的火热实践中绽放绚丽之花。

温馨提示

大学生可以通过参加创新创业大赛及在学校孵化基地中创业低成本地积累实践经验，降低创业风险，提高未来创业的成功率，同时培养创业所需的关键素质和能力。

项目二 培育践行社会主义核心价值观的创业团队

创业团队应践行社会主义核心价值观，倡导公平正义，关注成员福祉，塑造积极向上的团队文化，注重创新、协调、绿色、开放、共享的新发展理念，在创业活动中践行社会责任，积极参与公益事业，推动企业和社会朝着更为公正、平等、可持续的方向迈进。这不仅有助于企业的和谐发展，而且可以为社会环境的改善贡献力量。

任务一 了解创业团队的建设要求

课前任务

1. 思考：如果你创业，你是会一个人创业，还是找几个伙伴一起创业？为什么？
2. 请选择独自创业、团队创业的同学分别分享自己的看法。
3. 请同学们讲述你所知道的创业团队的故事。这些故事对你有何启发？

知识储备

一、创业团队的内涵

创业团队是在创业初期（包括企业成立前和成立早期），由一群才能互补、责任共担、愿为共同的创业目标而奋斗，对初创企业有着共同承诺的人所组成的特殊群体。创业团队的特征如图3-1所示。

二、创业团队的结构类型

创业团队的结构对于创业能否成功有重要影响。不同的团队结构类型适合不同的场景和需求，创业者可以根据项目的性质、发展阶段，团队成员的技能和资源进行选择和设计。不同的团队结构有不同适用场景（表3-3）。

图3-1 创业团队的特征

表3-3 创业团队的结构类型

类　型	特　点	适用场景	优　点	缺　点
星状创业团队	以核心创始人或领导者为核心成员，其他成员围绕着核心成员，核心成员在决策和执行中扮演关键角色	适用于创业项目尚处于早期阶段，需要快速决策和紧密协作的情况；适合小团队，成员之间有高度的互动和沟通	决策迅速，实施高效，信息传递较为直接，有利于保持团队的一致性和凝聚力，适用于需要高度协作和快速迭代产品的情况	容易形成权力过分集中的局面；其他成员在和核心成员冲突严重时，往往选择离开
网状创业团队	强调团队成员之间的平等合作关系，成员之间联系紧密，可以共同参与决策和执行	适用于需要充分发挥团队成员专业技能和创意的作用的情况，成员之间具有高度互补性	有利于充分利用各成员的专业技能和创意，创造创新和多样化的解决方案	结构较为松散；决策效率相对较低；容易涣散；容易形成多头领导的局面

（续 表）

类　型	特　点	适用场景	优　点	缺　点
虚拟星状创业团队	结合了星状创业团队和网状创业团队的特点，核心成员是被推选出来的；还有一些关键合作伙伴在外部提供支持和资源；通常涉及远程工作和数字协作，成员可能分散在不同地区，通过在线工具合作	适用于初创企业需要在关键领域获得专业支持和资源，但无须招聘全职员工的情况	灵活性强，能够利用外部资源和专业知识，降低成本，扩大合作范围	核心成员的行为必须充分考虑其他成员的意见，不像星状创业团队中的核心成员那样有权威

在选择团队结构类型时，要考虑以下因素。

（1）项目需求。考虑创业项目的性质、目标和所处阶段。不同的团队结构适合不同的项目需求。

（2）团队成员。评估团队成员的技能、背景和经验，选择能够最好地支持实现项目目标的结构。

（3）沟通和协作模式。考虑团队成员之间的沟通和协作模式，确保选择的团队结构能够促进高效的合作。

（4）资源限制。考虑人力、时间、资金等资源的限制，选择适合的团队结构以最大限度地利用现有资源。

（5）项目规模和复杂度。考虑项目规模和复杂度，选择适合的团队结构。

最终的选择应该基于对上述因素的综合考虑，并根据具体情况做出。如果有需要，也可以在项目发展的不同阶段调整和优化团队结构。

案例分享3-2

“马上到五月份，就能迎来采摘石斛花的时节了。石斛花中蕴含的独特成分有安神解郁的功效，可以起到改善睡眠的作用……”初春时节，阳光明媚，空气清新，霍山县诸佛庵镇三河村内的一处石斛种植基地里，吴菲正在进行网络直播，向网友解说霍山石斛的相关知识。

吴菲是安徽极石生物科技有限公司的三名合伙人之一。他们三人有比较明确的分工，刘波统揽公司各项事务，张超负责基地种植方面的工作，吴菲则主要负责市场营销。刘波是一名退伍军人，退伍后，他先后经历了三次创业，终于创立了安徽极石生物科技有限公司。如今，他的石斛基地占地面积已达到100多亩，还被省委组织部、团省委列入第五批安徽省大学生返乡创业示范基地（园）。

说起自己如何组建创业团队时，刘波说，在寻找合伙人时，除了人品、能力，他最在意的就是共同的价值观。“创业光有梦想是远远不够的，毕竟，在创业过程中会遇到许多意想不到的困难，这时候，就需要有强烈的使命感让自己坚持下去。”说到这里，刘波回忆起了夏天发生的一件小事。因为夏天的雨季较长，石斛基地里长了不少鼻涕虫。为了保证石斛的质量，他们没有选择喷药，而是决定手工除虫。那段时间，每天晚上8点到11点，有时甚至到凌晨，他们三个人都打着伞，一起在基地里忙碌。

（资料来源：90后创业团队：种植“仙草”，坚持梦想，人民网）

三、创业合伙人的选择原则

合伙创业可以有效降低创业的风险，同时，合伙人的好坏也关系到企业的前途和发展。以下是创业合伙人的选择原则。

1. 价值观一致

合伙人的价值观是否一致决定了企业的发展潜力的大小。有一致价值观的个体可以相互给予无穷的精神力量，勇于接受挑战，平和面对失败，帮助团队发展壮大。提前了解合伙人的价值观，可以有效避免创业者与合伙人在未来产生冲突。

2. 事业方向一致

如果创业者选对了事业方向一致的合伙人，他们不仅能在资金管理上提供帮助，还能在企业的基础设施建设等很多事情上提供帮助，成为创业者忠实的臂膀，为企业发展指明方向。了解合伙人关注的领域、感兴趣的项目内容和发展理念，有助于明确合伙人的事业方向。

3. 能力、资源互补

任何一个合伙人都应是与创业者优势互补且不可替代的。尽量选择与自己在学历、背景、性格、资源、技能、行事方式上互补的合伙人，避免形成同质型团队。互补的团队能在创业路上走得更远。

4. 建立信赖关系

创业者与合伙人之间只有相互信任、相互包容，才能在各自负责的领域独当一面。如果大家相互猜忌，遇到问题时相互推诿，会浪费大量精力，难以团结，错失企业发展的机遇。选择合伙人时，首先要考虑其品行。同时，形成信赖关系也需要双方的努力，要做到诚实守信、彼此尊重、彼此支持。

相关链接

创业合伙人协议模板

任务二 制订创业团队的建设方案

课前任务

1. 开展“组建模拟公司”活动。采取自荐或推荐的方式，确定8名总经理候选人。

2. 8名候选人进行总经理竞选演讲，时间为每人2分钟。全班同学投票，从8名候选人中选出5名总经理。

3. 总经理设计招募创业团队成员面谈问题表及招聘信息表，确定项目的岗位需求及各岗位基本信息。其他同学分别填写简历，描述个人基本情况。

4. 模拟人才招聘。同学们向自己心仪的总经理投递简历。总经理与应聘者进行双向选择，组建模拟公司，每家公司6～8人。

5. 统计招聘结果，将各模拟公司的员工姓名填写在模拟公司人员名单表中。

6. 课后由总经理带领本公司成员完成以下任务：确立公司名称及业务范围，绘制创业团队组织架构图，明确岗位分工及职责，制定公司管理制度。

7. 教师进行活动点评，同学们分享活动感悟。

相关链接

课前任务活动表

知识储备

组建团队共同创业的好处是可以分散创业失败的风险和压力，通过团队成员之间的资源整合和技能互补提高应对创业过程中不确定因素的能力，还可以在创业资金等资源的获得方面拥有更多的机会，提高创业的成功率。

一、组建创业团队的原则

好的团队对于初创企业有重要的作用。创业团队的凝聚力、合作精神可以帮助初创企业度过危难时刻，加快成长步伐。另外，团队成员之间的互补、协调，以及对创业者工作的补充，对初创企业而言可以起到降低管理风险、提高管理水平的作用。应当选择什么样的团队成员，取决于创业者所考虑的维度：相似性与互补性（图3–2）。

图3–2　创业团队成员的相似性与互补性

二、组建创业团队的步骤

不同创业项目的团队组建步骤并不完全相同，通常包括五个步骤，如图3–3所示。

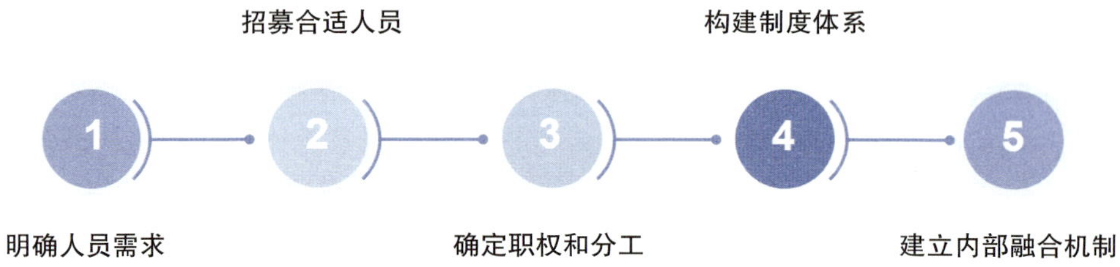

图3–3　创业团队的组建步骤

1. 明确人员需求

将创业项目的总目标分解为针对若干不同项目、不同时间段的子目标，从而确定创业团队的人员需求。

2. 招募合适人员

创业团队成员的招募主要从岗位工作、技能等方面的互补性和初创企业的规模适度性出发考虑，以实现高效和经济的创业团队运转。创业团队的规模通常以2～10人为佳。

3. 确定职权和分工

只有职权清晰、分工明确，团队成员才能高效地执行计划，完成各项工作。确定职权和分工可以避免职权不清导致出现工作冲突和空缺，也可以避免分工不明确造成工作疏漏。

4. 构建制度体系

创业团队制度体系是对团队成员实施有效激励和控制的体系。设定激励和惩罚机制，可以使团队成员意识到团队成功是个人成功的重要保障，个人的努力和协作是团队目标实现的重要支撑，从而充分调动团队成员的积极性，最大限度地发挥团队成员作用。创业团队的制度体系应以规范化的书面形式确定并得到一致认同。

5. 建立内部融和机制

在创业过程中，不可避免地会存在分歧，甚至是矛盾。创业团队建立内部融和机制，就是要及时发现问题和处理问题。有效的沟通与协调、开放的交流、团队领导者的调解等对于创业团队来说非常重要。

大赛直通车

在中国国际大学生创新大赛中，主赛道、青年红色筑梦之旅赛道、职教赛道等赛道均以团队为单位报名参赛，允许跨校组建参赛团队，每个团队的成员不少于3人，不多于15人（含团队负责人）。在参加比赛的过程中，我们需要运用组建创业团队的知识找到合适的团队成员。

三、提升创业团队的工作效能

创业团队工作效能的提升是初创企业发展的重要基石。树立创业团队的共同愿景、配置创业团队的角色，以及不断培养团队精神，都是提升创业团队工作效能的有效手段。

1. 树立创业团队的共同愿景

愿景建立在个人信仰之上，受个人价值观的影响。不同的创业团队成员对组织愿景的看法不同，共同愿景的力量则源自对共同利益的关切。当成员真正拥有共同愿景时，就会在创业团队内部形成一种心理契约，这种心理契约有利于团队成员相互协作、处理冲突、承担责任、应对风险，进而实现企业家精神的强化，提升创业团队的工作效能。

创业团队的共同愿景通常包含三方面内容：核心志向、宏伟目标、核心价值观。核心志向是指创业团队成员共同认同的企业存在的意义。宏伟目标是指创业团队成员认同的高水平的团队业绩目标和企业发展目标。核心价值观是指创业团队共同认同的企业核心价值观和企业的指导原则。

2. 配置创业团队的角色

创业团队由很多成员组成。对于每一名成员在团队里扮演什么角色，对完成团队既定的任务如何发挥作用，团队缺少什么样的角色，什么样的人与团队现有成员的个人能力和经验互补，都需要在团队的管理过程中合理调配。运用角色理论挑选和配置成员，能做到优势互补，用人之长。创业团队中的角色及其特点见表3-4。

表 3-4 创业团队中的角色及其特点

团队角色	特　点
推进者	促进决策的实施，是团队进一步发展的“助推器”
创新者	提出观点，促进企业的生产和发展
专　家	为团队提供指导的内部或外部人员
监督者	监督决策实施的过程
完美主义者	注重细节，强调高标准，在企业逐渐成长的过程中发挥促进企业完善、改进的作用
实干者	计划性很强，是企业发展的基石
信息提供者	提供正确的、及时的信息
协调者	协调各方利益和关系
凝聚者	润滑和协调各种关系

在实际工作中，创业团队不一定要具备以上全部类型的角色，有的时候一个团队成员可以同时扮演多种团队角色。角色间配合的时候也会存在问题，在角色配置的时候需要加以注意，避免出现冲突。

相关链接

模块三自我测试

3. 培养团队精神

创业团队需要培养团队精神。可以通过分析创业团队内外部环境，结合初创企业的目标来确定团队发展方向。在进行团队调整、融合的过程中，最为重要的是保证团队成员间经常进行有效的沟通与协调，培养、强化团队精神，提升团队士气。

温馨提示

创业团队应及时搜集整理国家、省、市级创业扶持政策，列出与自己的创业项目相关的、可享受的扶持政策。

创新创业技能提升实训

实训项目一

<table>
<tr><td>实训主题</td><td colspan="2">调研创业者</td></tr>
<tr><td>实训目标</td><td colspan="2">（1）了解调研访谈的实施流程；
（2）学习创业者的创业经验</td></tr>
<tr><td rowspan="2">实训流程与要求</td><td>流程与要求</td><td>注意事项</td></tr>
<tr><td>（1）教师发放相关背景信息资料供同学们阅读；
（2）请访谈对象介绍自己创业前的准备和在创业过程中遇到的重要问题，以及自己的创业体验、感受；
（3）开展访谈，由各小组分别派代表向访谈对象提问；
（4）访谈结束后，请同学们分组讨论，就本次实训活动感受进行交流、分享；
（5）教师点评</td><td>（1）提前邀请一位正在创业的创业者；
（2）需提前与访谈对象做好关于交流内容的沟通</td></tr>
<tr><td rowspan="4">实训总结</td><td colspan="2">教师点评</td></tr>
<tr><td colspan="2"></td></tr>
<tr><td colspan="2">学生实训心得</td></tr>
<tr><td colspan="2"></td></tr>
</table>

知识卡片

调研访谈的注意事项

（1）提前做好访谈功课，了解访谈对象及其所在企业、所在行业的特点。

（2）要能跟访谈对象产生共鸣，用心去体会访谈对象的每一句话。

（3）要学会倾听。访谈对象只有感到舒适，才会说出真心话，这样也能提升我们的访谈质量。

（4）给予访谈对象正面反馈。对于访谈对象的话，我们一定要给予正面反馈，让访谈对象感觉自己的话受到了重视，这样才能在访谈过程中谈得更多。

环境卡片

实训环境选择：可选择在能够进行开放性活动的场所，如实训教室，配合设计好的情景环境和相关工具进行活动，也可根据访谈对象的不同情况选择合适的地点进行访谈。

资料卡片

访谈问题清单示例

问题一：您觉得一个成功的创业者应该具备哪些基本素质和能力？

问题二：您觉得大学生创业者应该在哪些方面提升自己的创业能力？

问题三：您认为在创业团队的组建过程中，有哪些需要注意的事项？

问题四：在日益激烈的市场竞争中，怎样解决好品质、品牌、服务这三方面的问题，使企业实现可持续的良性发展？

问题五：怎样处理与供应商、生产商和经销商的关系？

问题六：通过努力，您取得了一定的成就。您是如何做到这点的？您未来三年的目标是什么？

问题七：作为一名创业者，您觉得应该通过什么方式回报社会？

实训项目二

<table>
<tr><td>实训主题</td><td colspan="2">制订改善创业素质和能力的计划</td></tr>
<tr><td>实训目标</td><td colspan="2">（1）能客观评价自己的创业素质和能力；
（2）学会制订创业素质和能力改善计划</td></tr>
<tr><td rowspan="2">实训流程与要求</td><td>流程与要求</td><td>注意事项</td></tr>
<tr><td>（1）通过测评，对自己的创业素质和能力进行评价，全面、客观地了解自己；
（2）确定自己需要提升的创业素质和能力；
（3）制订具体可行的创业素质和能力改善计划；
（4）每个小组派一名代表进行分享、交流；
（5）教师点评</td><td>（1）测评的结果可能会受到测评时情绪等的影响，仅供参考；
（2）创业素质和能力改善计划要切实可行</td></tr>
<tr><td rowspan="2">实训总结</td><td colspan="2">教师点评

</td></tr>
<tr><td colspan="2">学生实训心得

</td></tr>
</table>

知识卡片

卡片1：创业者的基本素质和能力

卡片2：提升创业素质和能力的途径

环境卡片

实训环境选择：可选择能够进行开放性活动的场所，如实训教室，配合设计好的情景环境和相关工具进行活动。

资料卡片

卡片1：创业者的自我认识图（图3-4）

图3-4 创业者的自我认识图

卡片2：创业者的素质和能力测评图（图3-5）

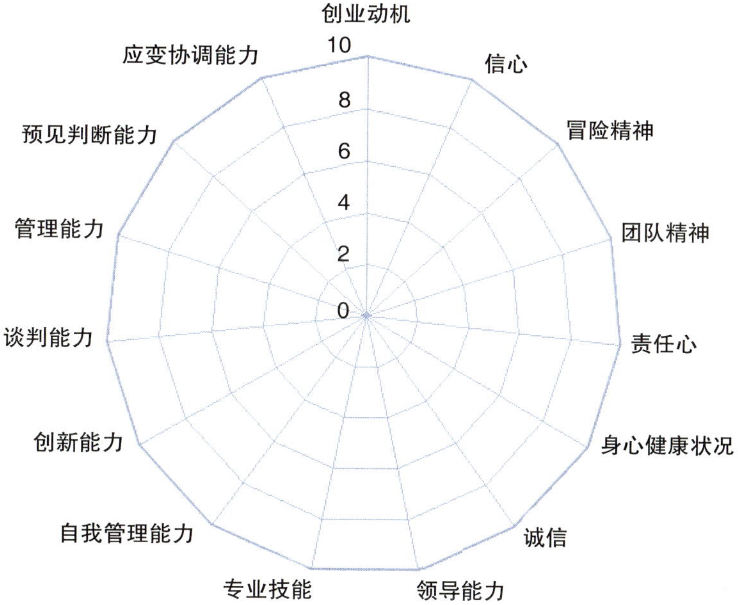

图3-5　创业者的素质和能力测评图

注：请你根据自身情况，客观地在图3-5中为自己的创业素质和能力评分。10分为最高分，0分为最低分。

卡片3：创业者的自我资源评估表（表3-5）

表3-5 创业者的自我资源评估表

创业资源	我的优势	我的劣势
我的有形资产资源 （现金、房屋、设备、材料、运输工具及其他）		
我的无形资产资源 （特殊技能、经营权、秘方、口碑、声誉及其他）		
我的社会关系资源 （亲属、朋友、同学及其他）		
我的人际交往资源 （人缘、交际能力及其他）		
我的体力资源 （力量、速度、耐力及其他）		
我的脑力资源 （算术能力、语言能力、记忆力及其他）		
我的技术资源		
我的知识资源 （学历、阅历、社会知识及其他）		
我的兴趣资源		
我的经验资源		
我的其他资源		

按重要性排序，我的优势资源如下。

（1）________________;（2）________________；
（3）________________;（4）________________；
（5）________________;（6）________________

按重要性排序，我的劣势资源如下。

（1）________________;（2）________________；
（3）________________;（4）________________；
（5）________________;（6）________________

扬长避短，整合自己拥有的创业资源，并将其转化为创业核心竞争力的战略：

卡片4：个人创业素质和能力改善行动计划表（表3-6）

表 3-6　个人创业素质和能力改善行动计划表

个人需要改善的素质和能力	拟采取的具体、可操作性强的改善行动	预期目标及达成时间

实训项目三

<table>
<tr><td>实训主题</td><td colspan="2">组建创业团队</td></tr>
<tr><td>实训目标</td><td colspan="2">（1）了解创业团队组建的主要流程；
（2）学会制定企业架构及部门岗位的基本职责</td></tr>
<tr><td rowspan="2">实训流程与要求</td><td>流程与要求</td><td>注意事项</td></tr>
<tr><td>（1）采取自荐或推荐的方式，确定6名团队负责人，并确定其创业项目；
（2）招募创业团队成员，根据岗位工作、技能、企业规模等方面的互补性进行互选；
（3）明晰职权，确定分工，将项目分解成不同的任务，分配给不同的成员，确定任务的优先负责人；
（4）团队成员一起以规范化的书面形式确定制度体系，建立有效的激励和惩罚机制</td><td>根据实训项目一的分组完成本实训项目</td></tr>
<tr><td rowspan="4">实训总结</td><td colspan="2">教师点评</td></tr>
<tr><td colspan="2"></td></tr>
<tr><td colspan="2">学生实训心得</td></tr>
<tr><td colspan="2"></td></tr>
</table>

知识卡片

创业团队的组建步骤

环境卡片

实训环境选择：可选择能够进行开放性活动的场所，比如实训教室，配合设计好的情景环境和相关工具进行活动。准备6张可以活动的桌子供创业团队双向选择用。

资料卡片

卡片1：招募创业团队成员面谈问题表

卡片2：招聘信息表

卡片3：创业团队组织架构图

卡片4：个人求职简历

模块四 确定创业项目

- **评估创业项目**
  - **探索创业机会**
    - 创业机会的内涵和要素
    - 创业机会的来源
    - 创业机会和创业项目
  - **论证创业项目**
    - 市场调研
    - SWOT 分析
    - 竞争分析
- **规避创业风险**
  - **识别创业风险**
    - 创业风险的类型
    - 创业风险的成因
    - 发现创业风险的途径
  - **制定防范创业风险的策略**
    - 评估创业风险的方法
    - 制定防范风险的措施

方向比努力更重要，但选对方向不是一件容易的事。对于创业者而言，选择与确定创业项目的过程就是选择创业方向的过程。确定创业项目是创业成功的前提和基础。创业者不仅要善于发现市场中的机会与趋势，还要探索创业项目与自身的条件、资源是否匹配。本模块将帮助同学们探索创业机会、评估创业项目、识别创业风险，并取得企业经营许可证。

引导案例

小尹从某高职院校的贸易经济专业毕业后就职于某农药生产企业，凭着自己的努力，从基层销售员一直做到了公司总经理。一段时间后，他决定离职创业。考虑到自己有在该行业的多年从业经历，对行业的发展趋势有比较深刻的理解，从业期间积累了丰富的资源，并拥有大量行业专业知识、上下游的人脉资源等，他选择在自己所在的行业开展创业活动。

受限于资金等因素，创业之初，小尹只进行了小规模生产。在取得收益和团队逐步成熟之后，他买下了一家工厂，将事业逐步做大。他和合伙人们全力以赴，不计得失，团结一心，努力抓住了一些机遇，实现了企业的成长和发展。

在创业的过程中，小尹曾遇到以下风险。一是行业的政策风险。例如，国家推出了农药减量政策，国内外转基因作物得到了大量种植，这些风险不容易化解，企业只能顺应形势发展。二是企业内部风险，他在这方面具有优势，可以很好地化解潜在风险。如为应对财务风险，企业采取了保守的资金策略，首先是采用现款销售策略，不做赊销，这样可以及时回笼资金；其次是与银行保持良好的沟通，积极拓展多种融资渠道，确保资金链的安全。运营管理的风险主要来自沟通效率问题，企业采取了扁平型管理架构，减少沟通层级，提升了沟通的效率。人力资源风险则主要来自专业人才的引进、储备和核心管理人员的稳定方面。企业在这方面的做法是将底薪和日常福利保持在同行业中上等水平，加上年终绩效，确保员工享受到企业发展的红利，携手员工共同成长。经过砥砺前行，小尹创办的企业年产值已达到2亿元，企业走上了良性发展的道路。

学习目标

知识目标：了解选择创业项目时的影响因素，了解创业风险的类型及其应对措施，了解企业注册流程。

能力目标：能识别创业机会、评估创业项目，能识别创业风险并制定相应的防范策略。

素养目标：养成系统思考的习惯和勇于探究的精神，形成合作、创新、包容的创业视野和思维格局，培养乐于承担社会责任的企业家精神。

项目一

评估创业项目

选择和评估创业项目是创业过程中的重要一环，决定了创业的方向和创业的成功概率。因此，在选择创业项目时要谨慎思考，充分评估各项因素，确保选择既符合自身条件又具有市场潜力的创业项目，使自己的创业之路走得更加稳健。

任务一 探索创业机会

课前任务

1. 请同学们开展头脑风暴，想想大学生在校期间创业有哪些创业机会。同学们可以相互启发，最大限度地开动脑筋、提出想法。

2. 请3名同学将同学们提出的所有想法记录在黑板上。在头脑风暴的过程中只记录，鼓励提出不同想法，不评判想法。

3. 同学们一起将提出的创业想法归类。可以按照行业归类，可以按照项目的目标客户在校内还是校外归类，还可以按照同学们提议的其他方法归类。

4. 分组讨论：如果你们组建的模拟公司创业，你们会选择什么项目？为什么？

5. 每组代表分享讨论结果，每组时间为3分钟。

6. 教师点评。

知识储备

一、创业机会的内涵和要素

创业从发现和识别创业机会开始，创业机会的好坏直接影响到创业的成败。

创业机会是指在不断变化的市场环境中，创业者能够利用的，有潜在市场价值和经济效益，并可以满足市场需求或解决客户问题的潜在机遇。创业机会通常包括以下八个要素（图4-1）。

图 4-1　创业机会包含的要素

1. 市场需求

市场需求的存在是创业机会的基础，创业机会应基于潜在客户对某种产品、服务或解决方案的需求。

大赛直通车

就读于广东番禺职业技术学院的吴佳龙带领团队攻关，有效解决了蚝苗人工培育目前面临三个痛点：存活少、成本高、产出低。“南洋水产——中国蚝苗智能培育第一品牌”荣获第八届中国国际“互联网+”大学生创新创业大赛全国总决赛职教赛道金奖。

相关链接

高职学子技术创新，破解生蚝产业难题

2. 问题或挑战

创业机会可能涉及解决特定问题、填补市场中的空白或应对挑战。创业者应致力于寻找满足客户需求或提供价值的方法。

大赛直通车

重庆工程职业技术学院“新系物联——工业互联网底层数据交互领航者”项目团队成员运用所学专业技术，从市场痛点出发，发挥数采模块、智慧网关、普适计算三大优势，开发出了“探星者”和“智星者”两款产品，解决了电机、水泵等老旧设备数据采集难的问题，实现了工业互联网底层数据的高效采集。该项目荣获第八届中国国际“互联网+”大学生创新创业大赛全国总决赛职教赛道创业组金奖。

相关链接

“新系物联”：专注数据采集核心技术算法

3. 创新或差异化

成功的创业机会通常具有创新性或独特性，可以表现为新的产品、新的市场定位、新的技术应用等。

大赛直通车

广东轻工职业技术学院的“安固团队”成功研发出子母牙防松螺纹，首次在螺杆螺纹上设计子母牙，巧妙利用力的相互作用原理，实现超强防松，具有任意位置持续性防松、卓越的振动松脱阻力、单颗螺母结构紧凑等优势。经机械工业通用零部件产品质量检测中心检验，产品残余轴力高达91.8%，优于市面常见的美日防松螺纹产品。“安固子母牙防松螺纹——国际首创，颠覆美/日防松技术”项目荣获第八届中国国际“互联网+”大学生创新创业大赛全国总决赛职教赛道创意组金奖。

4. 商业模型

创业机会需要具备清晰的商业模型，以描述如何赚钱、提供价值、获取客户和维持可持续经营。其内容包括收入来源、成本结构和盈利方式。

相关链接

喜茶的创业经历

5. 资源可用性

开发创业机会需要可获得的资源，包括资金、技术、人力资源和基础设施。创业者需要考虑如何获得所需的资源。

6. 目标客户

开发创业机会需要明确定义目标客户群体，即将受益于产品或服务的人群。这有助于进行市场定位和制定推广策略。

7. 成长潜力

创业机会应具备成长潜力，以便在未来扩大业务、进入新市场或增加产品/服务线。

温馨提示

创业机会的成长潜力应主要从市场需求、技术创新和可持续性三个方面分析。例如，人们对健康管理的关注度提升，创造了健康科技方面的市场需求；便携式健康监测设备、智能健康应用等技术创新为用户提供了更全面的健康解决方案；受益于人口老龄化和健康意识的提高，健康科技行业在未来有望持续增长。

8. 合规性及社会责任

一方面，创业机会需要符合法律法规、商业道德和行业规范。合规性是对企业自身的保护，也体现了企业对维护社会秩序的贡献。另一方面，创业者要在经营中考虑对社会和环境的影响，在取得经济成功的同时履行社会责任，为社会创造价值。

相关链接

创业向善理念

温馨提示

创业机会的识别要经历相当复杂的过程，因为它涉及市场、技术、竞争、风险和创新等多个方面，这是创业过程中的一项关键任务，也是创业者面临的挑战之一。为了有效识别创业机会，创业者需要投入时间和精力积累经验，磨炼技能，培养市场洞察力和敏感性；此外，创业者还需要持续关注市场趋势和消费者需求的变化，以及技术创新和社会变革对商业环境带来的影响，采用系统性的方法和工具进行广泛的市场调研、行业分析和竞争研究。

二、创业机会的来源

创业机会的来源指的是能够启发创业者创办新企业或开展新业务的理念、需求、趋势、问题或机遇等，包括但不限于市场需求、社会变化、技术创新、个人经验和兴趣，以及政策和法规变化。

1. 市场需求

创业机会可以来自市场中尚未被满足的需求，包括新的产品或服务，对现有产品或服务的改进或定制化需求。

我们在生活中、工作中会遇到各种各样的问题，我们都希望能够有好的方法来解决这些问题。创业的目的其实就是帮助消费者解决问题，谁发现了问题解决的路径，谁就有可能找到了创业机会。表4-1可以帮助我们厘清思路。

表 4-1　利用问题探寻创业机会

问题筐		解决问题的思路	可能的创业机会
我遇到的问题	睡眠障碍	通过锻炼解决睡眠问题	助眠训练营、助眠瑜伽、助眠操、助眠经络推拿等
		通过改善饮食解决睡眠问题	助眠茶、助眠代餐等
		通过其他方式解决睡眠问题	助眠枕头、助眠阅读器、助眠App、助眠商城等
亲友遇到的问题			
他人遇到的问题			

（续表）

问题篮	解决问题的思路	可能的创业机会
听到的不满、抱怨		
关注到的问题		
其他问题		

温馨提示

创业机会的识别可以从识别或创造需求开始，但创业者在识别或创造需求时面临市场不确定性、竞争压力、资源限制等多重挑战，同时，市场需求的动态性、消费者需求的不断变化及创新的复杂性也会使创业者难以清晰识别或创造需求。因此，创业者需要不断学习，注重市场调研，加强与消费者的互动，并寻求合适的合作伙伴和资源支持，以更好地满足和引导市场需求，为创业成功奠定基础。

2. 社会变化

社会变化，如人口结构变化、生活方式变化及环保意识增强可以产生创业机会。探索创业机会需要创业者时刻关注周边环境的变化，敏锐的洞察力能够帮助创业者发现变化之中存在的创业机会。我们可以从当前的政策、经济环境、社会文化环境、城镇人口结构、市场结构、消费者的购买习惯、市场需求等角度出发，思考变化及其背后存在的因素，进而发现创业机会（表4–2）。

相关链接

未来社会和经济生活变化趋势

表 4–2 通过洞察变化探寻创业机会

社会变化因素	已经发生的变化	可能的创业机会	未来可能发生的改变	新的创业机会
人们的生活习惯与生活理念				
人们的消费认知				
市场需求				
人口环境				
技术环境				
经济环境				
社会文化环境				
政治法律环境				
自然环境				
……				

3. 技术创新

技术创新不仅为创业者提供了新的产品和服务领域，而且提供了改进现有业务、提高效率和降低成本的机会。技术创新涵盖新产品和服务的开发、市场颠覆和商业模式的创新、数字化转型、自动化和智能化、互联网和电子商务、健康科技、可持续和环保技术、区块链等多个领域。创业者应密切关注技术创新趋势，了解如何利用新技术满足市场需求，并考虑与技术伙伴合作以更好地识别创业机会，并利用技术优势实现企业创新与发展，赢得市场竞争优势。我们可以尝试通过应用领域或应用场景的创新发现新的创业机会（表4-3）。

表 4-3 通过技术创新探寻创业机会

技术创新		目前的应用领域	新的应用领域或场景	可能的创业机会
新产品或服务开发	新材料			
	新能源			
商业模式创新	营销方式创新			
	盈利模式创新			
互联网领域的创新				
自动化和智能化				
数字化				
可持续和环保技术				
区块链技术				
……				

温馨提示

技术创新为创业带来了众多机遇，但创业者在利用这些机会时需谨慎考虑多方面因素，包括确保技术解决方案与市场需求相匹配，关注竞争分析和知识产权保护，形成有效的风险管理策略和可持续发展计划。此外，建立多学科背景团队、有效开展市场推广、遵守法规合规要求、关注社会伦理问题也是至关重要的。通过综合考虑这些方面，创业者可以更好地把握技术创新所带来的机遇，实现创业成功。

4. 个人经验和兴趣

将个人兴趣、技能和经验转化为创业机会前需要进行自我评估和深入市场调研，解决市场问题，发挥创新思维，寻找合适的合作伙伴，进行原型测试，并不断学习和成长。通过将个人经验、兴趣与市场需求相结合，创造独特的价值，创业者有机会追求自己真正热爱的事业，并取得成功。我们可以通过分析自己的专业技能、兴趣爱好等探寻创业机会（表4-4）。

表 4-4 依据个人经验和兴趣探寻创业机会

自我评估	市场需求	竞争分析	盈利能力	风险分析	可能的创业机会
我有资源去做的					
我喜欢做的					
我擅长做的					
我的优势					
我的短板					
……					

大赛直通车

清远市市级非遗工作站牵头建设单位壮瑶风采锦绣专业合作社联合广东职业技术学院，以“壮瑶风采——引领锦衣华服时代新风”为主题参加第八届中国国际“互联网+”大学生创新创业大赛，通过对壮锦技艺的四大创新（织机创新、面料创新、染色创新、设计创新），探索让非遗重生、带动乡村织娘致富的发展模式，荣获全国总决赛职教赛道金奖。

相关链接

“95后”壮乡小伙的非遗创新之路

三、创业机会和创业项目

创业机会的识别和利用是创业过程中的关键一环。成功的创业机会可以满足市场需求和客户期望，同时创造经济价值和就业机会。创业者需要识别、评估和开发这些机会，并将其转化为具体的创业项目。

（一）创业机会和创业项目的区别和联系

创业机会和创业项目是创业过程中两个相关但不同的概念，它们之间的区别和联系如表4-5所示。

表 4-5　创业机会和创业项目的区别和联系

区　别	创　业　机　会	创　业　项　目
定　义	创业者可以利用的市场中或社会上存在的商业机会，通常基于潜在客户对某种产品、服务或解决方案的需求	将创业机会具体化并实施形成的项目，包括具体的产品或服务、市场定位、商业模式、资金需求、运营计划、市场推广策略等
特　点	通常是抽象的、概念性的，是潜在的、未经验证的商业理念	是创业机会的具体表现，涉及实际的业务操作和资源配置，需要具体执行和资源投入
识别/实施	需要进行市场研究、竞争分析、问题解决，需要确定市场中是否有足够的需求和潜在利润	需要形成详细的计划并执行，包括创建企业、筹集资金、开发产品或服务、市场推广、雇佣员工、制订财务计划等

（续表）

区别	创业机会	创业项目
联系	创业项目是在识别创业机会的基础上形成的。创业机会提供了创业项目发展的方向和动力，创业项目则是实现创业机会的具体方式。创业者需要通过创业项目实现创业机会，将想法转化为实际经营业务的具体行动。成功的创业取决于创业者对创业机会的准确理解和对创业项目的有效管理。因此，创业者应密切关注市场需求，同时注重策略的规划和实施，以确保创业机会能够转化为可持续发展的创业项目	

创业项目能否成功与创业机会的识别密切相关。创业者需要不断评估和改进创业机会，将其有效转化为切实可行的项目。

（二）将创业机会转化为创业项目

将创业机会转化为创业项目需要经过如图4-2所示的一系列步骤。

1. 明确定义创业机会

首先，创业者应能够明确定义创业机会，包括目标市场、产品或服务、独特价值主张和潜在客户，确保自己充分理解创业机会，并能清晰地描述它。

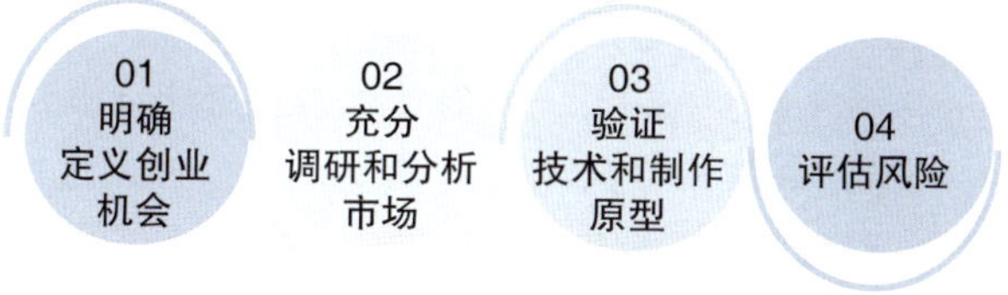

图4-2　将创业机会转化为创业项目的步骤

案例分享4-1

创小业发现，大学生在学习过程中既需要学科资源，又渴望与同学建立紧密联系，由此提出并明确定义了创业机会：推出一款集合学科学习和社交功能的在线平台，满足大学生学习和社交的双重需求。

一、目标市场

以大学生为主要目标群体，特别聚焦于大学新生和有学习问题的同学。

二、提供的产品或服务

拟提供一款集合在线学科学习和社交功能的平台，其具备以下特色功能。

（1）学科社交。用户可以在平台上加入自己感兴趣的学科小组，与志同道合的同学建立联系，促进交流和合作。

（2）资源共享。用户可以上传并分享相关学习资料，如讲义、笔记、习题解答，实现学习资源共享。

（3）在线课程。提供在线学习课程，并使用户能够在学习过程中讨论、互动，提升学习效果。

（4）实时答疑。引入在线实时答疑功能，用户可以在遇到问题时随时提问，并获得即时帮助。

三、独特价值主张

（1）学科社交平台。为用户提供学科社交空间，让用户在学习的同时建立更紧密的人际关系。

（2）实时互动。通过在线课程和实时答疑，促进用户之间的实时互动，提高学习的趣味性和效果。

（3）资源共享文化。建立资源共享文化，激发用户分享学习成果的热情，提升整个社区的学科水平。

四、潜在客户

（1）大一新生。他们可以在平台上寻找同样专业、有同样兴趣的新同学，建立友谊，更好地适应大学学习与生活。

（2）有学习问题的大学生。他们可以通过平台上的实时答疑功能解决学习中遇到的难题。

（3）愿意分享知识的大学生。他们乐于分享学习心得和资源，还可以通过平台分享经验，帮助其他同学。

2. 充分调研和分析市场

创业者在决定投入大量资源之前，要对创业机会所涉及的市场进行深入的调研，包括目标客户、竞争状况、市场规模和趋势等，通过实地调查、问卷调查和行业研究识别目标客户群体，了解他们的行为、偏好和需求，全面了解目标市场的需求、竞争格局和未来趋势，明确项目的核心价值、独特卖点及差异化策略，以便吸引目标客户、建立项目的竞争优势。

温馨提示

“知彼知己，百战不殆。”市场调研是选择创业项目的前提，也是创建、经营企业的基础，市场调研活动贯穿企业经营活动的始终。要注意的是，调研的目的不同，选择的调研方法和内容也不同。

3. 验证技术和制作原型

通过实验和测试确认技术的可行性和产品或服务的实用性，制作原型以便展示关键特性，并吸引潜在投资者和合作伙伴的兴趣。然后进行市场验证，以确定产品或服务在实际市场中的可行性和接受度，可以通过小规模试点、调查、获取用户反馈等方式完成。

4. 评估风险

首先，要确保创业项目符合相关的法律法规要求。其次，项目应符合可持续发展原则，以强化企业形象和市场竞争力。最后，要识别潜在风险，制定风险管理策略，以降低不确定性。

将创业机会转化为创业项目需要充分地规划、执行和不断改进。这需要决心、创新思维和适应变化的能力。成功的创业项目通常是在全面计划和持续优化的基础上建立起来的。通过综合考虑市场、技术、风险等多个方面的因素，同时灵活应对变化和挑战，创业者能够更有效地将创业机会转化为创业项目，最大限度地提高项目的成功率。

相关链接

创业机会评价框架

任务二 论证创业项目

课前任务

1. 开展调研，收集本专业毕业生就业情况的相关资料，包括行业/产业发展状况、企业招聘信息、来自教师或学长的信息、分析报告等。

2. 分组讨论：本专业毕业生的就业形势如何？用人单位对本专业毕业生在知识、能力及素养方面的要求是什么？你目前就业的优势和劣势有哪些？你需要在大学期间如何提升自己，才能在未来符合用人单位的要求，实现高质量就业？

3. 分享讨论的结果，并说明得出结论的依据是什么，这些依据的来源是什么。

4. 教师点评。

知识储备

论证创业项目是指对创业项目进行系统性的分析，以确定其在商业上的可行性、成功潜力和风险。通过这个过程，创业者能够更全面地了解潜在的机会和挑战，为项目的进一步发展找到清晰的方向，同时为外部利益相关者提供可靠的基础信息。

论证创业项目的方法有很多，具体的选择取决于项目的性质、行业特点及可用资源。常用的论证创业项目的方法有市场调研、SWOT分析、竞争分析等。

一、市场调研

市场调研是创业过程中的关键步骤。通过深入了解目标市场和竞争状况等，创业者能够明确商机、精准定位目标客户、优化产品、制定有效的市场战略和差异化的竞争策略等，从而降低投资风险、吸引投资者，为创业项目的成功打下坚实基础。

温馨提示

创业者在创业前所做的市场调研工作主要有两方面作用：一是可以通过市场调研发现、识别具有市场价值并且适合自己的创业项目；二是针对拟创办的企业所在的行业、地域及目标市场进行调研，可以确定其市场价值和可操作性。

（一）市场调研的步骤

市场调研是一个由不同步骤组成的有目的的连续过程，各步骤在功能上相互联系、相互衔接。在操作层面上，市场调研可以分为如图4-3所示的五个步骤。

图4-3 市场调研的步骤

1. 确定问题与调研目标

明确调研要解决的问题，不可过于宽泛，也不可过于狭窄，要有明确的界定，并充分考虑调研目标的实效性。

论证创业项目的市场调研旨在全面了解目标市场、潜在顾客、竞争环境等，以便为创业者提供基于数据的决策支持，帮助确定商业战略的方向，降低市场风险。

2. 拟订调研计划

为了保证市场调研的效率及调研结果的有效性，创业者应拟订一份详细的调研计划作为调研的依据。调研计划的内容如表4–6所示。

表 4–6 调研计划的内容

序号	内容	具体说明
1	资料来源（如第一手资料、第二手资料）	可通过实地走访、考察或询问收集第一手资料，利用报纸、杂志、网络、电话黄页等收集第二手资料
2	调研方法（如观察法、调查法、实验法）	观察顾客的消费行为，或观察商品陈列、广告等； 开展街头采访、邮寄调查、电话调查、网络调查； 进行不同产品、不同时段、不同促销手段之间的对比（产品实验法、产品试销法）
3	调研工具（如问卷、设备）	设计科学、合理的问卷必不可少； 电子邮箱、顾客留言簿、POS机等都可以用来收集信息
4	抽样计划（如抽样单位、抽样范围、抽样程序）	抽样对象要根据调研目标科学合理地确定； 简单随机抽样是最方便快捷的方法； 关于特殊的抽样方法和程序，可以咨询相关专业人员
5	资金预算	仔细核算要花多少钱来做市场调研，控制好调研成本
6	调研人员	要对调研人员进行培训，以便提高调研效率

3. 收集信息

调研计划设计好后，就应根据调研计划设计调研问卷，并按照调研计划收集信息。

（1）设计调研问卷。开展市场调研的目的是获得有价值的信息，从而帮助创业者深化对创业项目的认知，进行客观的判断和选择。需要通过市场调研了解的问题如表4-7所示。

表4-7 需要通过市场调研了解的问题

<table>
<tr><th></th><th>问　　题</th><th>注 意 事 项</th></tr>
<tr><td>目标市场和行业分析</td><td>目标市场的规模有多大？
行业增长趋势如何？
主要竞争对手有哪些？</td><td rowspan="7">（1）问卷的题量不宜过多，建议答题时间不超过5分钟；
（2）设计问题时，要确保问题清晰、具体，以便获取准确的数据和有意义的见解；
（3）在问卷最后要对参与调研的人表示感谢；
（4）选择多渠道进行调研，并确保信息真实、准确</td></tr>
<tr><td>顾客分析</td><td>目标顾客是谁？他们的特征是什么？
顾客的需求和偏好是什么？
他们目前使用的产品或服务有哪些？</td></tr>
<tr><td>竞争对手和差异化</td><td>主要竞争对手的优势和劣势是什么？
你的产品或服务与竞争对手的产品或服务相比有何差异？
有哪些市场空白或潜在的机会？</td></tr>
<tr><td>市场机会和趋势</td><td>有哪些新的市场机会和趋势？
你的项目如何适应市场变化？
是否存在可能影响项目成功的市场风险？</td></tr>
<tr><td>定价策略</td><td>顾客对产品或服务的价格敏感吗？
目前市场上相似产品或服务的定价是多少？
如何为你的产品或服务制定合理的价格？</td></tr>
<tr><td>市场推广和渠道策略</td><td>你计划如何推广和宣传你的产品或服务？
哪些销售渠道最适合你的业务？
你的目标顾客在哪里获取信息？</td></tr>
<tr><td>市场接受度和反馈</td><td>目前市场对类似产品或服务的接受度如何？
你已经收到了潜在顾客的反馈吗？
有无可能的改进或调整方向？</td></tr>
</table>

（续表）

	问题	注意事项
潜在合作伙伴和渠道	是否有潜在的合作伙伴或分销渠道？ 是否存在与其他企业合作的机会？ 有无可以构建的战略伙伴关系？	

（2）获取相关的信息。在市场调研的过程中获取的第一手数据非常重要，创业者需要选择准备创业的地区或其他有相同顾客群体的地区进行调研，尽可能多地与顾客群体进行交流，倾听他们的想法和需求，更要倾听他们的不满和抱怨，发现他们的痛点，记录所有的相关信息。也可以利用互联网，通过登录相关的企业网站，收集顾客、竞争对手及行业领域的信息。还可以通过观看经济频道或者阅读报纸、杂志及商业期刊等获取相关的信息。需要注意的是，二手信息需要我们仔细甄别，避免让不实信息影响对创业项目的分析与判断。

通过市场调研，创业者可以对自己的创业项目做进一步的判断。

4. 整理、分析信息

创业者既可以对收集到的信息进行人工分析、整理和提炼，又可以把收集到的原始信息转为计算机可以识别的数据，利用相关软件加工提炼所需要的信息。这是调研工作最重要的环节，同时也是最具技术性及挑战性的环节。

相关链接

市场调研信息的整理、分析示例

5. 形成调研结果

创业者在调研结束时应该完成一份详细的调研报告。调研报告应力求简明、准确、完整、客观，为下一步做出科学决策提供依据。

（二）市场调研的主要内容

全面的市场调研有助于创业者更深入地了解市场、竞争环境和项目的可行性，从而更好地制定商业战略。论证创业项目时所做的市场调研的主要内容如表4-8所示。

表 4-8 市场调研的主要内容

要素	具体描述
市场细分和定位	将市场划分为不同的细分市场，确定在哪个或哪些细分市场中寻找机会；明确产品或服务在特定细分市场中的定位
市场规模和增长趋势	了解目标市场的历史规模并预测未来的增长趋势；调查市场增长的主要驱动因素和制约因素
市场趋势和机会	调查新技术、新产品或服务的发展趋势，寻找市场中的机会；了解客户对可持续和环保产品的兴趣是否在增强
竞争格局	分析主要竞争对手的产品或服务特点，包括技术特性、品质、定价、营销手段等；评估竞争对手的市场份额、定位及企业经营的优劣势等
目标客户群体	确定目标客户的详细特征，如年龄段、教育水平、职业、收入水平、兴趣爱好等；了解目标客户的消费习惯和购买行为；分析客户的购买决策过程，了解其期望和痛点
客户需求和期望	通过调查问卷或深度访谈了解客户对产品或服务的详细需求，包括品牌、质量、价格、包装、服务等方面
产品或服务定位	确定产品或服务的独特卖点，强调其与竞争对手的产品或服务有何不同；分析目标客户如何看待和理解品牌定位
客户反馈和满意度	收集客户的反馈，包括对产品或服务的喜好、改进建议和不满；评估客户的满意度和忠诚度
定价策略	了解目标客户对价格的敏感度，分析市场上类似产品或服务的价格水平；制定灵活的定价策略，考虑折扣、促销等手段
销售渠道和分销策略	分析渠道成员，包括供应商、批发商、代理商和零售商的情况；确定最有效的销售渠道，考虑线上、线下的渠道
市场推广和营销策略	制订多渠道的市场推广计划，了解包括广告、社交媒体、公关活动等投放渠道及其投放成本；分析目标客户关注的主要媒体渠道，以优化宣传效果
法律法规要求	确保对目标市场相关的法律法规要求有详尽的了解，包括产品标准、许可证要求等；评估法律法规变化对产品或服务的可能影响；了解各项优惠政策
风险分析	识别可能面临的市场风险、运营风险和金融风险；制订风险管理计划，降低不确定性
社会和环境因素	了解产品或服务对社会的影响，考虑社会责任和可持续性；分析目标客户是否对社会和环境问题高度关注

进行市场调研时，需明确目标，确保样本的代表性、数据的可靠性和时效性；采用多元研究方法，如问卷调查法、深度访谈法，并注意问卷设计和访谈技巧；确保竞争对手的信息真实，数据分析科学，维持客观立场，同时遵守法律法规。在最终的报告中要综合分析各方面因素，及时修正错误，以确保调研的准确性、实用性和可信度。

二、SWOT分析

SWOT分析是一种战略管理工具，用于评估项目、企业或个人在特定环境中的内部优势（strengths）和劣势（weaknesses）、外部机会（opportunities）和威胁（threats）。通过SWOT分析，创业者可以判断创业项目的可行性，优化资源配置，利用优势抓住机会，最大限度地降低潜在的威胁，进而提高创业项目成功的可能性。SWOT分析框架如图4-4所示。

（一）SWOT分析的步骤

使用SWOT分析评估创业项目一般有以下步骤。

1. 收集信息

收集关于创业项目内部环境和外部环境的信息，这些信息涉及团队能力、市场趋势、竞争对手、行业标准、政策法规、经济形势等方面。

团队、产品、财务等内部因素的信息，可以通过会议、资料检索、员工访谈等方式获取；市场趋势、竞争对手、行业变化等外部因素的信息，可以通过市场调研、行业报告、竞争分析等方式获取。

2. 交叉分析

交叉分析是深入研究内部优势和劣势如何与外部机会和威胁相互关联的过程。通过

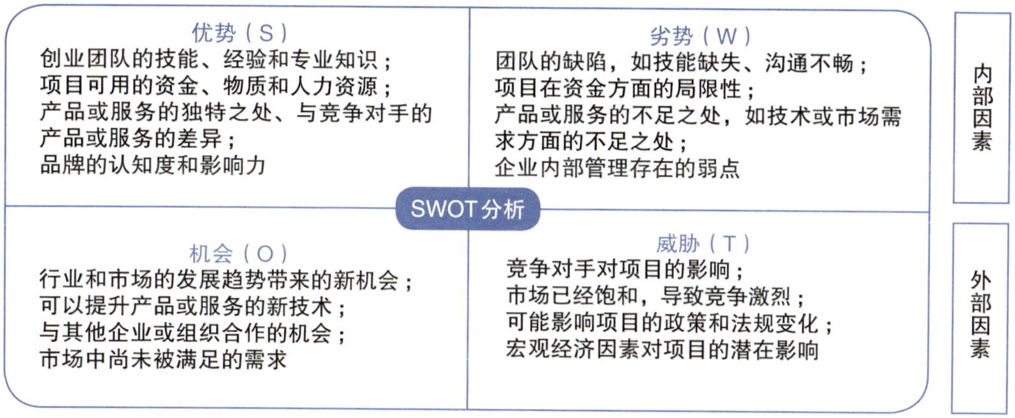

图4-4 SWOT分析框架

这一分析，可以得出四种不同类型的策略组合，帮助制定更全面的战略。

（1）优势+机会（SO策略）。企业内部优势能够与外部机会相匹配时，企业可以利用内部优势抓住外部机会，使优势与机会充分结合并发挥作用。例如，如果团队拥有强大的技术专业知识背景（优势），同时市场对相关技术的需求增长（机会），可以考虑加大技术研发投入，推出创新产品。此时，创业者应敏锐地捕捉机会，把握时机，以寻求更大的发展。

（2）劣势+机会（WO策略）。当外部机会遇上企业内部劣势时，机会再大，其作用也将得不到发挥。在这种情形下，创业者就需要追加某种资源，通过克服内部劣势利用外部机会。例如，如果团队缺乏某种关键技能（劣势），但市场上存在对这种技能的需求（机会），可以通过培训团队成员或寻找合作伙伴来弥补这一劣势。

（3）优势+威胁（ST策略）。当外部环境对创业项目构成威胁时，内部优势得不到充分发挥，会出现优势不优的脆弱局面。在这种情形下，需要通过加强内部优势来抵御外部威胁。例如，如果企业在技术创新方面有独特的竞争优势（优势），但新进入竞争激烈的市场（威胁），可以通过持续创新和巩固技术领导地位应对竞争威胁。

（4）劣势+威胁（WT策略）。当企业内部劣势与外部威胁相遇时，企业面临着严峻挑战，如果处理不当，可能直接威胁到企业的生存，需要通过对内部劣势的弥补来应对外部威胁。例如，如果团队缺乏足够的资金支持（劣势），而市场存在不稳定的迹象（威胁），就需要制订风险管理计划或寻找融资途径来应对可能的财务挑战。

通过交叉分析，创业者可以确定创业项目的可行性及更加具体、实际的战略方向。

3. 制订战略计划

结合交叉分析，确定明确的战略，包括如何利用优势、改进劣势、抓住机会、应对威胁，从而增大创业项目的成功概率。接着，要将战略转化为具体的行动计划，包括明确责任人、确定时间表、分配资源等。

进行SWOT分析时，最好集思广益，邀请团队成员和关键利益相关方参与，以获取多样化的观点和洞察。SWOT分析有一个动态的过程，应随着时间的推移而更新，以适应内外部环境的变化。

相关链接

教育科技创业公司的SWOT分析

三、竞争分析

（一）波特五力竞争分析

波特五力竞争分析由哈佛商学院教授迈克尔·波特提出，是一个用于评估产业竞争环境的框架。这个框架通过分析产业内的五种关键力量，帮助企业了解其所处市场的竞争激烈程度，并制定相应的战略。波特五力竞争分析的五个要素如下。

1. 购买者的议价能力

购买者可以通过压价、对质量提出更高要求等来对企业施加竞争压力。购买者的议价能力越强，意味着他们能够对价格施加越大的影响，使得企业难以维持高利润。影响因素包括购买者的数量、单个购买者对市场份额的贡献、产品的标准化程度、购买者使用替代品的转换成本等。

创业者要确定目标市场中的购买者类型，如果购买者的议价能力强，可以考虑提供独特的价值、个性化增值服务，通过客户体验差异化降低购买者对价格的敏感度。

2. 供应商的议价能力

供应商可以通过提高供应品的价格或降低其质量来施加影响，从而以牺牲购买者的利益为代价增加自己的利润。供应商的议价能力强，意味着他们能够对价格和供应条件施加更强的控制。影响因素包括供应商的数量、供应商的品牌知名度、替代品的可用性、供应品的差异化程度、创业者对供应商的重要程度等。

创业者应了解供应链中的关键供应商，评估其对业务的影响。如果供应商议价能力较强，创业者可以考虑寻找可靠的供应商，与之建立长期合作伙伴关系，协商采购条件，降低供应商的议价能力，同时建立多元化供应链或与供应商建立战略合作关系。

3. 替代品的威胁

替代品的威胁大，意味着有其他产品或服务可以满足购买者的需求，限制了企业对价格的控制。影响因素包括替代品的可用性、替代品的性能和价格、购买者寻找替代品的倾向等。

创业者要深入调研潜在替代品，了解它们的优势和劣势。如果替代品的威胁较大，可以通过提供独特的产品功能或服务凸显差异，降低替代品的威胁。

4. 市场内现有竞争

激烈的市场竞争将使企业难以维持高利润。在高度竞争的市场中，企业需要有更强的市场推广能力和创新能力，以保持竞争力。影响因素包括市场规模、竞争对手的数量和规模、市场增长率和利润率、所提供产品的差异化程度、退出门槛等。

创业者要分析主要竞争对手，了解其市场份额和战略。如果市场内竞争激烈，可以通过以创新找到差异化机会、定位自己在市场中的独特价值、制订品牌推广计划来脱颖而出。

5. 新进入者的威胁

新进入者的威胁大，意味着可能会加剧竞争，降低利润率。影响因素包括进入市场的难易程度、购买者对品牌的忠诚度、产品切换的成本等。

创业者要评估进入门槛和难度。如果新进入者威胁较低，可以通过专利建设、品牌建设、渠道建设等提高进入门槛，减缓新进入者的步伐，集中精力进行产品创新，提升市场占有率。

五种力量的不同组合变化会影响行业利润潜力变化，不同力量的特性和重要性也会因行业和企业的不同而不同。创业者应通过了解波特五力竞争分析树立竞争意识，了解创业项目所处行业的基本竞争态势，更有针对性地制定战略，以提高项目的成功概率。

相关链接

教育科技创业公司的波特五力竞争分析

（二）核心价值曲线分析

创业者必须充分了解竞争对手和创业项目的竞争态势，掌握和分析竞争对手信息，找到自己的竞争优势，使企业能够生存和发展。核心价值曲线分析是综合分析企业自身和竞争对手情况，以调整企业发展战略的一种分析工具，以曲线的形式描绘出企业在行业竞争各要素上表现的相对强弱。其横轴显示的是产业竞争和投资所注重的各要素，纵轴反映了企业各要素指标的高低（图4-5）。

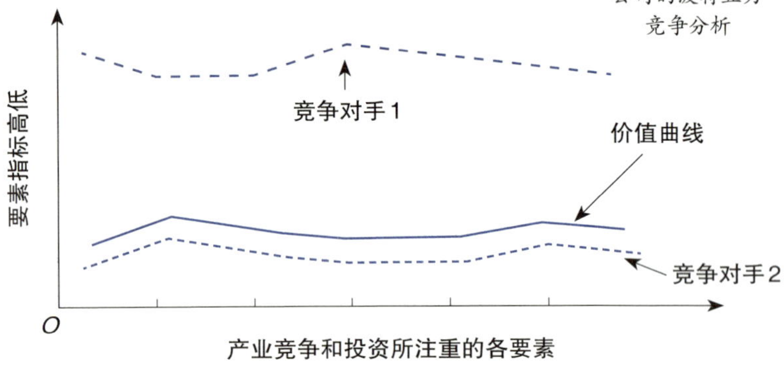

图4-5　核心价值曲线图

纵轴可以被分为高、中、低三个区域，也可以采用具体数值表现；对横轴的战略要素要经逐一充分讨论分析后列出。创业者通过核心价值曲线分析，要明确和竞争对手相比，在哪些要素上可以加以改进，如何创造出竞争对手没有提供的、能满足消费者潜在需求的要素，打造创业项目的核心竞争优势，使企业在激烈的竞争中取得成功。

温馨提示

核心价值曲线的横轴代表产业竞争和投资所注重的各要素，不同的行业注重的要素不同，比如影响酒店业发展的要素主要有大堂的设计装修风格、前台的服务水平、客房的大小、床品的质量、早餐的品种数量等。通过分析把这些要素一一列举出来，再根据你的创业项目定位，筛选出你和竞争对手相比在哪些要素上可以形成竞争优势，最后评估你的资源能力，确定1～2个对消费者最有吸引力的要素集中发力，形成项目的核心竞争优势。

SWOT分析、波特五力竞争分析、核心价值曲线分析都要建立在充分的市场调研的基础上，创业者可综合运用这些工具对创业项目进行深入分析，全面了解企业条件和环境的匹配度、创业项目的可行性、如何打造核心竞争优势并获得可持续收入，奠定创业成功的良好基础。

相关链接

盈利模式分析

项目二 规避创业风险

由于创业环境的复杂性、创业机会的时效性、创业者能力与实力的有限性等因素，在创业的过程中会不可避免地遇到创业风险。因此，创业者应有强烈的风险意识，在创业过程中要尽可能预防风险、降低风险，提高创业成功的概率。

任务一 识别创业风险

课前任务

1. 阅读材料“2022年创业公司失败名录”，想想创业中会遇到哪些风险。

2. 讨论以下问题：同学们组建的模拟公司的拟创业项目可能存在哪些风险？怎样才能提前识别这些风险？

3. 每个模拟公司依次派代表分享讨论成果，时间为每组2分钟。

4. 教师点评。

相关链接

2022年创业公司失败名录

知识储备

创业风险是创业者在创业过程中可能面临的各种潜在的损失，通常伴随着不确定性和高度的变动性。创业者需要对风险进行全面的识别和管理。

一、创业风险的类型

创业风险涉及多个方面，包括市场、技术、运营、财务、法律等。

1. 市场风险

市场风险涉及企业的产品或服务在市场中有无足够的需求和接受度。市场风险一方面可能由市场需求不足、竞争激烈、市场变化等因素引起；另一方面可能由创业者无法准确预测目标市场的需求、购买力的变化及竞争对手的行为或营销策略不当等引起。

相关链接

家用机器人 Jibo 创业失败

2. 技术风险

技术风险主要来自技术研发的成败不确定、新技术的发展前景不确定、研发团队的持续创新能力不确定、技术成果的产业化水平不确定、技术开发的延误等方面。技术方面的不确定性可能导致产品开发周期延长，同时对产品质量和性能产生影响。此外，网络攻击、数据泄露或系统故障等数据安全问题可能导致企业关键信息的泄露，损害企业声誉并对业务造成直接损失。

3. 运营风险

运营风险是创业和企业运营过程中可能面临的与业务运作相关的各种风险。这些风险可能涉及内部管理、生产或服务流程、供应链、人员管理等方面。不佳的产品或服务质量可能导致客户投诉、退货和品牌声誉受损；生产流程中的技术故障、原材料供应不稳定或供应链中的问题可能导致产品交付延误；关键人才流失、招聘困难、团队协作不良等问题可能影响企业的运作和绩效。

4. 财务风险

财务风险主要表现为创业资金短缺、盈利不确定、融资渠道不畅、财务结构不合理、现金流管理不当等。创业者可能面临启动资金不足的情况，而且在运营过程中需要面对成本上升的问题。同时，盈利需要一段时间，在此期间需要有效地管理现金流和财务资源。

相关链接

常见法律风险的防范及相关案例

5. 法律风险

在创业过程中，创业者可能面临多种法律风险，包括：公司注册与合同风险，如不完善的注册程序和模糊的合同可能引发法律纠纷；知识产权风险，如未妥善保护或侵犯知识产权可能导致纠纷；劳动法与雇佣合规风险，如违反劳动法规定可能引发雇佣纠纷；税务合规风险，如不正确报税可能受到罚款；隐私与数据安全风险，如未合规处理用户数据可能违反隐私保护法规；反垄断法与竞争法风险，如不正当竞争可能引发法律纠纷；环保法与合规风险，如未遵守环保法规可能导致环境问题。创业者需要时刻关注新出台和更新的法律法规和政策，与专业的法律人员合作，以有效降低法律风险，确保企业可持续、稳健发展。

以上风险是相互关联的，创业者需要在创业过程中全面考虑，并采取相应的风险管理措施。成功的创业者通常能够灵活应对这些风险，不断学习并改进经营策略。

温馨提示

创业者在面对激烈的市场竞争和不确定的业务环境时，常常承受着巨大的心理压力。为了有效应对这些挑战，创业者首先需要确立明确而合理的目标，避免过度追求完美，同时学会将庞大的任务分解为可管理的部分；建立强大的支持系统，与朋友、家人、导师或同行分享经验和感受，获取理解和支持，这有助于减轻孤独感和焦虑。此外，创业者应重视个人健康，保持规律的生活习惯，注重休息和锻炼，以增强身体的抗压能力。在面对失败和挫折时，要学会接受并从中吸取教训，将其视为成长的一部分。若心理压力过大，创业者可寻求专业帮助，如心理咨询，以获得更深层次的支持。最重要的是，创业者应保持积极的心态，培养正面思维和灵活应对挑战的心理韧性，从而更好地推动企业的稳健发展。

二、创业风险的成因

1. 创业准备不足

创业者如果缺乏对市场的了解，或者不做市场调查，缺乏在市场开拓、企业运营上的相关经验，只是对创业项目进行理想化的推断，在对创业所需要的各种条件考虑不周全，对创业的前景不甚了解的情况下贸然决定创业，那必然会面临风险与挑战。

2. 资金管理不善

初创企业融资能力有限，在经营的过程中又会面临一些矛盾的资金需求，如果创业者不能对企业资金进行合理的规划与分配，或固定资产投入过高导致成本上升等，都会造成企业的现金流短缺，甚至入不敷出、债台高筑，这将对企业的生存与发展造成极大的影响。

3. 管理能力欠缺

创业初期的企业往往人员分工不明确，团队成员经常忙于处理企业的日常事务性工作，如果创业者缺乏管理知识和相关的管理经验，企业的管理就会陷入无序、混乱的状态，团队成员会觉得又辛苦又委屈，缺少成就感和价值感，认为努力的回报和预期不相符，企业的经营会陷入困境。

4. 市场判断不准

由于市场诸多方面的不确定性，要想创业成功，就需要在创业之前对市场进行准确的判断，消除产品的开发与生产的盲目性。如果高估产品的市场发展空间，会导致产品进入市场的时机不恰当，产品销量与预期有差距，企业的发展会陷入艰难的局面。

5. 法律意识不强

有些创业者在创业过程中法律意识不足，缺乏与经营企业相关的法律知识，往往以感情代替规则，以主观判断代替理性思考，甚至出现投机心理和冒险行为，这不仅会导致创业失败，甚至可能承担法律责任。遵纪守法与自我保护是创业者的必修课。

三、发现创业风险的途径

发现创业风险是创业过程中至关重要的一步，它有助于创业者及早识别潜在问题，采取相应的风险管理措施。发现创业风险的主要途径如下。

1. 开展市场调研

进行全面的市场研究，了解目标市场的需求、竞争状况和趋势可以帮助创业者预测市场反应，避开市场不确定性造成的风险。

2. 进行行业分析

获取行业专业知识，了解行业标准、趋势和规模。通过参与行业活动、与行业专家交流获取实时信息，识别行业内的潜在风险。

3. 进行SWOT分析

运用SWOT分析法评估企业内外部环境，识别企业的优势和劣势，及早发现潜在的机会和威胁。

4. 进行竞争分析

对竞争对手进行分析，了解其战略、市场份额和弱点。这有助于创业者更好地理解市场竞争环境，防范竞争带来的风险。

5. 进行财务分析

定期进行财务分析，关注资金流动情况、盈利能力和负债情况。财务报表分析能够揭示企业的财务稳健性和可能的财务风险。

6. 进行用户反馈分析

收集和分析用户的反馈和意见。用户反馈是有助于改进产品或服务的宝贵信息，也可以揭示潜在的质量和市场接受性问题。

7. 征集员工建议

在团队中保持开放的沟通渠道，关注员工的反馈和建议。员工是企业运营的重要参与者，他们的观点可能帮助发现组织内部的潜在问题。

8. 进行法律法规检查

了解行业和地区相关的法律法规要求，定期对照最新的法律法规检查企业的运营管理行为，确保合规。

9. 进行技术审查与更新

对技术进行审查，确保技术的可靠性和安全性。及时更新技术，以防止技术陈旧导致业务中断和数据安全问题。

10. 监控网络舆情

监控网络舆情，了解公众对企业的看法。这有助于创业者及早发现并应对负面舆情，维护品牌声誉。

通过综合利用以上途径，创业者能够更全面地了解潜在风险，并制定相应的风险管理策略，提高企业的抗风险能力。

相关链接

华为的风险分类框架

任务二 制定防范创业风险的策略

课前任务

1. 分组讨论：在任务一中，同学们研讨了组建的模拟公司存在的风险，针对这些风险应该采取哪些措施规避或防范？

2. 每个模拟公司依次分享讨论成果，每组时间为2分钟。

3. 教师点评。

知识储备

创业是一场挑战与机遇并存的冒险之旅，在旅途中，创业者往往面临着各种潜在的风险。对于创业者而言，制定有效的风险管理策略是确保企业可持续发展的关键一环。

一、评估创业风险的方法

评估创业风险有助于创业者更全面地了解潜在的挑战和机遇。以下是常用的评估创业风险的方法。

（一）PESTLE分析

PESTLE分析是一个系统性方法，用于评估和理解外部环境对组织或项目的潜在影响。PESTLE代表政治因素（political）、经济因素（economic）、社会因素（social）、技术因素（technological）、法律因素（legal）和环境因素（environmental）六个关键的外部因素。

1. 政治因素

创业者应研究当前法律法规及政策的变化趋势对创业项目所在行业的影响，以及可能给企业运营和发展带来的风险；了解政府对行业的监管程度，关注潜在的法律法规限制。

2. 经济因素

创业者要评估所在地区的经济增长趋势、通货膨胀率、利率和汇率等对企业经济状况的影响，推断市场潜力、消费者的购买力和市场需求。经济衰退、通货膨胀上升或汇率波动可能导致成本上升、市场需求下降和融资成本增加。

3. 社会因素

创业者可以通过分析人口结构、社会价值观念、文化等因素，了解产品或服务在社会上的受欢迎程度。目标人群的人口结构直接影响产品定位和市场细分；社会变革、新兴趋势对消费者需求和行为的变化有一定影响；文化差异可能影响产品或服务的市场适应性。例如，有孩子的家庭可能会更注重购买教育产品、娱乐产品和家庭用品；注重健康和健身的人可能更愿意购买健康食品和运动设备；对环保的关注可能导致消费者倾向于购买环保产品。

4. 技术因素

创业者应当研究技术创新、行业趋势和竞争对手的技术水平，评估技术对业务的影响，包括评估行业内的技术创新以确定自身技术水平是否足够参与竞争，了解数字化趋势对行业的影响，分析企业对特定技术的依赖程度，以防范技术风险。技术过时、竞争对手技术领先或依赖特定技术可能导致市场竞争力下降。

5. 法律因素

创业者需要了解企业运营管理相关的法律法规，包括知识产权法、合同法、劳动法等，包括研究所在地区的法规要求，确保企业的经营活动合法；遵守劳动法，防范劳动纠纷和法律责任；保护和管理知识产权，防范侵权风险。法律诉讼、知识产权争端可能对企业运营和声誉产生负面影响。

6. 环境因素

评估企业对环境的影响，以及环境对企业的潜在影响，包括可持续性、资源利用和环保法规三方面。了解环境法规对企业的要求，确保经营活动符合环保标准；考虑业务的可持续性，适应可持续性和绿色发展的趋势；关注企业社会责任，避免产生负面的社会反响和声誉损害。

对每个因素，创业者都应深入挖掘潜在的影响，了解如何应对可能的风险。这有助于制订更具针对性的战略计划，降低外部环境对创业项目的负面影响。识别潜在的创业风险，并确定相应的风险管理策略，可以更好地应对外部因素的变化和挑战。通过对这些因素的详细评估，创业者可以更全面地了解外部环境中的潜在风险，为业务决策提供更准确的信息。

（二）风险矩阵分析

风险矩阵是一种用于识别风险和对风险进行分类的管理工具，通过将风险按照其发生概率和影响程度分为不同等级可视化风险，有助于创业者更好地理解潜在风险。风险矩阵通常由两个主要维度构成，一是风险概率，表示风险事件发生的可能性，可以使用百分比或分数表示；二是风险影响，表示风险事件发生后对组织的影响程度，可以使用可定量或可描述的指标表示，如财务损失、声誉损害、运营中断。风险矩阵能够帮助创业者将风险进行优先排序，并决定应对风险的紧急程度。

风险矩阵可绘制为如表4-9所示的表格，其中概率和影响被分为不同级别，从低到高。风险事件被放置在矩阵的相应单元格中，以反映发生概率和影响程度的组合。

运用风险矩阵进行创业风险评估时要关注以下几个方面。

表 4-9　风险矩阵

项　目	低　概　率	中　概　率	高　概　率
低影响	低风险	中风险	高风险
中影响	低风险	中风险	高风险
高影响	中风险	高风险	极高风险

1. 确定评估标准

用于量化风险的发生概率、影响程度的指标和级别可以根据组织的需求确定，通常包括低、中、高三个级别。

（1）低概率/低影响：风险较小，无须特别关注，但仍需监控。

（2）低概率/中影响：风险存在，需要定期监测和评估。

（3）低概率/高影响：风险明显，需要密切关注，制订明确的应对计划。

（4）中概率/低影响：风险存在，但对业务的影响较小，可采取适当的预防措施。

（5）中概率/中影响：风险较为显著，需要详细监测和有计划的风险管理。

（6）中概率/高影响：高风险，需要紧急采取行动，制订应急计划。

（7）高概率/低影响：风险常态存在，但对业务影响较小，可在日常经营中处理。

（8）高概率/中影响：高风险，需要立即行动，采取积极的风险管理措施。

（9）高概率/高影响：极高风险，需要紧急制订和执行紧急计划，以减轻风险的影响。

2. 评估风险事件

对可能影响组织的各种风险事件进行评估。针对每个风险事件，估算其发生概率和影响的级别，并将其放入风险矩阵中的相应单元格。

3. 风险优先排序

根据矩阵中风险事件所在的单元格，将风险按照其风险级别进行优先排序。通常，高风险事件需要更紧急的关注和管理。

4. 制定应对策略

对于高风险事件，确定相应的风险管理策略和应对计划，以降低风险或处理风险事件。

5. 定期更新和监控

风险矩阵应该持续更新。定期监控风险情况，更新对发生概率和影响程度的估计，以确保风险评估的准确性。

风险矩阵是一种直观且易于理解的工具，可以帮助创业者更好地聚焦那些发生概率和影响程度最高的风险，并确保资源被有效分配到最关键的风险事件上，从而更有效地进行风险管理。

温馨提示

同学们可以同时运用市场调研、SWOT分析、竞争分析等对创业风险进行评估。通过市场调研深入了解目标市场的规模、增长趋势、竞争格局和客户需求，能够更全面地了解市场潜力和潜在问题，确保创业项目的产品或服务能够满足市场需求，避免盲目冒险。运用SWOT分析评估项目的内外部因素，了解其优势、劣势、机会和威胁，深入挖掘企业的核心竞争力、团队素质、创新能力等，更好地制定战略，应对潜在的风险。竞争分析有助于设计更具竞争力的业务策略，而法律和合规性检查有助于了解并遵守相关法律法规，可以降低法律风险，避免法律纠纷。此外，还要对成本、收入预测和现金流等方面进行财务分析，以确保有足够的财务支持，能够应对不同经济状况下的挑战。同时，团队成员的能力、技术，操作风险，供应链可行性等方面也是评估风险时不可忽视的。

综合运用多种方法评估创业风险有助于创业者更全面地理解潜在的风险，制订详细的风险管理计划，明确各类风险并提出相应的应对策略，在面对挑战时迅速而有针对性地做出反应，从而提高创业项目的成功率。

二、制定防范风险的措施

对任何一个企业而言，风险都客观存在。创业者应当具有足够的风险意识，正确对待风险、管理风险和控制风险，采取有效的风险防范措施规避风险。

1. 防范市场风险的措施

创业者应以市场及消费者的需求为生产的出发点，时刻关注市场变化，善于抓住机会；广泛收集市场情报，并加以分析、比较，制定有效的市场营销策略；摸清竞争对手的底细，发现其创业思路的弱点；健全符合自身产品特点的销售渠道网络；以良好、诚信的售后服务赢得消费者的青睐。

2. 防范技术风险的措施

综合考虑企业自身技术能力、资金量和所需时间选择技术获得途径；在引进技术前对所引进技术的先进性、经济性和适用性进行评价；加强对员工的技术培训，提高员工对设备和工艺流程的操作熟练度，减少风险损失。创业者在技术开发的过程中应加强技术管理，建立健全技术开发和管理的内部控制制度，对技术人员实行特殊的优惠政策，保证技术资料的机密性，防范技术人员的离职和外调引起核心技术流失。

3. 防范运营风险的措施

形成健全的管理制度；建立完善的雇员选择标准，综合考虑技术能力和合作能力两个因素；建立合理的信息沟通及汇报制度，充分掌握员工及企业动态；熟悉各个员工的素质及发展情况，做到人尽其才；建立创新激励机制，加强内部凝聚力；根据销售预测和订单制订严密的生产计划和生产作业计划，明确生产及其管理的具体要求；按计划组织生产，使各生产要素在生产过程中迅速、有效地结合起来，形成一个有效的整体。

4. 防范财务风险的措施

对各种成本精打细算，杜绝不必要费用；选择最佳的资金来源，以最合适的方式筹措资金；理解利润与现金、现金与资产的区别，分析它们之间的差额；评估现金状况，节约使用现金；在现金管理上，注意接受订货任务要与现金能力相适应；不将用于原材料、在制品、成品和清偿债务上的短期资金移作固定资产投资。在预测资金流动时，对收入要谨慎一点，对支出要留有余地，一般要留出相当于所需资金10%的准备金，以应付意外；没有足够资金时不要勉强上项目，发现问题时要立即调整。

5. 防范法律风险的措施

强化企业经营者的法律风险意识，同时培养员工的法治观念；完善以合同管理、商业秘密及知识产权管理、授权管理为核心的企业规章制度；守法经营；突出防控重点，加强企业内部监督与考核，切实做到事前预防、事中控制和事后监督；健全劳动人事制度。此外，还可聘请法律顾问提供专业的法律服务。

相关链接

模块四自我测试

此外，企业在可行性研究阶段一定要重视环境影响评价工作，对项目选址、规模、可行性和合理性进行充分论证，避免因选址不当或规模不适宜等遭受损失。在设计阶段，企业一定要选用高效、低耗和污染小的清洁生产工艺和设备。在施工过程中，统筹规划，高起点、高标准、高要求地实施污染防治工程。在生产过程中，不断通过提高管理水平、工艺改革等措施实现污染物的减量；随时关注国内外环境问题及有关环境保护法律法规和相关政策的变化，并对生产经营活动及时做出调整。

创业者要高度重视创业风险，在充分利用各种有形、无形资源的基础上，把防范风险、减少损失和提高经营管理水平、扩大盈利相结合，实现风险与收益相统一，取得创业成功。

创新创业技能提升实训

实训项目一

<table>
<tr><td>实训主题</td><td colspan="2">选择模拟公司的创业项目</td></tr>
<tr><td>实训目标</td><td colspan="2">能够运用所学知识识别创业机会、筛选创业项目，在实践的过程中提升市场洞察及分析能力，培养乐于承担社会责任的创业品质</td></tr>
<tr><td rowspan="2">实训流程与要求</td><td>流程与要求</td><td>注意事项</td></tr>
<tr><td>（1）各模拟公司研讨并填写本模块知识储备的表4-1、表4-2、表4-3和表4-4；
（2）运用资料卡片中的创业机会分析表梳理并分析发现的创业机会；
（3）选择一个创业项目；
（4）在班级中分享创业项目选择的过程，阐述为什么选择这个项目；
（5）其他模拟公司成员提出问题，汇报的模拟公司成员回答；
（6）教师点评，指出选择创业项目时需要关注的问题</td><td>（1）模拟公司总经理课后组织成员开展充分研讨；
（2）各模拟公司在完成本实训任务的过程中要制订市场调研计划，切实深入市场进行调研，并将调研结果纳入课堂汇报内容；
（3）其他模拟公司成员提出高质量的问题，可酌情奖励积分卡</td></tr>
<tr><td rowspan="4">实训总结</td><td colspan="2">教师点评</td></tr>
<tr><td colspan="2"></td></tr>
<tr><td colspan="2">学生实训心得</td></tr>
<tr><td colspan="2"></td></tr>
</table>

知识卡片

卡片1：创业机会的内涵
卡片2：创业机会的来源
卡片3：创业机会和创业项目的区别和联系
卡片4：将创业机会转化为创业项目的步骤
卡片5：将市场调研的步骤和主要内容

环境卡片

实训环境选择：选择安全的环境，团队合作完成实训项目。

资料卡片

创业机会分析表（表4-10）

表4-10 创业机会分析表

对创业机会的清晰描述	市场调研结果分析	技术验证的结果	原型制作及试点情况	风险分析	其他分析结果	可否转化为创业项目

实训项目二

实训主题	评估创业项目	
实训目标	能够运用所学知识对创业项目进行评估、论证，在实践的过程中提升市场研究及分析能力，培养严谨、认真的创业品质	
实训流程与要求	流程与要求	注意事项
	（1）确定项目的目标市场，解释选择这个市场的原因，并定义目标客户群体，包括他们的特征、需求、购买行为等，可通过调查、访谈或其他方法获取目标客户的信息； （2）进行市场调研，包括目标市场的规模、增长趋势、主要竞争对手、客户需求等，需提供详细的数据和信息支持； （3）利用资料卡片中的精益画布分析创业项目，清晰描述创业项目的核心要素； （4）运用SWOT分析和波特五力竞争分析评估创业项目的可行性，并选择2～3个主要竞争对手进行竞争分析，比较自己的公司和它们的产品或服务、定价策略、市场份额等，总结出它们的优势和劣势； （5）撰写一份结构完整的报告，详细介绍市场调研和SWOT分析、竞争分析的结果，需要有图表、数据和清晰的解释； （6）每个模拟公司分别分享创业项目评估报告，其他模拟公司成员提出问题，汇报的模拟公司成员回答； （7）教师点评，指出评估创业项目时需要关注的问题	（1）模拟公司总经理课后组织成员分工合作完成任务； （2）评估要针对最终选定的创业项目展开，紧密联系市场和环境； （3）其他模拟公司成员提出高质量的问题，可酌情奖励积分卡
实训总结	教师点评	
	学生实训心得	

知识卡片

卡片1：市场调研的步骤和主要内容

卡片2：SWOT分析

卡片3：波特五力竞争分析

卡片4：核心价值曲线分析

环境卡片

实训环境选择：选择安全的环境，团队合作完成实训项目。

资料卡片

精益画布

用精益画布（图4–7）简明扼要地阐明创业项目的核心要素，可以练习如何提炼产品的核心竞争力。可以假想自己和投资人同乘一趟电梯，你只有30秒来吸引投资人的注意力；或者假想客户点击进你的主页，你只有8秒来吸引他们的注意力。

图4–6　精益画布

［资料来源：莫瑞亚，《精益创业实战》（第二版），人民邮电出版社2013年版］

实训项目三

<table>
<tr><td>实训主题</td><td colspan="2">制订防范创业风险的方案</td></tr>
<tr><td>实训目标</td><td colspan="2">能够运用所学知识对制订防范创业风险的方案，在实践过程中提升识别和防范创业风险的能力，培养愿意接受挑战的创业品质</td></tr>
<tr><td rowspan="2">实训流程与要求</td><td>流程与要求</td><td>注意事项</td></tr>
<tr><td>（1）各模拟公司针对选定的创业项目，运用资料卡片中的创业风险分析表对创业过程中可能发生的所有风险进行识别和预测，找出导致风险的要素；
（2）运用资料卡片中的防范创业风险的措施表进行研讨、分析，制定出防范各类风险的具体措施；
（3）各模拟公司在课堂上汇报任务完成情况及成果，其他模拟公司成员提出问题，汇报的模拟公司成员回答；
（4）教师点评，指出选择创业项目时需要关注的问题</td><td>（1）模拟公司总经理课后组织全体成员开展充分研讨，分工合作完成任务；
（2）教师根据模拟公司的任务完成情况评分；
（3）其他模拟公司成员提出高质量的问题，可酌情奖励积分卡</td></tr>
<tr><td rowspan="4">实训总结</td><td colspan="2">教师点评</td></tr>
<tr><td colspan="2"></td></tr>
<tr><td colspan="2">学生实训心得</td></tr>
<tr><td colspan="2"></td></tr>
</table>

知识卡片

卡片1：创业风险的类型

卡片2：发现创业风险的途径

卡片3：评估创业风险的方法

卡片4：防范创业的措施

环境卡片

实训环境选择：选择安全的环境，团队合作完成实训项目。

资料卡片

卡片1：创业风险分析表（表4-11）

表4-11 创业风险分析表

风 险 类 型	风险的主要成因
市场风险	
技术风险	
运营风险	
财务风险	

（续 表）

风 险 类 型	风险的主要成因
法律风险	
其他风险	

卡片2：防范创业风险的措施表（表4-12）

表4-12 防范创业风险的措施表

1. 制定防范市场风险的措施

防 范 措 施	具 体 内 容
（1）建立市场监测机制	
（2）确定市场分析工作的周期和内容	
（3）建立营销策略调整机制	

（续表）

防范措施	具体内容
（4）健全销售渠道网络	
（5）密切关注市场竞争态势	
（6）完善客户关系管理体系	
（7）其他措施	

2. 制定防范技术风险的措施

防范措施	具体内容
（1）建立技术研发、创新机制	
（2）对引进的技术进行论证	
（3）保障技术团队的稳定性	
（4）建立技术信息内部控制及预警机制	
（5）加强员工技术培训	
（6）运用法律手段保护自有知识产权	
（7）其他措施	

3. 制定防范运营风险的措施

防　范　措　施	具　体　工　作
（1）健全各项管理制度	
（2）提高核心团队成员的综合素质	
（3）明确岗位职责，建立激励机制	
（4）制订合理的生产计划	
（5）其他措施	

4. 制定防范财务风险的措施

防　范　措　施	具　体　工　作
（1）定期评估财务状况	
（2）建立记账体系	
（3）管理现金流	
（4）做好成本核算	
（5）制订合理的资金使用计划	
（6）寻找资金来源	
（7）其他措施	

5. 制定防范法律风险的措施

防范措施	具体内容
（1）强化管理者的法律意识	
（2）培养员工的法治观念	
（3）完善企业规章制度	
（4）加强内部监督、考核	
（5）提前做好环境影响评估工作	
（6）聘请法律顾问	
（7）其他措施	

模块五 呈现创业计划

- **编写创业计划书**
  - 了解创业计划书的作用
    - 创业计划书的含义
    - 创业计划书的作用
  - 掌握创业计划书的内容
    - 创业计划书的构成
    - 创业计划书的基本内容
  - 学会编写创业计划书
    - 编写创业计划书的步骤
    - 编写创业计划书的注意事项
    - 创业计划书的评审标准
- **展示创业计划书**
  - 了解创业项目路演
    - 创业项目路演的含义
    - 创业项目路演的流程
  - 制作创业项目路演材料
    - 创业项目路演材料概述
    - 创业项目路演 PPT 的主要内容
    - 创业项目路演 PPT 的制作步骤
    - 创业项目路演 PPT 制作的注意事项
  - 进行创业项目路演
    - 创业项目路演演讲的要点
    - 创业项目路演的答辩
    - 创业项目路演的评分指标
- **筹集创业资金**
  - 预测创业资金需求
    - 创业资金的内涵
    - 创业资金需求预测
  - 制订创业资金筹集计划
    - 筹集创业资金的方式
    - 大学生创业资金的筹集

创业者在识别创业机会、选定创业项目、组建创业团队之后，还应该编写一份详尽的创业计划书。创业计划书可以帮助创业者更全面、系统地分析创业项目，以进一步确定创业方向和目标、深入分析市场竞争态势并明确资源需求和投资回报，发现不足之处和改进的方向，提高创业成功率。创业计划书还是筹集资金的重要依据，有助于创业者利用创业资金需求预测的方法，结合不同筹资方式的优缺点，更科学、合理地制订资金筹集计划，吸引投资者和合作伙伴。

引导案例

小王大学毕业后，想在大城市找工作，可是辛苦奔波两个月，也没找到满意的工作。正当一筹莫展之际，她接到了父母打来的电话，说自家果园缺少人手，让她回去帮忙，小王便回到了老家。当时，小王家的果园已经有一定的规模，但销路不好，水果只在当地销售，价格一直不高。

小王回到家后，想到自己在大城市买水果的经历，产生了把水果卖到大城市去的想法。她把这个想法告诉了父亲，父亲却催她尽快找一份稳定的工作，跳出“农门”。经过她的再三劝说，父亲终于答应让她试一试。然而，拥有梦想的她不知道该从何入手。

一个偶然的机会，父亲听说县里将举办创业大赛，获奖的项目不仅有奖金，还能享受大学生返乡创业优惠政策扶持，便让她去有关部门了解一下情况。小王了解情况后填写了大赛报名表，并撰写了一份创业计划书提交给相关部门。然而，创业指导专家反馈计划书不完整，一些关键的内容没有阐述，项目缺乏可操作性。小王赶紧向专家请教，他们给了她一些建议，并提供了一份规范的创业计划书模板给她参考。

小王认真阅读了相关资料，按照规范重新写了一份创业计划书。在和专家的多次沟通中，她明白了创业前应该做充分的市场调研、了解用户需求、注册一家公司，最好能申请一个商标。小王在专家的指导下确定了公司的营销方案和财务制度等。通过学习和不断努力完善，小王在创业大赛中获得了二等奖。更重要的是，通过这次撰写创业计划书并参加比赛，小王将自己的创业想法优化成了一个可落地执行的创业方案。她和父亲开始了把水果卖到大城市的尝试。三年下来，他们不仅销售自家的水果，还干起了水果批发的生意，把县里产的优质水果销售出去。如今，小王又有了新的梦想：她要开一家销售水果的网店，把县里的水果卖到全国各地。

学习目标

知识目标： 了解创业计划书的主要内容、编写步骤及编写注意事项，了解创业路演材料的主要内容、演讲和答辩的流程、注意事项，了解创业资金需求预测的方法及不同筹资方式的优缺点、要求。

能力目标： 能够运用所学知识撰写创业计划书，制作创业路演演示文稿并进行演讲答辩，预测创业资金需求额并制订创业资金筹集计划。

素养目标： 养成精益求精的职业精神、团结友善的合作精神、诚实守信的品质。

项目 一

编写创业计划书

编写创业计划书是创业过程中的重要一步。认真编写创业计划书，能让同学们更有信心、更有准备地踏上创业之路。

任务一 了解创业计划书的作用

课前任务

1. 阅读部分创新创业大赛的相关材料，了解各项大赛的指南和评审规则等详细情况。

2. 根据材料回答以下问题。

（1）你感兴趣的赛事有哪些？说明原因。

（2）你具备参赛资格的赛事有哪些？

（3）你认为一份高质量的创业计划书对参赛的作用是什么？

（4）除了参加创新创业大赛使用，创业计划书还有哪些作用？

相关链接

部分创新创业大赛官方材料

知识储备

一、创业计划书的含义

创业计划书是详细阐述初创企业的竞争优势、产品或服务、商业模式、市场策略、运营计划、财务规划和风险管理等方面内容的书面文件。它是创业者用来向潜在投资人或其他利益相关者解释创业的动机及如何获利等，以争取获得资金支持或实现融资的重要工具。它可以让投资者、合作伙伴和其他利益相关者了解初创企业的商业模式、发展计划和潜在风险，从而决定是否投资或支持该企业。

温馨提示

创业计划书是创业计划的灵魂。如果说创业计划是大脑中的想法和分布在不同纸张上七零八碎的数据，那么创业计划书则是将这些想法和数据通过可行性分析合理地编排在一起，将创业计划直观、清晰地展示出来的创业指南。同时，创业计划书也为业务发展提供了明确指示图和评价其可行性的依据，是实施创业的指导性文件。

二、创业计划书的作用

创业计划书的作用非常重要。它可以帮助创业者全面梳理项目的发展思路，让创业者系统思考初创企业的各个要素，比如创业的目标能否实现、市场需求究竟有多大、如何在竞争中立于不败之地、从这个创业项目中可以获得多少回报、自己会有什么损失和风险。

一份高质量的创业计划书对成功吸引风险投资是极为关键的。由于初创企业大多为新成立或成立不久，缺乏有足够说服力的财务数据，对于迫切需要获取更多资源的创业者而言，可以通过创业计划书向投资者展示企业未来的发展前景。投资者面对大量的创业计划书时，主要通过丰富的经验对创业计划书的内容和创业者的推介做出自己的判断。因此，一份优秀的创业计划书往往被称为初创企业吸引投资的“敲门砖”。

大学生学习编写创业计划书，一方面可以将其用于参加各类创新创业大赛，以赛促学、以赛促练，展示、推广自己的创业项目，得到专家、评委的指点，与其他创业者交流经验，甚至获得风险投资机构的关注，提升个人创新创业能力；另一方面可以更好地理解创业想法，并为将来的创业之旅奠定良好基础。

温馨提示

编写创业计划书的过程是创业者全面了解行业和市场的过程，也是创业团队成员就创业目标、创业价值观、创业策略等达成共识、形成团队凝聚力的过程。

任务二 掌握创业计划书的内容

课前任务

1. 教师搜集并分享往届创新创业大赛获奖项目创业计划书（需取得作者授权），同学们阅读材料。

2. 根据材料回答以下问题。

（1）创业计划书一般由哪几部分构成？

（2）创业计划书每一部分的主要内容是什么？

（3）你认为怎样才能撰写出一份高质量的创业计划书？

知识储备

一、创业计划书的构成

创业计划书由封面、目录、项目概述（执行总结）、正文和附录等部分构成，每个部分的内容及具体要求见表5-1。

表5-1 创业计划书的构成

组成部分	内容及具体要求
封 面	注明参加的赛事名称和编制日期，列出创业项目名称、负责人姓名及联系方式等；应精心设计，简洁规范，能体现项目特色（技术、市场、价值等）
目 录	应有三级目录，且结构完整，商业逻辑和表达逻辑清晰

（续 表）

组成部分	内容及具体要求
项目概述（执行总结）	用高度精练的语言说明项目是做什么的、为什么做、怎么做，以及凭什么你们能做成、做的结果如何等，包括项目的背景，产品或服务的创新性、引领性、市场规模及占有率，团队优势，经济效益及带动就业等社会效益，发展前景等
正　文	计划书的主体部分，一般包括企业简介、行业分析、产品或服务、市场分析、生产及运营管理、商业模式、财务分析、风险分析及发展规划等内容，应当主题明确、重点突出，内容真实可信、论据充分
附　录	计划书的佐证材料，包括技术成果及获奖证明、生产/销售/渠道合同、财务报表、调研资料等

二、创业计划书的基本内容

一份标准的创业计划书一般有以下基本内容。

1. 封面

封面的信息包括表明创业计划书用途的赛事信息、项目及团队名称、团队成员姓名、指导教师、编制日期等。封面关乎读者对创业计划书的第一印象，设计要符合大众审美观，简明、大方、有艺术感，并且与创业计划书的内容呼应，不可哗众取宠，过分追求时髦。

2. 项目概述

项目概述也被称为执行总结，这部分浓缩了创业计划书的精华，涵盖了创业计划书的要点，使读者一目了然地了解创业计划书的核心内容，既节约读者的阅读时间，又有助于读者在最短的时间内评审创业计划书。项目概述一般包括以下内容：项目主要做什么、为什么做这个项目、如何做这个项目、由哪些人来做这个项目、项目的核心资源和优势、如何盈利及已取得的成绩等。

项目概述是创业计划书的浓缩版，内容要高度凝练，篇幅不超过2页，保证读者能在5分钟内有效地获得商业信息，以成功地吸引潜在的投资者。

大赛直通车

项目概述的内容要覆盖拟参加的创新创业大赛的所有评分要素，让评委第一时间了解项目的优势，对项目产生浓厚的兴趣。

3. 企业简介

企业简介是简明扼要地介绍企业的一段文字，让读者对企业的基本情况有初步了解。一份好的企业简介应该包括表5–2所示的内容。

表5–2 企业简介的主要内容

主要内容	具体描述
企业基本情况	包括企业名称、成立时间、注册地址、性质、注册资金、规模、取得的经济及社会效益
企业主营业务	介绍主要的经营活动和收入来源，通常是企业在市场中专注开展的一项或多项业务活动，以满足客户需求、创造价值并实现盈利
主要产品或服务	重点突出性能、特色、创新等方面的优势及服务的客户群体
独特优势	包括技术领先、功能优势、应用效果、专利技术等
团队介绍	包括企业组织架构、股东及其他核心成员、控股结构等
企业文化	包括企业的核心价值观、使命和愿景、行为准则、工作氛围和工作方式等
发展方向	介绍企业发展计划及对未来的展望

大赛直通车

优秀的企业简介应当简洁明了，突出核心信息，准确传达企业的优势和发展方向，为创业计划书奠定坚实的基础。同学们在撰写企业简介时，可以先把表5–2所示的内容提炼出来，再编辑成一段文字。

案例分享5-1

以下是一个企业简介样例。

荒野科学成立于2017年，是一家以项目化科创教育为核心的自然科学教育机构，总部位于合肥，目前已完成天使轮和Pre-A轮融资。我们致力于通过"在校学科学，假期探荒野"的科学实验和自然探索激发孩子们的学习兴趣，培养他们用科学思维探究世界的自主学习、研究和创新能力。我们拥有懂教育、爱孩子的高素质课程研发及教学团队、40多项专利与软件著作权和37项国家级奖项；核心产品"自然里的科学课"校内版和校外版已被超过300所重点小学采用。荒野科学以"一切为了孩子"为出发点，以"成全孩子天赋"为教育理念，以培养孩子成为具备科学精神和科学家精神、立志报国的人才为使命。未来我们将继续与各领域伙伴紧密合作，扩大业务范围，成为自然科学教育行业的领导者和示范者，为更多孩子提供高质量的自然科普、科创和科考课程。

4. 行业分析

在行业分析中，应该正确评估所进入行业的基本特点、竞争状况及未来的发展趋势等内容，要分析的主要内容如图5-1所示。

温馨提示

关于可行性分析，可运用PEST分析、SWOT分析及波特五力竞争分析工具对创业项目面临的外部机会和威胁、内部的优势和劣势，以及竞争态势进行综合分析，制定项目发展战略。

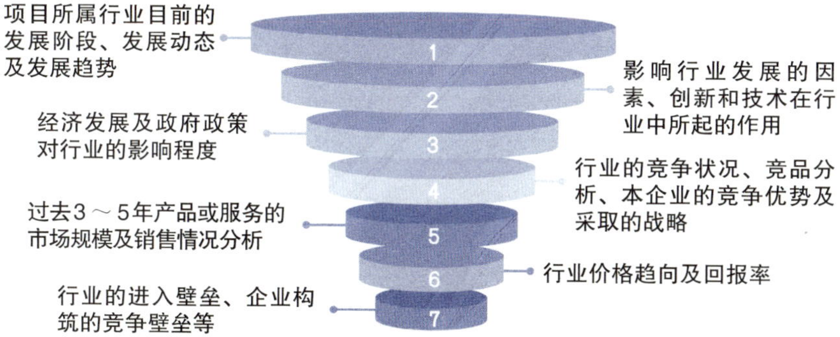

图5-1　行业分析的主要内容

5. 产品或服务介绍

创业者要对产品或服务做详细的说明，既要准确，又要通俗易懂，让非专业的评委和投资人也能明白。一般说来，产品或服务的市场规模和竞争力是投资人在进行投资项目评估时最关心的问题之一。因此，创业计划书中要说明项目的产品或服务如何满足客户需求、获取一定利润。一般来说，产品或服务介绍应包括图5-2所示的内容。

大赛直通车

在撰写产品或服务介绍的时候，要突出差异化和优势，但切忌夸大其词。盲目夸大只能遮掩一时，最终会使企业的形象受到损害。

1. 产品或服务的内涵、性能和配方等，企业的产品或服务能为客户解决哪些问题，可以用产品演示或产品功能表直观地展示
2. 产品或服务的品牌、特色、优势（新颖性、先进性、独特性和竞争优势）等，与竞争对手的相比有哪些优缺点，客户选择的理由
3. 产品或服务的研发情况（研发成本、研发成果及其先进性、更新换代周期等），企业采取了何种保护措施，是否拥有专利或许可证等
4. 产品或服务的市场预测，包括市场规模、市场趋势和增长预测、目标客户购买力、竞争分析等
5. 目前产业化进展情况，包括技术和研发进展、产品或服务原型及测试和验证、产业化的合作伙伴关系等

图5-2 产品或服务介绍的主要内容

6. 市场分析

创业计划书的市场分析部分应该包含表5-3所示的内容。

表5-3 市场分析的内容

主要内容	具体描述
目标市场	明确产品或服务的目标市场，包括客户的年龄、性别、地域、收入、职业等因素
市场规模	对目标市场进行规模预测，包括市场容量、市场份额、销售量等方面

（续 表）

主要内容	具　体　描　述
竞争对手	对目标市场中的主要竞争对手进行分析，包括其产品或服务的特点、价格、市场占有率和品牌形象等因素；同时，需要了解竞争对手的优势和劣势，以制定差异化竞争策略
市场趋势	了解目标市场的发展趋势，包括客户的偏好，政策、法规变化，技术创新等，以及这些趋势可能给创业项目带来的机会和威胁
客户需求	了解潜在客户的需求，以及你的产品或服务如何满足这些需求，并分析市场上其他产品或服务无法满足的需求点
市场定位	对自己的产品或服务进行定位，确定其在市场中的定位和差异化特点
市场营销策略	根据以上分析，制定相应的市场营销策略，包括定价策略、推广策略、销售策略等
风险分析	分析市场竞争和变化所带来的风险，并提出应对策略，如减少成本、创新产品或服务、拓展市场等

在编写市场分析部分时，需要做到：数据来源可靠；语言简洁明了；逻辑严谨，层次分明；与计划书其他部分内容紧密关联、相互支撑。

温馨提示

创业者应牢记，市场分析不是凭空想象出来的，需经过充分的市场调研。对市场的错误认识和预测是企业经营失败的最主要原因之一。在学习初创企业经营管理知识后，我们可再运用新学到的知识对创业计划书做进一步修改完善。

7. 生产及运营管理

生产及运营管理部分应该详细地描述企业的生产和运营流程，包括如何制造产品、如何运营业务、如何管理供应链等。生产及运营管理应包含表5-4所示的内容。

表 5-4 生产及运营管理的主要内容

主要内容	具体描述
产品或服务的生产流程	包括产品或服务的制造过程，生产流程中所需要的设备、材料、工人、技术，时间线等
供应链管理	供应链管理有一个综合性的过程，包括供应商选择、采购、库存管理、物流运输、售后服务等。建议选择可靠的供应商，采用低风险的采购方式，以降低采购成本和风险
制订生产和运营计划	生产计划包括生产和库存管理、制造过程中所需的设备和人力资源、生产成本等。运营计划包括如何管理销售、市场营销、人力资源管理等。需要确保计划是可行的，并考虑可能出现的风险和难点
确定生产和运营成本	计算生产和运营的实际成本，包括工资、租金、采购成本、保险、税收等。在计算成本时，要充分考虑成本的变化，如随着生产规模的扩大而变化的成本、原材料的价格波动
制订质量控制计划	包括生产过程中的质量控制方法、检查标准、生产中的问题解决方案等。需要制定严格的质量控制措施，确保产品的质量
制订库存管理计划	库存管理是确保产品生产、销售和运营的关键。需要制订库存管理计划，确保库存的管理合理，避免库存积压或不足
确定生产和运营指标	需要确定一些关键的生产和运营指标，如生产效率、生产成本、销售额、客户满意度。这些指标可以帮助我们掌握生产和运营的情况，及时发现问题并解决
确定风险控制策略	包括如何监控生产和运营风险、如何应对突发事件等

相关链接

生产及运营管理的考虑因素

编写生产及运营管理的内容时，需要考虑到实际情况和具体细节，同时需要注重逻辑性和可行性，这样才能更好地为创业奠定基础。

案例分享 5-2

假设你计划开一家餐厅作为创业项目，创业计划书中的生产及运营管理部分应包含以下内容。

（1）产品或服务的生产流程，即从采购食材到装盘上菜的整个流程，包括每个环节所用的时间和成本，以及所需要的设备和人力资源。

（2）供应链管理。与可靠的供应商建立稳定的关系，确保食材的质量和供应的及时性。实行按需采购和适当的库存管理，避免过多的库存造成浪费和成本增加。

（3）人力资源管理。招聘并培训有经验的厨师、服务员和管理人员，确保他们能够胜任各自的工作。定期评估员工的工作表现，并根据需要做出相应的调整和激励。

（4）质量控制。采用严格的食品安全标准和卫生标准，确保菜品的质量和卫生状况符合国家和地区的要求。收集并分析客户反馈，及时调整菜品和服务质量，提高客户满意度。

（5）成本控制。控制食材采购和使用的成本，优化生产流程和设备的使用效率，降低能源和水资源的消耗，控制运营成本，包括租金、人力成本、设备维护成本等。

（6）销售和市场营销。制定适当的价格策略，与本地媒体和社交媒体合作宣传推广，提高品牌知名度。开展各种活动，利用优惠券和特别菜品等手段吸引更多的客户。

（7）财务计划。预计销售额和成本，制订预算和资金使用计划。同时，考虑到食品餐饮业的季节性和周期性变化，合理调整经营策略。

（8）运营指标和风险控制。设立运营指标，如客流量、销售额、利润率，定期监控并分析。同时，制定风险控制策略，如应对疫情的卫生防护措施、应对自然灾害的备用计划。

8. 商业模式

商业模式是指企业创造价值并从中获利的方式。它涉及产品或服务的生产、销售、分销、定价，以及企业与顾客、合作伙伴、供应商之间的关系等多个方面。商业模式可以被理解为企业赚钱的方式，是决定创业成功与否的重要因素之一。

相关链接

商业模式画布

确定商业模式可以帮助企业更好地了解自己的优势和劣势，找到创造价值和获利的最佳途径；帮助企业确定目标市场和客户需求，制定相应的营销策略，提高市场竞争力；帮助企业优化成本结构，提高效率和盈利能力。创业者应结合市场分析、竞争分析等多个方面的内容，以全面、系统的方式分析企业的商业模式。

案例分享5-3

小红书的商业模式画布分析如下。

(1)客户细分。小红书的主要客户是有购物需求和兴趣的消费者，他们希望通过平台找到适合自己的商品和获取购物建议。同时，小红书也将内容创作者作为重要的客户，提供给他们一个展示自己创作能力和影响力的平台，并赞助一些知名或有影响力的内容创作者。

(2)价值主张。一是便捷购物。小红书汇集了大量用户生成的商品推荐和购物心得，为用户提供了一个能方便、快速地找到值得购买的商品的平台。二是内容创作与分享。用户可以通过创作和分享内容来展示自己的购物心得和个人风格，吸引其他用户关注和互动。三是社交互动。小红书提供了社交功能，用户可以与其他用户进行互动、交流和分享购物体验，建立社交关系。

(3)渠道通路。小红书主要通过移动应用和社交媒体渠道推广自己的平台，包括App商店、微博、微信等。另外，小红书还通过为知名品牌提供广告和推广服务吸引用户。

(4)客户关系。小红书建立社区，鼓励用户互动和分享，通过评论、点赞、关注等建立紧密的客户关系。此外，小红书还提供用户支持服务，为用户解决问题、提供购物和产品咨询服务。

(5)收入来源。小红书主要的收入来源是品牌和商家的广告和推广服务佣金，同时在平台上进行商品销售，对每笔交易收取一定的佣金。

(6)关键业务。一是社交互动。小红书提供了社交平台的功能，用户可以通过点赞、评论和关注其他用户建立社交关系，分享商品推荐和购物心得。二是内容创作和分享。用户可以通过文字、图片和视频等多种形式创建和分享内容，包括商品测评、时尚搭配、美妆教程等，吸引其他用户关注和参与讨论。三是电商销售。小红书提供商品展示和购买功能，用户可以直接在平台上购买所推荐的商品，并与商家进行互动。

(7)核心资源。一是技术平台。小红书需要建立和维护一个稳定的技术平台，支持用户的内容创作、互动和电商交易，保证用户体验和数据安全。二是内容。小红书需要丰富的内容资源以吸引用户，并提供有价值的商品推荐和购物心得。三是品牌合作伙伴。小红书与品牌商和商家建立合作伙伴关系，以获得丰富的商品选择和推广支持。

（8）重要伙伴。小红书的关键合作伙伴一是品牌商和商家。小红书与各大品牌商和商家建立合作伙伴关系，提供宣传推广和销售渠道，吸引品牌商和商家将商品上架平台，并与用户进行互动。二是内容创作者。小红书合作并赞助一些知名或有影响力的内容创作者，以吸引更多用户加入平台并产生内容。内容创作者通过分享他们的商品推荐和购物心得，吸引用户购买推荐的商品。三是支付和物流提供商，以确保用户安全、方便地购买和收到他们感兴趣的产品。

（9）成本结构。一是技术开发和维护。小红书需要投入资金和人力资源进行技术平台的开发、更新和维护，确保平台稳定运行。二是运营和客户服务。小红书需要建立专业的运营团队和客户服务团队，处理平台的日常运营和用户需求问题。三是广告和推广费用。小红书需要投入一定的费用用于平台的广告投放和推广活动，吸引用户和合作伙伴。

9. 创业团队

创业团队部分有助于投资人和潜在合作伙伴了解团队的构成，判断其能否成功地推动创业项目。在这一部分可列出核心团队成员，包括创始人、高管、技术专家等的姓名、职务、背景等信息；要强调团队成员的背景和专业经验，特别是与企业业务领域相关的经验和成就；突出团队成员对企业的核心价值观和使命的共鸣，说明他们如何为企业的发展做出贡献；说明团队成员之间的互补性，以及团队将如何共同推动企业的发展。

高素质的核心团队成员和良好的组织结构是企业良性发展的重要保证，因此评委和投资人会特别注重对创业团队的评估。这部分内容要真实、有力地展示团队成员的能力、经验和为企业发展做出的贡献，并与整个创业计划书的内容和理念一致。

大赛直通车

创业团队部分的写作要清晰简洁、突出亮点，可以用有趣的故事介绍团队成员的背景和他们为什么投身到这个项目中。此外，还可以提供支持信息，如教育背景、工作经验、参与的项目，提升内容的可信度；介绍团队成员的个人和职业成长潜力，说明他们将如何适应不断变化的市场；描述团队的合作文化，强调团队协作和共同的价值观；将团队的技能和经验与企业目标关联，展示团队的自信和决心，阐述将如何实现创业成功。

10. 财务规划

财务规划是对创业计划书的强有力支持。一份好的财务规划对评估初创企业所需的资金量，提高初创企业筹得资金的可能性是十分关键的。财务规划一般包括表5-5所示的内容。

表5-5 财务规划的内容

主要内容	具体描述
启动资金需求预测	对创业项目启动需要的资金量进行科学合理的预测，包括开办费、购置固定资产及3～6个月内所需的流动资金等
现金流量预测	流动资金是企业的生命线，企业在初创和扩张时，对流动资金要进行周详的计划和使用过程中的严格控制
利润表	用以反映企业在一定期间的利润实现（或亏损）的财务报表，是一张动态报表。利润表可以为读者提供做出合理的经济决策所需的材料，帮助其分析利润增减变化的原因、企业的经营成本，并做出投资价值评价等
资产负债表	表示企业在一定日期（通常为各会计期末）的财务状况（即资产、负债和所有者权益的状况）的财务报表。其作用除了企业内部除错、把握经营方向、防止弊端外，还包括让所有读者在较短时间内了解企业经营状况
未来3～5年的财务预测	财务预测是根据财务活动的历史资料，考虑现实的要求和条件，对企业未来的财务活动和财务成果做出的预计和测算。它是创业者经营决策的重要依据，也是合理安排收支、提高资金使用效益和企业管理水平的重要手段。创业计划书应包含有效和能够让人信服的财务预测，展现未来3～5年预测的销售收入、利润、资产回报率等
融资计划	对项目总投入、资金用途、融资金额和方式、投资回报、资金退出方式等进行说明

温馨提示

创业者要充分认识到现金流的重要性。很多企业即使存在亏损，但只要有良性的现金流，仍然可以持续发展。而一旦现金短缺、资金链断裂，企业就会破产倒闭。在学习财务知识后，我们可以运用新学到的知识修改、完善创业计划书中的财务规划。

11. 风险分析

创业是一种风险活动，良好的风险管理是创业成功的重要保证。风险管理包括对风险的度量、评估和应对。良好的风险管理是一个风险预测及风险程度排序的过程，将可能导致最大损失及最可能发生的风险优先处理，而相对较低的风险则押后处理。风险管理主要包括表5-6所示的内容。

表 5-6　风险管理的主要内容

风险类型	具体描述
市场风险	分析市场竞争激烈程度、市场需求变化、产品替代品等因素对企业发展的影响
技术风险	分析企业的技术研发能力、信息安全措施、数据管理能力，以及可能面临的信息泄露和网络攻击风险
运营风险	分析企业内部管理风险，如供应链管理、生产过程质量控制、人力资源管理等方面的风险，以及外部经营环境风险，如自然灾害、政策变化等方面的风险
财务风险	分析企业的财务状况和财务管理能力，包括资金筹集、投资回报率、成本控制、现金流等
法律风险	分析企业的活动是否符合相关法律法规和政策要求，以及可能面临的法律诉讼和赔偿风险

对以上风险进行全面评估和分析可以帮助创业者了解创业项目的相关风险，有针对性地采取措施，降低风险，增加创业成功的概率。

12. 发展规划

创业计划书的发展规划部分需要全面、系统地考虑各个方面的问题，制订切实可行的发展计划，为企业未来的发展奠定坚实的基础。编写创业计划书的发展规划部分，需要考虑表5-7所示的四个方面。

相关链接

创业中的诈骗风险

表 5-7　发展规划的主要内容

内容主题	具体描述
业务目标和发展策略	明确企业的长期和短期业务目标，并提出实现这些目标的具体发展策略。这些策略应该与市场需求、行业趋势和竞争状况一致，并考虑到资源和能力的限制
市场增长计划	进行市场调研和分析，了解目标市场的规模、增长趋势、竞争格局、消费者需求等方面的情况，并根据市场调研结果制订相应的市场推广计划
技术创新和产品研发	注重技术创新和产品研发，不断提高企业的核心竞争力。可以以技术合作、专利申请等方式促进技术创新，并制订相应的产品开发计划
可持续发展战略	考虑环境保护、社会责任等方面的因素，确定可持续发展战略，形成良好的社会形象和企业文化

大赛直通车

在创业计划书中，发展规划部分涉及创业项目未来的发展路径和战略。评委或投资人会关注创业项目不同发展阶段的目标和里程碑，以及项目的发展战略，包括市场扩张、产品线拓展、合作伙伴关系、财务支持等方面。同时，他们会通过了解你计划如何实施这些战略以确保项目稳步持续发展。

13. 附录

附录附在创业计划书的后面，向读者提供补充信息。创业计划书中提到的市场分析报告的调研资料和分析材料可以被放在附录中，作为信息是否准确的重要参考。创业者和创业团队成员的履历、创业相关经历及其获得的与创业项目相关的成就也是附录的重要内容。如果创业项目是科技型项目，拥有相关的知识产权和专利，在附录中也应对对应的证书和内容进行描述。

任务三 学会编写创业计划书

课前任务

相关链接

创业计划书模板

1. 各模拟公司在任务一的课前任务材料中选择准备参加的赛事，并为此撰写一份编写创业计划书的方案，包括创业计划书的大纲（细化到三级目录）和编写计划。

2. 模拟公司全体成员进行分工，填写表5-8。

表 5-8 创业计划书编写任务分工表

模拟公司名称：____________ 负责人：________ 日期：________

序号	编写者	编写任务内容	完成时间	完成情况	备注

3. 模拟公司各成员分工协作，完成创业计划书的编写。

4. 各模拟公司对创业计划书编写方案进行展示。以现场抽签的方式确定各模拟公司的汇报人和答辩人，每组的展示时间控制在5分钟以内。

5. 每个模拟公司分享结束后，其他公司的成员提出问题和修改建议，每组时间控制在5分钟以内。该模拟公司成员记录其他公司成员对本公司创业计划书的建议。

6. 教师点评，针对各模拟公司创业计划书编写方案中不合理的部分提出修改建议。相应模拟公司成员记录教师点评内容。

7. 课后，各模拟公司完成创业计划书的编写，并为创业项目路演做好准备。

知识储备

一、编写创业计划书的步骤

在编写创业计划书的过程中，需要充分了解市场和竞争、制定商业模式和营销策略、明确财务指标和人力资源计划、制订实施计划和时间表等，以确保创业计划书的完整性和可行性。编写一份成功的创业计划书需要经过图5-3所示的步骤。

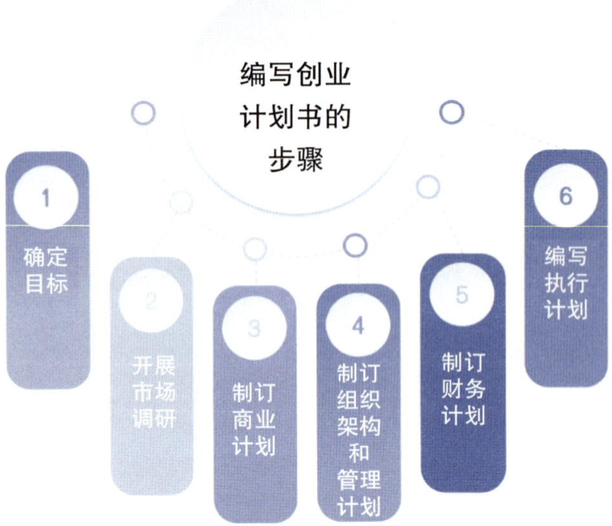

图5-3　编写创业计划书的步骤

1. 确定目标

在开始编写创业计划书之前，需要明确创业的目标，包括定义业务领域、产品或服务、目标市场、竞争对手、商业模式等。此外，还需要明确企业的使命和愿景，以便将来在决策时做出正确的选择。

2. 开展市场调研

进行全面的市场调研，包括分析竞争对手、了解目标客户的需求和行为、分析市场趋势等。通过市场调研，可以更好地了解市场需求和竞争情况，以确定更有效的市场营销策略和商业模式。

3. 制订商业计划

商业计划是创业计划书的核心部分，需要详细说明产品或服务、销售和市场营销计划、商业模式、运营计划、财务规划等内容。商业计划应该清晰、准确，具有可行性和可操作性，能够向潜在投资人和合作伙伴展示企业的潜力和未来发展前景。

4. 制订组织架构和管理计划

描述企业的组织架构和管理计划，包括人力资源管理、招聘和培训、员工福利待遇等。制订组织架构和管理计划有助于确保企业招到和留住高素质员工，并为员工提供良好的工作环境和福利待遇，以实现企业的长期目标。

5. 制订财务计划

财务计划包括资金需求、投资计划、现金流预测、利润预测等。制订财务计划需要考虑到市场需求、市场规模、生产成本和营销费用等因素，并确保企业能够实现可持续的财务目标。

6. 编写执行计划

在完成以上所有计划后，需要制订实施计划和时间表，并考虑如何监控和评估计划的执行效果。此外，还应考虑应对不可预见情况的预案和灵活应变的策略。

需要注意的是，创业计划书的编写过程是一个迭代过程，每个步骤都涉及对前一个步骤的反复确认和调整，以确保创业计划书具有可行性。此外，完成一份创业计划书并不意味着一劳永逸，在实际操作过程中，由于环境市场的变化，要经常对创业计划书进行检查、更新，确保创业计划书的时效性、真实性和完备性。

二、编写创业计划书的注意事项

创业计划书的质量往往会影响创业者能否找到合作伙伴、获得资金及政策的支持。创业计划书需要给投资者提供充分信息，并让投资者预见到成功的可能性。为了确保创业计划书得到投资者的关注，编写时应注意图5-4所示的事项。

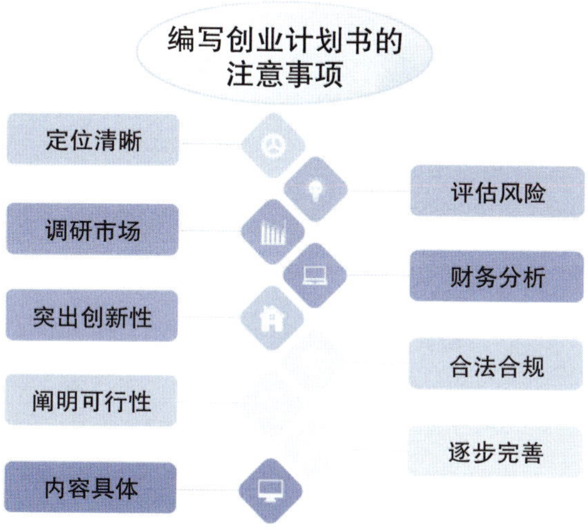

图5-4　编写创业计划书的注意事项

1. 定位清晰

要明确自己的创业定位，包括创业的目的、目标市场、所提供的产品或服务等。

2. 调研市场

对目标市场进行充分的调研和分析，包括市场规模、竞争对手、消费者需求等方面，为制定合适的营销策略提供数据支持。

3. 突出创新性

在创业计划书中要突出自己项目的创新点和差异化优势，说明为什么自己提供的产品或服务能够获得消费者的青睐。

4. 阐明可行性

创业计划书中的所有内容都必须是可行的，包括市场分析、财务分析、产品研发等方面。

5. 内容具体

所有内容都要具体，包括时间表、预算、团队组成等，避免过于笼统的陈述。

6. 评估风险

对创业过程中可能遇到的风险进行评估，包括市场风险、技术风险、运营风险、财务风险、法律风险等。

7. 财务分析

要进行充分的财务分析，包括资金来源、收益预测、成本预测等方面，确保创业计划书的可行性。

8. 合法合规

要考虑法律法规对创业计划书的影响，确保创业计划书的内容合法合规。

9. 逐步完善

创业计划书不是一次性的产物，应该根据实际情况不断调整和完善，保持与市场的同步。

创业计划书是一份全面、具体、可行的计划，可以帮助创业者充分了解自己的商业想法和目标市场，制定合适的策略，为创业过程中的决策提供支持。

温馨提示

在创业过程中，合作精神是实现团队协作成功的重要因素。只有成员的个人目标与团队的目标相一致，成员共同合作、互帮互助，才能通过沟通和协作实现团队的目标和个人的成长。创业计划书的编写亦需要团队成员发挥合作精神，相互信任、尊重、支持，共同合作，才能更好地完成。

三、创业计划书的评审标准

创业计划书评审标准因评审机构、行业和项目类型不同而有所差异。一般来说，创业计划书的评审标准包括图5-5所示的八个方面。

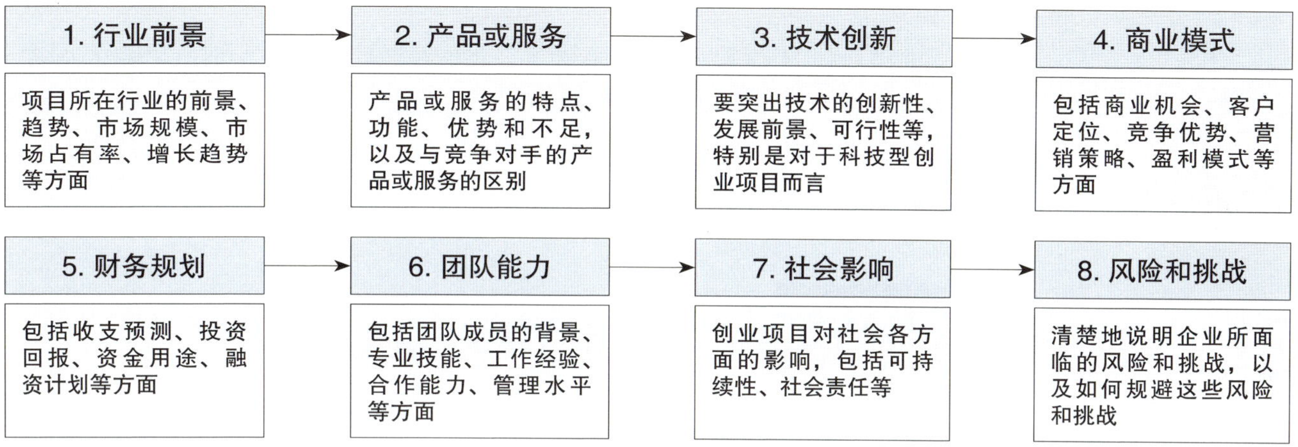

图 5-5　创业计划书的评审标准

相关链接

中国国际大学生创新大赛（2023）评审规则

温馨提示

编写创业计划书不是一次性的任务，需要多次修改和完善。学习初创企业的市场营销、财务管理、人力资源管理等相关知识后，我们可进一步修改创业计划书，让它更加科学、合理且具有竞争力。

项目二 展示创业计划书

创业项目路演不仅是向潜在投资者、合作伙伴及评委展示项目的有效途径，而且是提升创业者沟通表达能力的重要实践方式。同时，路演也为创业者提供了获取反馈的机会，使项目得以不断完善和优化。因此，项目路演是我们推广项目的机会，更是提升自身能力、吸取经验的重要平台。

任务一 了解创业项目路演

课前任务

1. 观看中国国际大学生创新大赛国赛决赛路演视频。
2. 根据视频内容回答问题。

（1）什么是创业项目路演?

（2）视频中最吸引你的是哪些内容?

（3）为什么这些内容吸引了你?

（4）你认为一场成功的创业项目路演应该具备哪些特征?

知识储备

一、创业项目路演的含义

创业项目路演是初创企业成员展示和推销他们的业务想法、产品或服务的活动。

通常情况下，创业项目路演由投资者或风险投资方举办，旨在提供机会，让创业者向潜在的投资者展示初创企业的业务计划、产品或服务，并获得投资资金或与投资者建立联系。在创业大赛中向评委展示创业项目也属于路演的范畴。

在创业项目路演中，初创企业成员需要在短时间（通常是10～15分钟）内向投资者或评委进行演示，介绍其项目的业务计划、商业模式、市场规模、竞争对手及预期收益等关键信息。此外，创业路演也提供了一个创业者与投资者讨论、互动的环境，以便创业者和投资者充分地沟通交流。创业项目路演有助于实现创业者与投资者的直面对话、平等交流、专业切磋，最终推动融资进程。

写好创业计划书只是融资的第一步。投资者看到创业计划书之后，可以对项目做出初步判断。创业项目路演可以同时让多个投资者认真倾听创业者的讲解和说明，还可以提供与投资者交流的机会。通常情况下，投资者每天看到的创业计划书和接触的项目都很多，有的投资者甚至一天会阅读上百份创业计划书，所以其筛选项目往往只能根据市场份额、盈利水平等硬性指标，很难了解项目的精彩之处，很多优质项目因此而与投资者擦肩而过。创业者的精彩讲解和交流能减少投资者看不懂或不理解项目，特别是一些技术性强的项目的情况，有助于投资者做出更为准确的判断。

二、创业项目路演的流程

创业项目路演的流程可能因地区、组织和活动类型的不同而略有不同。一般来说，其基本流程如图5-6所示。

图5-6　创业项目路演流程

1. 报名参加

创业者可以在指定时间内通过官方网站或其他渠道报名参加路演活动。

2. 审核筛选

主办方会对报名的项目进行筛选，挑选出符合条件的项目进行路演。

3. 初步培训

主办方会对创业者进行初步培训，包括演讲技巧、商业模式、市场营销等方面。

4. 路演准备

创业者需要准备路演材料，包括创业计划书、PPT、视频、产品原型或样品等。

5. 路演展示

创业者需要在规定的时间内进行路演，向评委和观众展示自己的项目和创业计划书。

6. 答辩环节

路演结束后，评委和观众可以针对路演项目进行提问和交流。

7. 后续服务

优秀的路演项目可能会获得一些奖励和机会，主办方也会对路演项目进行后续跟进和支持。

创业项目路演是一个展示自己的机会，创业者需要充分准备，展示自己的项目和创业计划书，并与评委和观众进行积极互动，获取反馈和机会。

任务二 制作创业项目路演材料

课前任务

1. 各模拟公司结合编写的创业计划书制作路演PPT。
2. 各模拟公司在内部演练路演演讲，确定在班级汇报的人选。
3. 根据演练的情况修改、完善路演PPT。
4. 各团队拍摄制作三分钟模拟创业视频，展示模拟创业团队风采及创业项目精华。

知识储备

一、创业项目路演材料概述

创业项目路演材料是创业者为了向投资人、潜在合作伙伴和评委展示自己的创业项目而准备的材料，通常包括创业计划书、

PPT、视频、产品原型或样品等。创业者通过这些材料清晰地介绍自己的项目，展示项目的商业价值和前景，以吸引潜在的投资人和合作伙伴的关注和支持，进而推动项目的发展。创业项目路演的材料需要简洁明了、重点突出，能够吸引人的眼球，也要具备可信度和可操作性，能够支持创业者的演讲和宣传活动。

温馨提示

创业计划书和创业项目路演PPT的内容都应遵循商业逻辑。创业计划书的编写同时需要遵循文字表达逻辑，PPT的制作同时需要遵循语言表达逻辑。

二、创业项目路演PPT的主要内容

创业项目路演PPT是创业计划书的另一种形式。它将完整的创业计划浓缩在一定篇幅内，由创业者通过演讲的方式将项目信息呈现出来。它是展示项目亮点的重要材料，用于向投资人和合作伙伴展示产品或服务和业务计划，其核心内容主要有图5-7所示的八个方面。

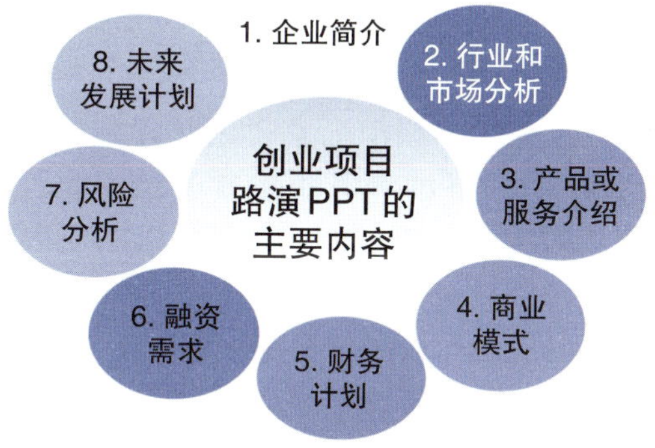

图5-7　创业项目路演PPT的主要内容

1. 企业简介

在PPT开头简要介绍企业的情况，包括成立时间、使命和愿景，以及团队成员的背景和经验。这有助于投资者了解初创企业的使命和理念。

2. 行业和市场分析

介绍项目的目标行业和市场，以及竞争对手和机会。可以通过市场调研和数据说明目标市场的规模和趋势，并分析产品或服务的市场优势和竞争地位。

3. 产品或服务介绍

介绍产品或服务的特点和功能，并阐述它们如何解决客户的问题和需求。可以使用示意图、演示视频或其他视觉资料，向投资人、评委展示产品或服务的操作方式和优势。

4. 商业模式

需要说明收入来源和盈利模式，以及销售和营销策略。投资者需要了解业务模式是否具有商业可行性。

5. 财务计划

这包括资金需求、预期收入和利润、现金流量预测等信息。要清楚地解释企业如何实现盈利和可持续发展。

6. 融资需求

说明资金需求和用途，以及所需要的投资类型和资本结构，明确投资回报计划和投资人的权益。

7. 风险分析

对项目可能出现的问题、困难进行预测并提出解决措施。

8. 未来发展计划

展示未来发展计划和目标，包括企业发展战略、产品或服务的发展和扩展计划等。

PPT需要有清晰的结构，使投资人和评委能够理解创业计划的重点和逻辑，切忌夸大事实或过度乐观。

三、创业项目路演PPT的制作步骤

创业项目路演需要将创业计划书的内容转换成项目展示用的PPT，其不仅要遵循商业逻辑，而且要遵循语言表达逻辑。PPT的页数根据项目路演的规定时间设计，一般以每分钟讲解2～3页为宜。制作创业项目路演PPT的步骤如图5-8所示。

图5-8　创业项目路演PPT的制作步骤

1. 设计模板

选择符合创业项目的主题和风格的PPT模板，包括字体、配色、布局等，使得PPT的设计风格与创业项目的定位相符。

2. 制作封面

在PPT的第一页添加创业项目的名称、标志、主题等基本信息，通过改变颜色、字体等方式突出创业项目的特色和亮点，引起投资人的兴趣。

3. 编写目录

在PPT的第二页添加目录，清晰明了地展示PPT的结构和内容。

4. 编写正文

按照创业项目路演的内容要求，依次添加企业简介、行业和市场分析、产品或服务介绍、商业模式、财务分析计划、融资需求、风险分析、未来发展计划等内容，每个部分的内容都应简明扼要、重点突出。

5. 添加图表

添加图表、数据等，使得创业项目的数据更加直观和可信，这有助于投资者对项目的了解和评估。

6. 添加图片、视频

在PPT中添加图片、视频，可以使得PPT更加生动、具体和有感染力，有助于投资人理解和记忆创业项目。

7. 校对和修改

完成PPT的制作后，需要认真校对和修改，确保PPT内容无误、条理清晰、排版美观。

制作创业项目路演PPT需要遵循简洁明了、重点突出、视觉效果良好的原则，同时要根据创业项目的特点和投资人的需求，灵活调整PPT的内容和风格，让PPT最大限度地展现创业项目的价值和潜力。

四、创业项目路演PPT制作的注意事项

创业项目路演PPT应简洁明了，能够吸引投资者和评委的眼球，同时突出项目的核心价值和优势。在制作时需要关注以下问题。

1. 明确演讲目标

在制作PPT之前，要明确演讲目标。例如，是向投资者展示项目的商业价值和前景，还是向客户宣传产品的特点和优势。面对不同的目标和受众，PPT的内容和风格会有所不同。

2. 概括项目亮点

在PPT的开头，可以用简短的语句概括项目的亮点和价值，以吸引观众的注意力。例如，“我们的项目可以解决 × × × 难题，市场需求巨大，有着巨大的商业潜力”。

3. 突出创新点

创业项目最重要的是要有创新点，因此在PPT中要突出项目的创新点，解释为什么这个项目是独一无二的，或者为什么它能够

打破传统模式，创造新的商业价值。

4. 简化商业模式

商业模式是项目的核心，需要在PPT中简单明了地阐述，不要使用复杂的术语和概念。尽可能用直观的图表展示商业模式，便于观众快速理解和记住。

5. 强调市场机会

在PPT中需要强调市场机会，解释为什么这个项目在当前市场环境中是有前景的。要提供可靠的市场数据和趋势分析来支持这个观点。

6. 提供数据和证据

在PPT中，需要以支持数据和证据证明项目的商业价值和前景。例如展示市场调研数据、客户反馈和财务预测报告。

相关链接

如何制作用于创业路演的商业视频

7. 关注排版和设计

简洁、美观、符合项目内容的排版和设计可提高观众的审美感受。

8. 结束语要精彩

在PPT的结尾，需要用简短的语言强调项目的亮点和价值，并且发出具有吸引力的呼吁。此外，可以在PPT结尾处加入联系方式，方便潜在投资者和合作伙伴联系创业团队。

温馨提示

创业项目路演是对创业者创新思维、灵活应变能力和表达能力的考验，也是创业者展示个人魅力的时刻。创业者是否优秀、有潜力是投资人、评委考虑的重要因素。

任务三 进行创业项目路演

课前任务

1. 请“创新创业基础”课教师、校外企业创业导师3～5人担任路演评委。另外，请每个模拟公司分别推荐一名代表，担任除本模拟公司的项目之外的项目路演评委。

2. 为每位评委发放虚拟创业投资券10张（每张面值1万元），用于投给自己看中的项目。

3. 各模拟公司以“个人讲解+互动答疑”的形式对创业项目进行路演，每个模拟公司的汇报时间为10分钟。

4. 评委提出问题，模拟公司成员进行答辩，每个模拟公司的答辩时间为5分钟。

5. 评委打分，进行投资，并说明理由。每位评委拥有的10万元虚拟资金必须全部用完。

6. 公布打分和获得投资结果，现场颁奖。得分最高、得到投资最多的模拟公司成员发表获奖感言。

7. 每个模拟公司推荐一名代表分享本次活动的收获，每个模拟公司的分享时间为2分钟。

8. 教师对本次活动进行点评、总结。

9. 课后，模拟公司根据项目路演的评委意见修改创业计划书。

10. 课后，由教师推荐优秀创业项目入驻本校或本地的众创空间。

相关链接

虚拟创业投资券

知识储备

一、创业项目路演演讲的要点

创业项目路演演讲是创业者向潜在的投资人或合作伙伴展示自己的创业项目及其价值的重要机会。表5-9所示的演讲要点可以帮助创业者完成一次成功的路演演讲。

表 5-9 创业项目路演演讲的要点

演讲要点	具体描述
明确目标受众	在演讲之前，要先确定自己的目标受众，了解他们的需求和期望，据此确定演讲的内容和形式
突出独特性	在演讲中突出项目的独特性，阐述自己的产品或服务在市场中的竞争优势和价值
简洁明了	路演演讲时间通常较短，要避免冗长和复杂的解释，用简单、清晰的语言说明你的创业项目的独特价值和市场机会，让演讲内容简洁明了、易于理解
重点突出	在演讲中，要集中精力突出最重要的信息，强调你的创业项目的核心竞争力和价值，并尽可能地提供有力的证据来支持你的论点，例如领先技术、市场机会、商业模式、团队能力，以便投资人快速了解项目的核心竞争力
结构清晰	按照商业逻辑和语言表达逻辑组织演讲内容，让观众能够理解和接受你的创业项目
内容生动	用生动的故事情节或案例来说明你的创业项目，让观众更容易理解
演讲技巧	注意语速、语调、手势和姿势等，使你的演讲更具有吸引力和说服力
表达自信	在演讲中要表现得自信和坚定，让观众感受到你对自己的产品或服务的信心
结尾有力	在演讲的结尾要给人留下深刻的印象，可以利用引人注目的统计数据、富有感染力的话语或令人振奋的呼吁

在演讲前，要提前准备好演讲稿并反复演练，熟悉演讲内容和演讲技巧，确保自己能够自如地掌控演讲进程，流畅地表达自己的想法，自信地展示创业项目。

二、创业项目路演的答辩

(一) 答辩环节的流程

在创业项目路演答辩环节中，投资人或评委会提出问题，以进一步了解创业者和项目的情况，以下是一般的答辩环节流程。

1. 投资人或评委提问

投资人或评委会针对创业者的项目、商业模式、市场情况、财务状况、团队等方面提出问题，希望了解更多细节和实质性的信息。

2. 创业者回答

创业者需要耐心听完投资人或评委的问题，并做出清晰、有条理的回答，回答时应该提供有力的论据及数据，让投资人或评委对项目更有信心。

3. 追问和深入讨论

投资人或评委可能会就某些问题继续追问或深入讨论，以了解更多的信息，并考查创业者的思考深度和能力。

5. 总结和评分

在提问环节结束后，投资人或评委会基于得到的答案和自己的了解、判断，对项目给出结论和评分，包括是否有兴趣投资、投资金额和投资条件等。

大赛直通车

投资人或评委会就不同的方面提出问题，一般来说，可能会提出以下几个方面的问题。

(1) 项目的市场情况。询问市场规模、目标用户、市场份额、竞争对手、市场趋势等信息，以了解项目的市场潜力和可行性。

(2) 商业模式和盈利模式。询问商业模式的具体细节，如价值主张、收入来源、成本结构，以了解项目的盈利能力和商业可行性。

(3) 创业团队。询问创业团队的组成情况，核心成员的经验、背景、技能和素质等，以了解团队的能力及其是否能够成功执行项目。

(4) 项目拥有的技术和知识产权。询问项目的技术方案、知识产权情况、研发进展等，以了解项目的技术难度和可持续性。

(5) 融资计划和资金运用情况。询问融资计划、融资金额、资金运用计划等，以了解项目的融资需求和创业者的管理能力。

以上只是一些可能被问到的方面，具体问题可能因项目不同而有所不同。同学们要对自己的创业项目有全面、深刻的理解，充分的准备和自信的态度可以帮助你在答辩环节中表现出色。

(二) 答辩环节的注意事项

在创业项目路演答辩环节，创业者需要注意表5-10所示的六个方面。

表 5-10　创业路演答辩环节的注意事项

注意事项	具体内容
准备充分	提前研究投资人或评委可能会提出的问题，准备答案，并进行多次模拟练习，确保在现场自信应答
聆听问题	仔细聆听投资人或评委的问题，确保你完全理解他们的问题。如果你不确定，可以请求重复或解释
把握回答节奏	在回答问题时，应抓住重点，简明扼要地回答，不要回避问题，不要偏离主题，确保提供的答案清晰、简洁、明确和有逻辑，可以用具体的事例来支持答案。同时也要注意回答的节奏和时间，避免时间过长或过短
真诚坦率	在回答问题时，要保持真诚坦率的态度，不要夸大事实或隐瞒真相，避免失去对方的信任
谦虚有礼	在回答问题时，要保持礼貌，尊重对方，不要自大，同时要对投资人或评委表示感谢。即使你不同意他们的观点，也要以专业的态度回答问题
保持自信	在回答问题时，要保持自信的态度，展示出自己对项目的深刻理解和热情，让投资人或评委感受到自己的能力和潜力

三、创业项目路演的评分指标

创业项目路演的评分指标因比赛、投资人或评审机构的不同而异，通常包括图5-9所示的七个方面。

投资人或评委会综合考虑创业项目的实力和潜力，给予相应的得分和评价。在不同的比赛和场合中，评分标准可能会有所调整。

相关链接

创业项目路演评分表

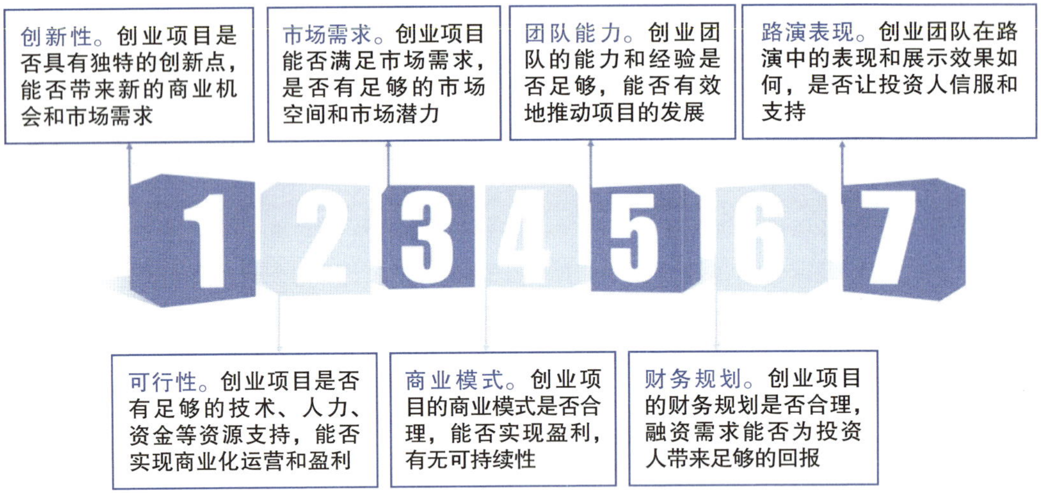

图 5-9　创业项目路演的评分指标

项目三 筹集创业资金

寻找、获取和管理创业资金是创业过程中的关键技能。成功筹集创业资金不仅仅能得到经济上的支持，更体现了创业者的实力和项目可行性，对于项目的可持续发展和创业目标的实现具有重要意义。

任务一 预测创业资金需求

课前任务

1. 各创业模拟公司分别计算创业项目所需要的资金量，完成表5-11的填写。

表 5-11　创业资金需求预测表

单位：元　　　　年　月　日

序　　号	资金需求项	金额（元）	备　　注
1			
2			
3			
4			
5			

（续表）

序　　号	资金需求项	金额（元）	备　　注
6			
7			
8			
9			
10			
合　计（元）			

2. 各模拟公司分享预测结果，并说明预测的依据。
3. 其他模拟公司补充是否有遗漏的项目。
4. 教师点评。各创业模拟公司对其预测进行修改、完善。

知识储备

一、创业资金的内涵

创业资金主要包括启动资金和运营资金。

1. *启动资金*

启动资金是企业开办前期需要投入的资金，包括建设或租赁房屋的投入，生产设备及办公设备等固定资产投入，购买原材料或商品等的投入，人员工资、办公费、注册登记费等各项企业开办费用投入。

2. *运营资金*

运营资金是企业在经营过程中投放在流动资产上的资金，包括有价证券、应收账款、存货等占用的资金。在企业创办初期，需要预留足够的运营资金来支付各种费用。

二、创业资金需求预测

创业资金需求预测是指创业者在创业初期根据创业计划和市场情况，对所需资金的总量及其在不同阶段的使用情况进行的预测，包括对资金需求、资金用途及预计的投资回报等的预测。

对于初创企业来说，创业资金需求预测是至关重要的。准确的资金需求预测可以帮助创业者规避资金短缺的风险，保证企业正常运营和发展。同时，创业资金需求预测也可以为企业的融资计划和投资策略提供重要依据。

在进行创业资金需求预测时，创业者需要考虑多种因素，包括市场规模、竞争状况、生产成本、人力资源等。同时，创业者还需要具备良好的财务分析能力，结合行业数据和市场趋势，合理估算所需资金量及其分配情况。

(一)创业资金需求预测的内容

资金需求预测的内容主要依据企业类型、规模大小、经营地点、竞争对手等情况而定。一般情况下，创业资金需求预测主要考虑表5-12所示的几个方面。

表5-12 创业资金需求预测的内容

资金需求项目	具体描述
启动资金	启动资金是创业资金需求的重要组成部分，用于支付初期产生的各种费用，如注册、租赁场地、购买设备、采购原材料、雇佣员工等方面的费用
运营资金	运营资金涵盖了开展日常业务活动所需的费用，如水电费、市场推广费、销售和营销费
预计收入	预计从业务活动中获得的收入，如产品销售额、服务收入
预计利润率	从预计收入中扣除成本后，计算出来的预计利润与预计收入的比率
预计现金流	预计的现金流入与现金流出的差额
风险预测	需要考虑可能出现的不确定因素，如市场波动、政策变化、竞争加剧，进行风险预测和应对方案制订

以上是创业资金需求预测的主要内容，创业者可以根据实际情况进行细化和补充。

（二）创业资金需求预测的步骤

创业资金需求预测一般可依照图5-10所示的步骤进行。

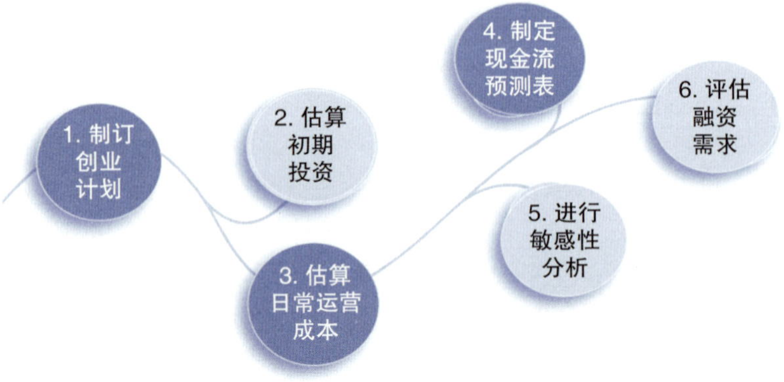

图5-10 创业资金需求预测的步骤

1. 制订创业计划

创业计划是创业资金需求预测的基础。在制订创业计划时，创业者需要详细描述企业的使命、目标、市场情况、产品或服务、人力资源、营销策略等方面情况。

2. 估算启动资金

在创业计划制订完成后，需要进一步细化每个项目的投资成本，包括企业注册、市场调研、产品开发、办公场所租赁、设备采购等方面的费用，以及预留的流动资金。

3. 估算运营资金

除了启动资金，创业者还需要预测企业的运营资金，包括水电费、采购成本等。对这些成本应该分阶段列出，并根据市场情况和创业计划的实际进展进行调整。

4. 制定现金流预测表

现金流预测表可以帮助创业者更好地了解企业的资金流动情况。现金流预测表应该包括每月或每季度的收入、支出和净现金流量，并对未来几年的资金流动情况进行预测。

5. 进行敏感性分析

创业者应该对各项成本和收入预测进行敏感性分析，预测不同情况下的资金需求变化。例如预测在销售额下降或成本上升的情况下企业的现金流量。

6. 评估融资需求

最后，创业者应该根据现金流预测表和敏感性分析结果，评估企业在不同阶段的融资需求。这包括确定何时需要融资、融资方式、融资金额及投资回报率等。创业者需要根据市场情况和企业实际情况制订切实可行的融资计划。

在进行创业资金需求预测时，需要考虑各种情况和因素，综合考虑财务预测、市场情况、竞争环境等，确保预测能够比较准确地反映实际情况，这有助于制订合理的融资计划和资金筹措计划。

（三）创业资金需求预测的影响因素

在进行创业资金需求预测时，创业者需要考虑图5-11所示的四个因素。

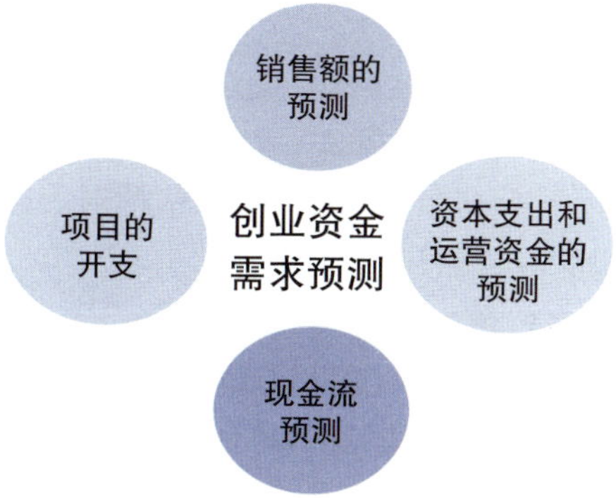

图5-11 创业资金需求预测的影响因素

1. 项目的开支

需要详细考虑项目的各项开支，包括设备、办公场地、人力资源、市场宣传、采购等方面的开支。需要确定每一项开支的具体金额，并列出清单，以便进行整体的预测。

2. 销售额的预测

对于销售额的预测，需要考虑市场的规模、竞争对手的数量和实力、产品的定位和市场需求等因素。需要分析市场的潜在规模、客户数量、竞争压力等，预测销售额的大致规模。

3. 资本支出和运营资金的预测

需要考虑项目的资本支出和运营资金的需求，以确保项目的正常运转。资本支出通常指的是建设性投资，如购买设备、装修场地等支出；运营资金指的是日常运营所需的费用，如采购成本、广告费用。

4. 现金流预测

需要预测项目的现金流量，以评估项目的偿付能力和盈利能力。现金流预测通常包括现金收入预测、现金支出预测和净现金流量预测。

在进行创业资金需求预测时，需要尽可能详细地考虑各种因素，以确保资金需求预测的准确性和可靠性。

（四）创业资金需求预测的方法

创业资金需求预测是创业者必须面对和解决的问题之一。低估了需求，难以维持日常开支；高估了需求，则会造成资金浪费、成本增加。以下是四种常见的创业资金需求预测方法。

1. 制定预算表

制定详细的收支预算表，预估启动资金、运营成本和预计收入，然后计算现金流和利润，并综合考虑风险因素，进行合理的财务预算。

2. 比较分析法

可以咨询专家，通过比较分析行业内同类型企业的财务数据和经验，分析企业的收益和成本，从而得出大致的资金需求。

3. 市场调研法

通过对市场的调研，包括对市场需求、产品定价、竞争情况等方面的调研评估市场的规模、增长率和市场份额，进而对创业项目的收入做出合理预测。

4. 费用测算法

以创业项目的产品或服务为基础，通过测算每个环节的具体费用，将企业所需要的资金项目逐项罗列，然后测算出每一项需要多少资金，制定详细的费用预算表，并根据市场需求和定价，预估产品或服务的销售额，得出总的资金需求。

创业者可以根据自身情况和经验，选择合适的方法进行资金需求预测，并尽可能全面地考虑可能的风险和不确定因素，以制定合理的财务预算，为创业项目提供必要的资金支持。

任务二 制订创业资金筹集计划

课前任务

1. 各模拟公司在课前根据在任务三课前任务中计算出来的创业所需资金量做一份筹资计划，填写表5-13。

表 5-13 创业资金筹集计划表

筹资方式	优点	缺点	是否选择该方式	拟筹资金额（元）（如选择该方式）	选择或不选择该方式的理由	执行计划（时间、方式）

（续表）

筹资方式	优点	缺点	是否选择该方式	拟筹资金额（元）（如选择该方式）	选择或不选择该方式的理由	执行计划（时间、方式）

2. 各模拟公司在课上依次分享筹资计划，接受其他模拟公司的提问并回答。
3. 教师点评各模拟公司筹资计划的合理性和可行性。
4. 课后各模拟公司进一步修改、完善筹资计划。

知识储备

一、筹集创业资金的方式

（一）筹集创业资金的含义

筹集创业资金是指为了创建和发展新的企业或项目而寻找和获得必要的资金。对于许多创业者来说，筹集资金是创业过程中最具挑战性的部分之一。因为创业项目往往需要一定的时间才能开始盈利，在这之前，创业者通常需要大量的资金来支付开发费用、运营费用、市场营销费用等。

为了筹集创业资金，创业者可以考虑采用自筹资金、亲友支持、天使投资、风险投资、众筹、银行贷款、政府资金支持等方式。无论采用何种方式，筹集资金都需要有清晰的资金用途计划和创业计划书，并需要通过有说服力的推销和演示来吸引投资人或其他支持者。

温馨提示

创业者必须将诚信视为重要的价值观和企业文化的核心，在创业过程中始终坚持诚信原则，建立自己的信用体系，树立企业信誉，赢得客户信任，从而增强企业的信誉，提升企业在融资中的吸引力。

（二）筹集创业资金的原则

创业资金的筹集对于任何一家初创企业来说都是至关重要的一步。筹集创业资金一般要遵循表5-14所示的八个原则。

表 5-14 筹集创业资金的原则

原则	具体描述
多元化筹资	创业者不能依赖单一来源的资金，而应该考虑通过多种途径筹集资金，如向个人投资者、天使投资人、风险投资公司、银行、政府机构等申请贷款、赞助和补贴，以及通过股权融资、债务融资等方式筹集资金，以降低资金筹集的风险和成本
合理估值	要根据企业的实际情况和市场行情合理估值。如果估值过高，可能会吓跑潜在投资人；如果估值过低，创业者可能会失去一部分股份
制订融资计划	在寻找资金时，创业者需要准备一份详细的融资计划，包括资金用途、预期收益、风险控制等内容。这可以帮助投资人更好地理解你的业务，并提高融资成功的概率
寻找合适的投资人	创业者应当寻找有经验、愿意帮助自己发展业务的投资人。在选择投资人时，不仅要考虑他们的投资额，而且要考虑他们的专业知识、人脉资源等
优先考虑内部融资	如果有条件，优先考虑内部融资，这样可以降低成本和风险
管理好资金	一旦融资成功，创业者应当好好管理资金，确保利用方式合理，不浪费资金。同时，还要做好财务管理，掌握现金流动状况，以应对未来可能出现的不确定性

（续表）

原　则	具　体　描　述
控制风险	在筹集资金的同时，需要考虑风险控制，尽量减少潜在的风险和损失
长期规划	创业者应该有一个长期规划，考虑到企业的成长和未来发展，而不是仅仅关注眼前的资金需求。同时，应该维护好与投资人的关系，为未来的融资打好基础

（三）创业资金筹集常用的方式

创业资金的筹集方式有很多，表5-15列出的是一些常见的筹集方式。

表 5-15　创业资金筹集常用的方式

筹集方式	具　体　描　述
自筹资金	创业者自己拥有的积蓄或个人财产，如房产、股票、基金，可以作为创业资金的一部分。这是最常见的资金筹集方式之一，优点是灵活方便，无须借贷和分红，缺点是资金量有限，如果自有资金不足，可能需要考虑其他方式
亲友支持	创业者的亲友可以提供资金支持，通常情况下是以赠予或股权投资的方式提供资金
天使投资	天使投资人或机构可能会对初创企业进行早期投资，提供种子资金，帮助初创企业起步，同时也为创业者提供行业经验和网络资源等方面的支持
风险投资	风险投资是指为了获得高收益而对高风险企业进行的投资，通常由风险投资机构提供资金，并以股权投资的方式参与企业经营
众　筹	众筹是通过互联网平台向公众募集资金的方式，通常由创业者在平台上发布项目信息，并向支持者提供不同的回报
银行贷款	创业者可以向银行申请贷款，获得资金支持，但需要具备一定的信用资质和还款能力
政府资金支持	政府会在支持创新创业方面提供各种形式的资金支持，如科技创新基金、创业担保贷款

以上是一些常见的创业资金筹集方式，创业者可以根据自身情况和需要选择合适的筹资方式，并在整个筹资过程中保持积极乐观的态度和不断学习的心态。

温馨提示

大学生在校期间可以通过参加各类创新创业大赛争取获得奖金，将其用作创业初始资金。大赛获奖项目还可以申请进入众创空间、创业孵化器或加速器等，这些机构通常会提供资金支持、创业指导、行业资源等方面的帮助。

（四）创业资金筹集常用方式的比较

不同的资金筹集方式各有优缺点，如表5-16所示。创业者可以根据自己的需求和条件选择最适合自己的方式。

表 5-16 不同创业资金筹集方式的比较

筹资方式	优点	缺点	申请流程	利率或投资回报率	要求
天使投资	通常不需要价值太高的抵押物或担保；投资周期短，能快速获得资金；一般会提供经验、资源和人脉	投资人通常需要占有一定的股份和决策权；投资人对创业企业的风险承受能力有限，很难提供大量资金；投资人可能会因为战略方向、管理团队等问题与创业者产生纠纷	（1）完成创业计划书；（2）寻找天使投资人；（3）展示创业计划书；（4）商谈投资方案；（5）签订投资协议	投资人通常不会要求有固定的利率或投资回报率，通常会购买一定比例的股份或股票期权	项目必须有良好的创业计划书和投资前景；创业团队必须有实力和经验；需要与之建立信任和合作关系
风险投资	可以为初创企业提供大量资金；不仅可以提供更多的经验、资源和人脉，通常还会协助进行管理和战略决策	投资人会占有一定的股份和决策权；初创企业必须具有较好的成长潜力和市场前景；企业管理层与投资人之间的合作和沟通需要花费一定的时间和精力	（1）完成创业计划书；（2）寻找风险投资人；（3）展示创业计划书；（4）商谈投资方案；（5）签订投资协议	投资人通常会要求投资企业给予一定的股份回报，投资回报率通常与投资的风险和预期收益相关	企业必须有良好的创业计划书和市场前景；创业团队必须有实力和经验；投资人需要对企业的管理和市场活动进行了解

（续 表）

筹资方式	优　　点	缺　　点	申请流程	利率或投资回报率	要　　求
众筹	创业者可以利用社交媒体等平台，广泛地向大众募集资金，降低融资门槛；投资人可以加入初创企业，获得一定的投资回报	由于众筹通常投资额较小，可能需要面对更多的投资人；投资人可能缺乏投资经验，需要做好投资风险管理	（1）创业者创建一个项目，并在众筹平台上发布项目说明、视频、资金筹集目标等信息；（2）投资人在平台上找到并支持他们喜欢的项目	投资回报率由不同项目的风险和收益决定，有的众筹项目可以获得高回报，有的则可能较低	需要创业者提供详细的项目计划和可行性分析，吸引投资者投资；项目需要有良好的社交网络和品牌形象
股权众筹	可以帮助企业获得大量的资金，而且可以帮助企业快速扩大规模，提高企业的知名度和品牌价值；投资人可以获得初创企业的股权份额；股权众筹的投资人往往是有经验的投资者或者企业内部员工，他们可以为企业提供更多的资源和支持	需要依法依规申报和审批，申请流程较为复杂；企业需要与投资人分享一部分的股份或利润，这可能对企业的长期发展产生一定的影响；股权众筹存在投资风险，如果企业的业绩未能达到预期水平，可能会导致投资人的投资损失	（1）创业者在股权众筹平台上发布股权融资项目，根据平台要求提交相关资料和申请材料；（2）平台进行审批	投资回报率通常由企业的业绩和股价涨跌决定，有可能获得高回报，也存在一定的投资风险	需要创业者提供详细的财务和业绩数据，创业者需要向投资人展示项目的可行性和潜在收益，同时需要遵守平台和监管机构的相关规定
银行贷款	利率相对较低，还款期限较长，可以帮助企业缓解短期资金压力；可以根据需要选择不同类型的贷款产品	申请过程相对烦琐，需要提供大量的财务和企业信息、一定的信用历史或信用评分及担保资产，如房屋或汽车；银行可能会限制贷款用途；如果逾期还款可能会导致严重后果	（1）填写申请表，提供必要的财务信息和担保资产证明；（2）银行评估申请人的信用等级；（3）银行决定是否批准贷款申请	利率通常根据申请人的信用等级和借款期限等因素而定	需要创业者提供抵押品或担保物，并提交详细的财务和企业信息，同时还需要满足银行的信用评估要求

（续 表）

筹资方式	优 点	缺 点	申请流程	利率或投资回报率	要 求
政府资金支持	利率低，可以节省借款成本；风险低，通常由政府机构或政府主导的金融机构提供，资金来源可靠；还可能提供其他优惠政策，如税收减免、培训和咨询	有资格限制，创业者需要符合一定的资格要求；项目审查严格，审查标准较高，需要提供详细的创业计划书、市场分析等资料	（1）了解政策，包括政策的目的、资金来源和资格要求等； （2）根据政策要求准备相关的申请材料，如创业计划书、市场分析、财务预算； （3）将申请材料提交给政府相关部门，并填写申请表； （4）政府机构对申请材料进行审查和评估，并根据标准决定是否给予资金	投资回报率因投资的具体项目和领域而异，通常是由政府主导的，政府更加关注资金的使用效益和社会效益，而不是单纯的投资回报率	创业项目必须符合国家产业政策方向，有良好的市场前景和商业模式，具有技术含量和创新性，有良好的财务状况和稳定的运营模式，有一定的市场份额和盈利能力；创业者必须拥有较好的专业素质和丰富的创业经验，有一定的市场敏锐度和管理能力，有明确的创业计划和落地方案，能够承担一定的风险和压力

不同的筹资方式适用于不同的创业阶段和发展方向，创业者需要根据自身的实际情况选择最适合自己的方式。

相关链接

合伙融资和亲友融资需要注意的问题

（五）企业在不同阶段的创业资金筹集方式

处于不同阶段的企业适用的筹资方式不同。表5-17所示是企业的三个阶段，即种子阶段、成长阶段、成熟阶段适用的筹资方式。

表 5-17 处于不同阶段企业适用的筹资方式

发展阶段	筹资方式	优势	劣势
种子阶段	自筹资金	成本低；安全性强	数量和规模有限；不易形成企业最优资本结构
	政府资金支持	成本低；有利息或无偿使用	数量少，项目挑选严格
	天使投资	投资程序简单；天使投资人具有创业经验，可提供咨询服务	天使投资少；不适合大规模资金需求；对投资项目较为短视
成长阶段	风险投资、私募股权投资	可为企业引进国内和国际战略合作伙伴，在战略、运营和财务上提供建议；具有丰富的上市或商业运作经验	风险投资人寻找困难；与他们进行谈判比较艰难；其在与创业者目标存在差异的情况下会影响企业战略方向，并谋求对企业运作的控制
成熟阶段	银行贷款	不影响企业股权结构；不参与企业经营管理；偿还本息固定	利息成本高；中小企业信用担保较差，融资难
	上市融资	融资量大，不涉及负债；流动性强；可提升企业知名度和声誉	审批程序复杂、要求高，发行成本高；监管严格，信息透明度高

1. 种子阶段

种子阶段是指创业者有了新想法或某些成果，并准备对其进行商业化运作的时期或已初步具备商业模式的阶段。这个阶段，产品处于创意或开发研究阶段，无销售收入，无成熟的销售渠道。

种子阶段的筹资方式主要包括自筹资金、政府资金支持和天使投资。一般情况下天使投资在融资条件方面比较宽松，天使投资人的商业判断和个人偏好往往占重要地位。

2. 成长阶段

企业进入成长阶段，已经具备较成熟的商业模式、较规范的商业运作，但还需要在市场实践的过程中加以完善。这一阶段的资金主要用于形成生产能力和开拓市场，目标是尽快实现盈亏平衡，解决生存问题。具有竞争力的企业在这一时期往往会面临多家投资机构争相投资的情况。这一阶段常用的筹资方式为风险投资和私募股权投资。

3. 成熟阶段

成熟阶段的企业在生产、销售、服务等方面已具备较好的基础，产品设计和工艺已经定型，并具备批量生产的能力，但完善的销售渠道和网络还没有建立，企业品牌和形象也需要进一步巩固。同时，由于创业型企业产品更新换代的速度快，企业在提高产品质量、降低成本的同时，已开始着手开发下一代产品，以保证可持续发展。企业已确立在行业中的主导地位。

成熟阶段是企业技术开发成功、市场需求迅速扩大、进行大规模生产的阶段。此时企业已开始大量盈利，风险最小，但企业为适应市场需求状况，必须进行大批量生产，购置更多的设备和材料，扩建厂房，招聘员工，还要考虑推出新产品，因此资金需求量极大。在这一阶段，企业可以考虑通过银行贷款和在国内外资本市场上市融资。

温馨提示

创业者在筹集资金时要评估以不同方式筹资的风险和回报，并关注如何保护创业者和投资人的利益。

二、大学生创业资金的筹集

推动大学生以创业促就业，对解决大学生就业问题及加速我国产业结构的转型升级起到了良好的作用。为此，国家采取了一系列措施和政策，鼓励和支持大学生创业。首先，为了提高大学生的创业意识和能力，国家鼓励高校设置创业课程、建设创业实践基地、组织创业大赛等，并在全国各地建立创业孵化器，为大学生提供办公场地、技术支持、人才资源等。其次，各级政府都设立了创业资金，用于资助大学生创业项目，还提供税收优惠政策和贷款担保等方面的支持。

（一）大学生筹集创业资金时常见的问题

大学生在创业筹资时常见的问题如下。

1. 信用评估状况不佳

大学生创业者通常没有太多信用记录，缺乏还款记录和资产负债表等财务信息，使得银行等机构难以对其进行信用评估，因而难以获得融资。

2. 项目缺乏竞争力

大学生创业者创业的项目可能比较初级，没有多少竞争力和市场经验，使得风险投资人等的投资意愿不强，获得融资的机会相对较小。

3. 资金需求量较小

大学生创业者的项目往往初期资金需求量不大，无法达到一些机构的最低投资标准，使筹资受到限制。

4. 缺乏创业经验

大学生创业者缺乏创业经验和业务经验，项目策划、营销推广、资金管理等方面可能存在一些问题，会影响到投资人的信心和决策。

针对以上问题，大学生创业者可以通过编写良好的创业计划书、寻找适合的合作伙伴、请教创业导师、参加创业活动和竞赛、提高自己的信誉等方法提高筹资能力。

温馨提示

各地政府会指定相关银行对初创企业提供小额贷款，贷款程序较为简单，优惠幅度也较大，比较适合大学生创业者申请。大学生要主动、及时获取创业企业所在地相关政策信息，对照政策要求积极争取。

（二）大学生在创业筹资时遇到问题的解决措施

大学生创业时可能会遇到各种问题，但只要保持积极的心态和勇于探索的精神，积累相关经验和知识，寻找合适的资源和支持，就可以解决这些问题。大学生在创业筹资时遇到问题，可以采取以下解决措施。

1. 利用校园资源

大学校园内通常有众创空间、创业竞赛、创业导师等资源可以利用，大学生可以利用这些资源获得资金和支持。

2. 寻找天使投资人

天使投资人通常是个人或者小型投资公司，他们愿意给初创企业提供资金和指导。

3. 争取政府支持

政府对创业项目会有一定的支持，大学生可以通过申请政府的创业支持获得一定的资金支持。

4. 利用社会资源

大学生可以通过社交渠道寻找有志支持创业的人士，如校友、业内人士，从而获得资金和支持。

相关链接

筹资时应注意的问题

5. 打造高质量的创业计划书

大学生在寻求资金支持之前，需要编写一份高质量的创业计划书，清晰阐述创业项目的商业模式、市场需求和预期收益等，以此吸引投资人的关注和支持。

大学生在创业筹资时需要综合考虑多种资源和方法，制定可行的策略，不断尝试和改进，从而顺利地实现创业梦想。

相关链接

模块五自我测试

创新创业技能提升实训

实训项目一

<table>
<tr><td>实训主题</td><td colspan="2">参加中国国际大学生创新大赛</td></tr>
<tr><td>实训目标</td><td colspan="2">（1）以赛促练，通过参赛提升创业计划书的编写能力及展示能力；
（2）能够小组分工合作完成创业计划书的编写和展示；
（3）在实训过程中养成精益求精的学习态度和团结友善的合作精神</td></tr>
<tr><td rowspan="2">实训流程与要求</td><td>流程与要求</td><td>注意事项</td></tr>
<tr><td>（1）查询中国国际大学生创新大赛官网，了解大赛的各项要求，特别要认真研究职教赛道和红色之旅赛道的要求；
（2）以模拟公司（创业团队）为单位提交报名材料；
（3）做好参赛前的各项准备工作，包括优化创业计划书和路演材料、开展创业项目路演演练；
（4）在参赛过程中与其他参赛团队、评委和投资人充分交流；
（5）比赛结束后进行反思，在班级中分享心得；
（6）教师点评，总结参赛表现，为今后再次参赛提供经验借鉴</td><td>（1）提前了解参赛是否需要交通、食宿等费用；
（2）事先与团队成员协商好如果获得奖金如何分配；
（3）教师可指导学生学习往届大赛的获奖作品，吸取经验</td></tr>
<tr><td rowspan="4">实训总结</td><td colspan="2">教师点评</td></tr>
<tr><td colspan="2"></td></tr>
<tr><td colspan="2">学生实训心得</td></tr>
<tr><td colspan="2"></td></tr>
</table>

知识卡片

卡片1：创业计划书的基本内容

卡片2：编写创业计划书的步骤

卡片3：编写创业计划书的注意事项

卡片4：创业项目路演PPT的主要内容和制作步骤

卡片5：创业项目路演的评分指标

环境卡片

实训环境选择：

（1）创业计划书和PPT在安静的环境中完成，参赛视频根据项目实际情况选择合适的场景进行拍摄；

（2）参加该项大赛一般需要依次经过校赛、省赛、国赛的进阶，教师可根据实际情况指导学生提前熟悉比赛环境，克服紧张情绪。

资料卡片

大赛通知及相关信息（查询官网）

实训项目二

<table>
<tr><td>实训主题</td><td colspan="2">模拟实施创业资金筹集计划</td></tr>
<tr><td>实训目标</td><td colspan="2">能够运用所学知识实施创业资金筹集计划，在实践过程中提升表达和沟通能力，养成诚实守信的创业品质</td></tr>
<tr><td rowspan="2">实训流程与要求</td><td>流程与要求</td><td>注意事项</td></tr>
<tr><td>（1）根据创业资金筹集计划查明创业团队自有资金量；
（2）尝试与亲友联系，了解假如创业能从亲友处获得多少资金，条件是什么；
（3）在网上检索本地区小额创业免息贷款的政策，并与相关部门联系，了解获得政策支持的条件；
（4）尝试与创业成功的校友取得联系，咨询其是否愿意成为你们的创业项目的天使投资人，并了解原因；
（5）去本地银行咨询小微企业融资贷款政策，了解审批的条件与要求；
（6）思考还有哪些可以筹集创业资金的渠道，尝试联系，了解通过该渠道筹资的可行性；
（7）完成创业资金筹集计划的实施总结，在课堂上分享实施的过程及心得体会，各模拟公司互评；
（8）教师点评，指出成功与不足之处，明确各模拟公司今后的创业筹资方向</td><td>（1）虽然是模拟实训，但在完成任务的过程中，应假设前提是真实筹资；
（2）在索取校友联系方式时应说明情况，得到许可；
（3）在与亲友和校友联系前准备好沟通交流的要点，最好能形成一个文档；
（4）由于是模拟实训而非真实筹资，在交流前应向亲友、校友说明，并表示会继续努力完善创业计划书、提升创业能力，为今后创业打下坚实的基础</td></tr>
<tr><td rowspan="4">实训总结</td><td colspan="2">教师点评</td></tr>
<tr><td colspan="2"></td></tr>
<tr><td colspan="2">学生实训心得</td></tr>
<tr><td colspan="2"></td></tr>
</table>

知识卡片

卡片1：创业资金需求预测的内容和步骤

卡片2：创业资金需求预测的方法

卡片3：筹集创业资金的原则

卡片4：创业资金筹集常用方式的比较

卡片5：大学生在创业筹资时遇到问题的解决措施

环境卡片

实训环境选择：选择安全的环境，团队合作完成实训项目。

资料卡片

寻找和接触投资人的注意事项

寻找和接触投资人是筹集创业资金过程中的关键一步，在这个过程中，同学们需要注意一些事项。

1. 建立目标投资人画像

在接触投资人之前，首先需要对他们进行深入的研究，了解他们的投资领域、投资偏好、投资历史和资金规模等，明确目标投资人。这有助于我们更有针对性地寻找合适的投资人，并且在与之接触时更有针对性地展示自己的项目。

2. 参与创新创业大赛和活动

同学们可以积极参加创新创业大赛和活动，这是与投资人互动的好机会。这些活动通常会有投资人出席，我们可以借此机会展示项目，并与之建立联系。此外，我们还可以寻找机会参与创业沙龙、研讨会和行业会议，这些活动中聚集了许多投资者和创业者。在活动中要积极参与交流，建立关系网络。

3. 利用人际关系

我们的老师、校友等可能有投资人资源。他们可以为我们介绍潜在的投资人或提供有关如何接触投资人的建议。

4. 参加创业网络活动

一些创业网络活动，如网络研讨会、虚拟创业展会提供了与投资人交流的机会。可以通过这些活动展示我们的项目，与投资人互动并建立联系。

5. 准备好项目介绍

当有机会与投资人交流时，确保已准备好一份简洁但引人入胜的项目介绍，能够在短时间内清晰地介绍我们的创意、市场机会和团队背景等。

6. 尊重投资人的时间

在接触投资人时，要尊重他们的时间。确保我们的邮件、信息或互动内容是精练而有针对性的，表明我们真正关注他们的投资偏好和领域。

7. 持续跟进

如果建立了与投资人的联系，保持跟进是很重要的。可以向他们发送关于项目更新、进展和关键里程碑的通知，表明我们的项目在不断发展。

8. 个性化互动

在与投资人互动时，个性化的互动会更加有吸引力。了解他们的兴趣、背景和投资理念，并在交流中体现出我们对他们的关注。

在寻找和接触投资人时，持之以恒、有耐心并展现专业的态度是非常重要的。不同的投资人可能有不同的风格和需求，因此要在互动中灵活调整方法。建立关系需要时间，不要过于急迫。保持对每位投资人的尊重，展示激情和才能，这有助于吸引投资人的关注，并与之建立长期的合作关系。

模块六 经营管理初创企业

- 初创企业营销管理
  - 明确企业的市场定位
    - 市场定位的步骤
    - 市场定位的依据
    - 市场定位的主要方法
  - 制定企业营销策略
    - 营销策略
    - 网络营销
- 初创企业财务管理
  - 制定企业财务管理制度
    - 财务管理制度的内容
    - 制定财务管理制度的流程
  - 掌握企业财务状况
    - 记账
    - 成本收益
    - 财务报表
- 初创企业人力资源管理
  - 制定企业人力资源管理制度
    - 人力资源管理制度的内容
    - 制定人力资源管理制度的流程
  - 招聘与管理企业员工
    - 招聘与配置
    - 职业生涯管理
    - 员工激励

初创企业往往会面临以下问题：一是如何提升市场占有率和销售额，解决企业生存问题；二是如何开源节流，解决企业记账及成本核算问题；三是如何做好选人、用人、留人工作，解决企业人力资源问题。创业者要想创业成功，就要在创业初期强化营销、财务和人力资源等方面的管理，推动企业持续发展。

引导案例

小鹏汽车是一家专注于电动汽车制造的企业。从创立以来，小鹏汽车坚持营销管理、财务管理和人力资源管理多管齐下，合力打造受消费者喜爱的汽车品牌。

在营销管理方面，小鹏汽车采用多种创新性的营销策略建立品牌和吸引消费者。第一，开展数字化营销，充分利用数字化媒体，通过社交媒体、在线广告和内容营销与消费者互动，通过测试驾驶活动等吸引消费者关注。第二，注重产品差异化，注重对产品特点的突出，如技术创新、智能驾驶，吸引对科技和环保感兴趣的消费者。第三，加强口碑宣传，鼓励消费者分享用车体验，积极参与社区讨论。消费者生成的正面反馈有助于建立信任，进而影响其他消费者的购买决策。

在财务管理方面，小鹏汽车采取措施有效提高管理质量和效率，为企业生存和发展保驾护航。第一，进行风险管理，积极评估市场风险和竞争压力，制定相应的风险管理策略，在资金筹集和使用方面保持谨慎，确保企业的财务稳定。第二，多渠道筹集资金，除了依靠风投资金，也积极寻找其他资金来源，降低对单一资金来源的依赖。第三，保证财务透明度，及时披露财务状况和业绩，增强投资者和合作伙伴的信任。

在人力资源管理方面，小鹏汽车特别注重人才培养，采取了一系列策略来吸引、培训和激励员工。第一，积极吸引优秀人才，注重招聘拥有创新思维和技术专业知识的员工，支持其开展技术创新。第二，完善培训与发展制度，鼓励员工持续学习和成长。第三，加强团队协作，强调形成团队协作和开放的沟通氛围，激发创新思维，使员工积极参与企业的发展。

学习目标

知识目标：理解营销管理的基本原理，掌握4P营销策略，了解企业财务管理与人力资源管理的核心内容。

能力目标：能从市场需求出发，灵活运用营销管理的理论、方法和技能，为初创企业明确市场定位、制订营销方案；能设计科学的管理制度，对初创企业的人、财、物进行有效管理；能分析财务指标，找出初创企业存在的问题并提出改进措施。

素养目标：具备独立思考、积极沟通、团队协作和批判性思维等核心素养；树立诚实守信、遵纪守法的企业经营理念，培养工匠精神；理解企业的社会责任。

项目一 初创企业营销管理

科学的市场营销管理有助于企业明确市场定位，提高市场占有率，实现可持续发展。由此，初创企业不仅能适应市场需求，而且能赢得客户忠诚度，拓展销售渠道，提高竞争力。

任务一 明确企业的市场定位

课前任务

1. 请同学们思考：你希望在学习、生活和工作中获得他人怎样的评价？在纸上写下3～4个关键词进行描述。

2. 座位相邻的两名同学分别用3～4个关键词交流自己对对方在学习、生活和工作方面的印象，需举例说明。

3. 邀请1对同学在全班进行分享。

4. 同学们讨论：你如何看待自己希望得到的评价与他人对你的真实评价之间的差距？出现差距的原因是什么？面对市场竞争，企业如何在消费者心中建立起与竞争对手不同的形象，吸引更多消费者的持续关注？

5. 教师总结。

知识储备

市场营销管理是企业把所有的人力、物力、信息、财力等科学地组织起来满足消费者的需求，并不断调整以适应环境变化的活动。具体而言，市场营销管理过程包括以下四步。

第一步，明确市场定位，选择目标市场。企业根据顾客不同的消费特征将市场细分，然后根据自己的资源优势选择目标市场，进行市场定位。

第二步，规划营销策略。以顾客的需求为出发点，根据市场购买力和期望值，有计划地组织各项营销活动。

第三步，制订营销计划。针对选定的目标市场，根据企业的营销目标制订营销计划。

第四步，执行营销计划。将营销计划付诸行动，通过对时间、资金、人员等资源的调配实现营销目标。

一、市场定位的步骤

市场定位，就是突出企业及其产品在市场中的新颖性、显著性和差异性，使其在顾客心目中建立起与竞争对手及其产品有所不同的形象的活动。进行市场定位，首先要了解市场中竞争对手的定位、其提供的产品有什么特点；其次要了解顾客对该类产品各种属性的重视程度；最后还得考虑企业自身的实力，有些产品属性虽然受顾客重视，但如果企业力不能及，也不能成为市场定位的目标。

企业的市场定位可以通过三个步骤来完成，即进行市场细分、选择目标市场和确定市场定位。

（一）进行市场细分

进行市场细分就是按照消费者的收入水平、职业、年龄、文化程度、购买习惯、偏好等，把整个市场划分成若干个需求不同的子市场。任意一个子市场都是一个拥有相似需求的顾客群体。

细分出的子市场应该满足以下条件。

（1）可衡量，即表明该细分市场特征的数据资料必须能够加以衡量。比如，在电脑市场中，产品质量相同的情况下，有多少人更关注价格，有多少人更重视外观，有多少人兼顾几种特性。

（2）可实现，即企业凭借目前的人、财、物和技术等资源条件，可以通过适当的营销策略占领目标市场。

（3）可盈利，即所选择的细分市场中有足够的需求量且有一定的发展潜力，能使企业赢得长期稳定的利润。

（4）可区分，即不同的细分市场的特征可以清楚地加以区分。例如，女性服装消费市场中的细分市场可以按年龄和流行偏好加以区分。

（二）选择目标市场

目标市场的选择是指明确企业应为哪一类顾客服务，满足他们的哪一种需求，这是企业在营销活动中的一项重要工作。企业从众多细分市场中选择一个或几个具有吸引力、有利于发挥企业优势的细分市场作为自己的目标市场，综合考虑产品特性、竞争状况和自身实力，针对不同的目标市场选择不同的营销策略。

（三）确定市场定位

企业通过针对目标顾客的心理进行营销设计，创立品牌，或让企业在目标顾客心目中形成某种形象或某种个性特征，使顾客对其产生深刻的印象，从而取得竞争优势。

案例分享6-1

施乐（Xerox）和佳能（Canon）是复印机市场里的两大巨头，但两家企业的定位不同。早期的施乐一反传统复印机企业惯常采取的低溢价销售方式，选择大企业作为主要客户，以直销的经营方式将高端设备租给客户，一举打开市场，跻身世界500强行列。佳能则瞄准了中小企业和家庭，产品更多侧重于满足商务办公和家用的需求，通过经销商网络提供质量好且价格便宜的复印机，一举攻占80%以上的中低端市场。施乐和佳能在顾客群体、营销策略上存在明显差异，甚至可以说是背道而驰，但它们各取其道，在各自的目标市场中获得了成功。

二、市场定位的依据

企业可从以下方面进行市场定位，在顾客心目中塑造独特的企业和产品形象，并为之确立市场价值。

（1）市场分析。依据企业有能力进入，且需求未被充分满足的细分市场进行定位。

（2）顾客分析。依据企业能够给予顾客的差异化利益进行定位。

（3）产品分析。依据企业提供的产品或服务的特点、用途或使用场景进行定位。

（4）竞争分析。依据企业区别于竞争对手的优势进行定位。

温馨提示

市场定位的核心是帮助企业找准自己的竞争优势。然而在实践中，随着市场环境的变化和竞争压力的增强，产品或服务的优势可能会变弱，甚至丧失，企业也会面临再定位的问题。所以，进行市场定位不是一劳永逸的，要根据目标市场的变化进行相应的调整。

三、市场定位的主要方法

针对不同的产品，企业运用的市场定位方法也存在一定差异。市场定位的主要方法如图6-1所示。

图6-1 市场定位的主要方法

1. *差异定位法*

初创企业可以从产品的差异点入手进行市场定位。差异明显，就容易吸引顾客的注意力。根据差异点的不同，差异定位法又可以分为产品差异定位法、服务差异定位法、人员差异定位法和形象差异定位法。

2. *主要属性/利益定位法*

顾客购买并使用产品是为了获取价值，包括产品本身的价值，也包括产品的形象价值和外延价值等。因此，不同的企业、不同的产品都可以成为主要属性/利益定位的基础。一般说来，对低端产品应该从其本身的价值和成本出发，对高端产品则适宜从产品之外的价值和品位出发。

案例分享6-2

创小优在校外开了一家“格子铺”商店。以往的格子铺只是简单地将商品放置在不同的格子里售卖，创小优则是把格子出租，然后代替租客销售他们的物品。为了更好地迎合市场需求，挖掘潜在租客，提高商品成交量，创小优对自己的格子铺做了更精准的定位。第一，店面面积在20平方米左右，采用视觉冲击力较强的设计，把墙壁设计成黑色，格子设计成白色，利用黑白对比突出商品。第二，购买相关软件，以电子扫码的方式销售租客的物品，便于管理。第三，积极采纳租客的意见。对于有益的提议，一旦采纳，便给予租客100元奖励。第四，保护租客利益以吸引更多租客。如果租客获利没有达到格子的租金，格子铺将返还其租金和销售额的差价。差异定位和利益定位让这家子铺的商品与消费者的利益产生了联动反应，取得了很好的经济效益。

3. 产品使用者定位法

找出产品确切的使用者，会使定位在目标市场中显得更突出。如Boss直聘“找工作，我要跟老板谈”的广告语深入人心。其虽然简单直接，却直指产品的使用者，在他们心中留下了深刻印象。

4. 使用定位法

对产品的使用地点、使用方式、使用时间做特别的定位。如“小饿小困，喝点香飘飘”这句看似简单的广告语成功创造了奶茶的休闲场景属性，从而建立起新的消费场景。

5. 分类定位法

产品往往不是和某一特定竞争对手竞争，而是要和众多同类产品竞争，可以通过分类定位，明确产品和同类产品的区别。如德邦物流是以大件快递为核心业务的综合性快递和物流供应商，“大件快递找德邦”的广告语不仅将德邦物流与其他快递服务公司区别开来，还突出了其在长途运输方面的优势。

6. 针对特定竞争对手定位法

这是一种直接针对某个竞争对手的竞争定位方法。小微企业常用的一种方法是避强定位法。这是一种避开强有力的竞争对手的市场定位方法，能够让企业迅速地在市场中站稳脚跟。但也有一些比较有实力的企业在成立初期就瞄准在市场中占据支配地位的竞争对手进行定位，一旦成功，就能取得巨大的市场优势。

案例分享6-3

《中国老龄产业发展报告（2021—2022）》显示，到2050年，我国老年人口的消费规模将增长到106万亿元左右，成为全球老龄产业市场中潜力最大的国家。足力健于2015年正式成立，瞄准“老人鞋”这一细分品类，为老人提供专业老人鞋，目前旗下老人鞋品类有爸爸鞋、妈妈鞋、旅游鞋、健步鞋、美利奴羊毛鞋等，充分满足了老人在各个使用场景下的需求。

足力健内部成立了用户洞察中心，深度分析用户需求，围绕痛点对产品进行设计和研发，通过采集老人脚型数据研发出了适合中国老人脚型的“专业老人鞋鞋楦”，并成立多功能纳米新材料老人鞋服应用协同创新中心，多措并举，不断提升产品专业性，为老人提供“好穿、舒适、合脚”的产品。截至2023年6月，足力健老人鞋在产品外观、鞋底、鞋垫等方面获得了335项专利。有了专利赋能，足力健的“爆品”获得了较好的数据反馈。以美利奴羊毛鞋为例，该产品已累计销售超570万双。足力健的产品屡获“全国老人鞋销量第一”认证，市场对该品牌的认可度很高。

任务二 制定企业营销策略

课前任务

1. 教师准备多种瓶装水和饮料，全班小组分为两半，一半小组每组分别选择一种向另外一半小组进行一对一推销，在10分钟内推销出去即为成功。对推销成功的，教师给予积分卡奖励。

2. 推销小组分享使用的营销策略和广告语，被推销小组分享接受或不接受推销的原因，被成功推销的小组分享打动自己的营销策略和广告语。

3. 思考：制定营销策略需要考虑哪些因素？

4. 教师总结。

温馨提示

营销策略是为达到企业总体经营目的而确定的行动方针和具体计划。制定营销策略时，不得夸大宣传、贬低同业，不得违法乱纪，不得破坏市场秩序。

知识储备

一、营销策略

市场营销组合策略又被称为4P营销组合策略，由美国的麦肯锡归纳提出。他认为市场营销的考虑因素有四个：产品（product）、价格（price）、渠道（place）和促销（promotion）。市场营销组合策略由企业根据市场需要灵活选择。

（一）产品策略

产品策略是企业在其产品营销整体战略确定后所采取的一系列有关产品的具体营销策略。在制定产品策略时，首先要明确企业要为消费者提供什么样的产品或服务来满足他们的需求。这是企业4P营销组合策略的基础。

1. 产品的整体概念

产品是指能被提供给市场，用于满足人们某种欲望和需求的物品，包含效用、质量、式样、品牌、包装、服务等因素。产品的整体概念包含核心产品、形式产品、期望产品、延伸产品和潜在产品五个层次（图6-2）。

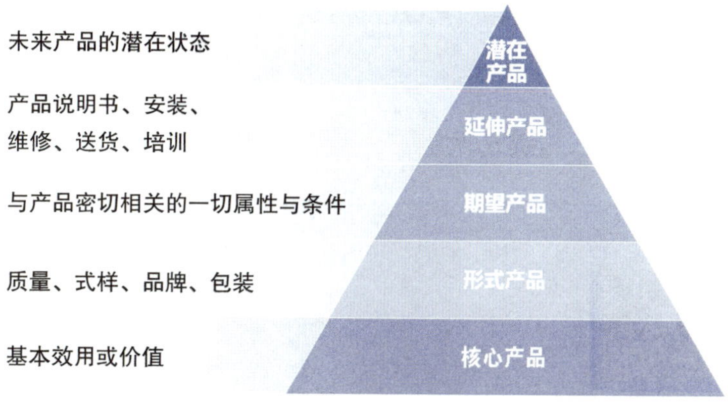

图6-2　产品的整体概念

2. 产品生命周期策略

产品从进入市场到最终退出市场的全过程称为产品的生命周期，一般可分为导入期、成长期、成熟期和衰退期四个阶段。

在生命周期的不同阶段，产品的市场占有率、销售量、利润是不一样的。导入期产品销售量增长较慢，利润多为负数；当销售量迅速增长，利润由负变正并迅速上升时，产品进入了成长期；经过快速增长，销售量逐渐趋于稳定，利润增长处于停滞状态，说明产品成熟期来临；当销售量加速递减，利润也较快下降时，产品便步入了衰退期。

研究产品生命周期对企业营销活动具有十分重要的意义。企业应根据市场变化及数据分析预测产品的生命周期阶段，针对处在不同生命周期阶段的产品制定不同的营销策略（表6–1）。

表 6–1 不同阶段的市场特点及营销策略

生命周期阶段	市场特点	营销策略
导入期	只有少数消费者购买产品，销售量小，促销费用和制造成本都很高，竞争不太激烈	快速掠取策略，即高价强促销； 缓慢掠取策略，即高价弱促销； 快速渗透策略，即低价强促销； 缓慢渗透策略，即低价弱促销
成长期	大部分消费者已熟悉产品，销售量快速增长，竞争对手不断进入，市场竞争加剧	改进和完善产品； 寻找新的细分市场； 改变广告宣传的重点； 适时降价
成熟期	市场饱和，销售状况平稳，市场占有率变动不大，突破比较困难	市场改良策略，即通过开发产品的新用途和寻找新的消费者扩大产品销售量； 产品改良策略，即通过提高产品质量、增加产品功能、改进产品样式和包装、提供新的服务来吸引消费者
衰退期	销售量迅速下降，消费者兴趣转移，多数企业无利可图	维持策略； 转移策略； 收缩策略； 放弃策略

3. 品牌策略

品牌是企业的无形资产，信誉良好的企业品牌大都具有很高的经济价值。企业的品牌保护通常有如下三种方式：品牌的法律保护、品牌的经营保护、品牌的社会保护（表6–2）。

表 6–2 企业品牌保护的常见方式

品牌保护方式	主要内容
品牌的法律保护	法律保护有两个方面，一方面是对形成商品特质的精神结果的保护，另一方面是对体现这一特质的外部标识的保护
品牌的经营保护	企业经营者在具体的营销活动中所采取的一系列维护品牌形象、保持品牌市场地位的活动
品牌的社会保护	包括传媒的保护、社会团体的保护、政府的保护及消费者的保护等，综合性极强，目的是把全社会的力量动员起来实现品牌保护

（1）品牌的法律保护。常见的品牌法律保护方式有三种，如表6–3所示。

表 6–3 品牌的法律保护方式

法律保护方式	主要内容
申请商标注册	申请商标注册时，应注意申请使用联合商标和防御商标。 联合商标指同一商标所有人在相同或类似商品上注册的几个相同或者近似的商标，有的文字近似，有的图形近似。联合商标以其中的一个商标为主，称为主商标，亦称为正商标，目的是防止他人仿冒或注册，从而更有效地保护自己的商标。联合商标具有作用和功能上的特殊性，其中的某些商标闲置不用，也不致被撤销。 商标所有者为了防止他人在不同类别的商品上使用其商标，而在不同类别的商品上将其商标分别注册，此种商标称为防御商标。此种商标一经注册，不会因其闲置不用而被撤销
阻止他人恶意注册商标	发现他人恶意注册商标时，可依法向国家商标局提出异议。在恶意注册商标公告期内，企业可以通过异议程序阻止恶意注册，保护自己的合法权益
认定驰名商标	《中华人民共和国商标法》规定，认定驰名商标应当考虑下列因素：相关公众对该商标的知晓程度，该商标使用的持续时间，该商标的任何宣传工作的持续时间、程度和地理范围，该商标作为驰名商标受保护的记录，该商标驰名的其他因素

（2）品牌的经营保护。不同的品牌所面临的内部和外部环境有差异，经营者采取的保护活动也各不相同。但是不论采取何种经营活动对品牌进行保护，都必须遵循以下原则（表6-4）。

表 6-4 品牌经营保护的原则

经营保护的原则	主要内容
以市场为中心，全面满足消费者需求	品牌的经营保护是与消费者的兴趣、偏好密切相关的。消费者的“口味”是不断变化的，这就要求品牌随之做出相应的调整，维持高质量的品牌形象。质量是品牌的灵魂，高质量的品牌往往拥有较高的市场占有率
严格管理，锻造强势品牌	对企业品牌进行全方位的严格管理，以保持和提升品牌竞争力，使品牌更具活力和生命力，锻造出市场中的强势品牌
采取差异化策略，进行品牌再定位	品牌定位不是一成不变的。随着消费趋势的变化，消费者的兴趣变化、偏好转移，以及市场占有率的变化，需要不断采取差异化策略，对品牌重新定位
不断创新，锻造企业活力	创新是企业品牌的灵魂，是企业经营保护中最为有效的策略。创新是一个系统工程，包含观念创新、技术创新、质量创新、管理创新、服务创新、市场创新、组织创新、制度创新等
保持品牌独立性	品牌独立性是指品牌占有权的排他性、使用权的自主性及转让权的合理性等。只有保持品牌独立性，才能保持品牌形象，使品牌不断发展壮大
运用品牌延伸策略，主动进攻，捍卫品牌阵地	品牌已成为企业最有力的竞争砝码。品牌要寻求更大发展，往往是通过品牌延伸和品牌扩张进行的。品牌延伸和品牌扩张有许多优势，例如，可以节省宣传推广费用，吸引原有品牌的追随者，使新产品迅速进入市场，可以在较大范围内调动企业的人力、物力资源

案例分享6-4

三只松鼠的崛起不仅仅是因为口味好，更是因为其成功的品牌打造。第一，打造品牌形象，以“小清新”的萌宠风格为主导，吸引年轻消费者。第二，加强广告宣传，运用各种广告宣传手段，比如电视广告、微信群发、微博宣传，增强品牌的市场影响力。第三，包装设计追求质感，以“小清新”风格为主，辅之以特色细节，让消费者眼前一亮。第四，凭借适中的价格获得良好的消费者口碑和市场份额。第五，以专业的团队和监控体系进行全链路、全方面、深层次的产品质量把关。第六，提供良好的售后服务、物流配送服务，以及独特的产品使用指南，让消费者体验优质服务。

（3）品牌的社会保护。品牌保护不仅是企业自己的事，更是全社会的事，是一项综合性极强的系统工程，需要全社会共同行动起来（表6–5）。

表 6–5　品牌社会保护的方式

社会保护方式	主　要　内　容	关　键　点
传媒保护	利用媒体的力量制造舆论，对品牌进行保护	应立体化建设媒体渠道，包括电视、广播、出版物、微博等； 企业应形成媒体公关危机预案，以应对品牌建设过程中的负面事件
政府保护	政府根据产业或行业发展的战略部署要求，通过实施多种形式的企业培育计划，实现具有影响力的品牌建设，促进经济和社会的发展	技术创新、绿色经济价值、科学的创新管理模式等是树立具有公信力的企业品牌形象的关键要素； 政府的政策推动力对品牌保护有着极其重要的作用
法律保护	在市场经济环境中，通过引入法治轨道有效保护企业品牌	立法保护和司法保护； 有取得商标使用权、维护商标权益、选用适当商标形式等方式
消费者保护	通过强化消费者的消费理念，让消费者具备主动进行品牌保护的意识，积极维护自身权益，打击假冒伪劣商品	积极参与社会上的品牌保护行动； 及时维权，打击假冒伪劣商品； 利用消费人群的基数、消费者的主人公权利，从消费受害者向消费维权者、消费主导者过渡，推动品牌的发展

（二）价格策略

制定最优的价格对初创企业来说是巨大的挑战。要制定科学合理的定价策略，根据消费者心理及竞争状况等因素做出判断与选择。

1. 定价因素

初创企业必须对企业成本进行核算、分析、控制和预测，同时根据市场结构、市场供求等，考虑如下因素进行产品定价。

（1）产品成本：定价不能低于成本，且应有一定的利润。

（2）市场需求：供不应求时，定价可以较高；供过于求时，则应降低定价。

（3）物价政策：定价时应考虑国家的物价政策。

（4）定价目标：考虑企业通过定价要达到的特定目的，例如获得最大利润、快速占有市场、树立高端的形象、对付竞争对手。

（5）市场竞争：考虑行业定价或竞争对手同类产品的价格。

2. 定价方法

（1）成本加价法。以企业的完全成本为计算基础，加上一定的利润和税金来制定价格，公式为：

$$商品售价=完全成本\times（1+成本加成率）$$

（2）竞争导向定价法。企业根据行业产品的平均价格制定本企业的产品价格。在竞争激烈的情况下，这是一种与同行和平共处、比较稳妥的定价方法。

案例分享6-5

小高从某高职院校毕业后开了一家社区宠物店。为了挖掘客户，他想到将宠物店的部分宠物服务上架网络平台，但在定价方面有些纠结：定价高了，他担心没有客户；定价低了又担心赔钱赚吆喝，不利于长期经营。于是他请教了创业导师。创业导师提醒他，可以在抖音、美团等平台上搜索同城的社区宠物店都提供哪些产品和服务，参考其已售出的团购数量（即产品和服务的需求量），结合自家宠物店产品和服务的成本价，设计1～3个不同价位的套餐。这样，套餐的定价既参考了已有市场数据，又控制了成本，不同价位的套餐也满足了消费者的不同需求。

（3）需求导向定价法。企业按照消费者对商品及其价值的认识程度和感受定价，也可以依据消费者能够接受的最终价格，计算出自己经营的成本和利润后，逆向推算出产品的定价。批发商和零售商多采取这种定价方法。

3. 定价策略

（1）折扣定价策略。这是企业为调动各方面积极性或鼓励消费者做出购买行为的常用策略，常见的有以下三种：① 数量折扣定价策略，即根据消费者购买数量的多少给予不同的折扣；② 季节折扣定价策略，一般在有明显的淡、旺季的行业中采用；③ 现金折扣定价策略，目的在于鼓励消费者尽早付款，加速企业资金周转。

（2）新产品定价策略。一是高额定价策略。企业在新产品刚上市时把价格定得尽可能高，以期及时获得较高的收益，在产品生命周期的初期便收回研制开发新产品的成本，并获得较高的利润，之后随产品的成长逐步降低价格。二是低额定价策略。与高价策略截然相反，企业在向市场推出新产品时，尽量把价格定得低一些，采取薄利多销的方法，在市场中慢取利、广渗透。

（三）渠道策略

渠道反映了产品如何被消费者获取。影响销售渠道选择的因素如下：① 产品因素，包括产品价值量、产品重量和体积、产品的式样和时尚程度、产品是否易腐、产品的技术服务水平等；② 市场因素，包括市场的大小、消费者的购买习惯、市场销售的季节性和时间性、竞争对手的销售渠道等；③ 企业本身的因素，包括企业的规模和声誉、管理者的能力和经验、对销售渠道的控制程度等。

常见的销售渠道包括直接渠道和间接渠道。直接渠道中，企业采用产销合一的经营方式，产品从生产领域转移到消费领域时不经过任何中间环节；间接渠道则是指产品从生产领域转移到消费领域时要经过若干中间商的销售渠道。

直接渠道有销售及时、中间费用少、便于控制价格、便于及时了解市场、有利于提供服务等优点，但会使企业花费较多资金、人力，所以消费面广、市场规模大的产品不宜采用这种渠道。间接渠道由于有中间商加入，企业可以利用中间商的知识、经验和关系起到简化交易，缩短买卖时间，集中人力、财力和物力用于发展生产，增强产品的销售能力的作用。两者的适用情形如表6–6所示。

相关链接

全渠道趋势

表 6–6 直接渠道和间接渠道的适用情形

直接渠道的适用情形	间接渠道的适用情形
市场集中，销售范围小； 产品技术性强或者制造成本和售价差异大； 产品易变质或者易破损； 企业管理能力较强，经验丰富，财力雄厚，或者需要高度控制市场营销	市场分散，销售范围大，如大部分消费品； 产品技术性弱或者制造成本和售价差异小，不易变质、破损，如日用品、标准品； 企业缺乏市场营销的技术和经验，管理能力较差，财力薄弱，对市场营销的控制要求不高

（四）促销策略

促销是指企业利用各种信息载体与目标受众进行沟通的传播活动，包括广告促销、人员推销、营业推广、公关活动等。

1. 广告促销

广告是企业以促进销售为目的，付出一定的费用，通过特定的媒体传播商品或劳务等有关经济信息的大众传播活动。广告的作用一是宣传，目的在于诱发消费者的初级需求；二是劝说，目的在于使消费者建立对某一特定品牌的选择性需求；三是提醒，目的在于保持消费者对某产品的记忆。

广告媒体主要有报纸、电视、网络、广播、杂志、户外广告、手机App等（表6-7）。在选择时，必须考虑几个因素，如目标受众的习惯、产品性能和特点、媒体特点、费用、竞争对手的广告策略等。

表6-7　广告媒体的选择

媒体	优点	局限性
报纸	灵活、及时，市场覆盖面大，接受广泛，可信度高	制作质量相对不高，时效短
电视	市场覆盖率高，平均费用低，能结合视听	绝对费用高，内容繁杂，宣传短暂，受众选择性差
网络	速度快，制作成本低，不受时空限制，动态、及时，反馈的可测性强，与受众的互动性强	点击率不高，宣传范围受限，技术要求高
广播	地区和受众选择性强，费用低	只有听觉效果，宣传短暂，吸引注意力效果差，受众分散
杂志	地区和受众选择性强，可信度高，制作质量好，受众阅读时间长	购买版面费用高，位置无保证
户外广告	灵活性强，复现率高，费用低，不受竞争对手干扰	受众选择性差，创造性差，难修改，时效性差
手机App	达到率、接受率、精准度高，便利性强	受众体验感差，易受到排斥

温馨提示

广告需要精准推送，否则容易费时、费力、费钱，最终无功而返。选择合适的广告媒体十分重要。可以通过市场调研了解目标消费群体获取产品信息的习惯。

2. 人员推销

人员推销是由企业推销人员直接向消费者推销商品或服务的活动。推销人员、推销对象和推销品是人员推销的三个基本要素。人员推销的特点包括直接面对消费者、针对性强、反应及时、便于开展关于复杂信息的沟通和交流等。

3. 营业推广

营业推广是指在一定的时间内刺激消费者或中间商迅速或大量购买某一特定产品的促销活动。营业推广的形式主要包括以下几种：折价券、赠品、抽奖（寄名抽奖、建议抽奖、购物抽奖等）、免费样品（逐户赠送、邮寄赠送、点面分送、附在产品上、函索赠送等）、减价优待（以旧换新、廉价包装、包退包换等）。

4. 公关活动

公关活动是指企业为了获得社会公众的了解和信赖而进行的各项活动。它运用现代信息传播的科学、技术和艺术手段，把有关企业及其产品的信息传递给社会公众，扩大企业在社会上的影响，树立良好的企业形象，从而为企业的生存和发展形成良好的外部环境。开展公关活动一般要经过图6-3所示的环节。

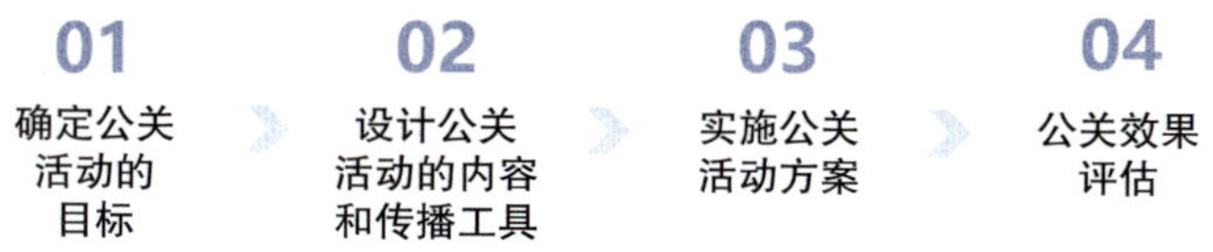

图6-3　公关活动的实施过程

二、网络营销

以互联网为媒介进行的营销活动都可称为网络营销。网络营销贯穿企业开展网上经营的整个过程，包括信息发布、信息收集、网上交易等。网络营销是一种新经济消费趋势，目前，我国的电子商务市场呈现高速增长。2023年网络零售额为15.42万亿元，连续11年居世界首位。

（一）网络营销的特点

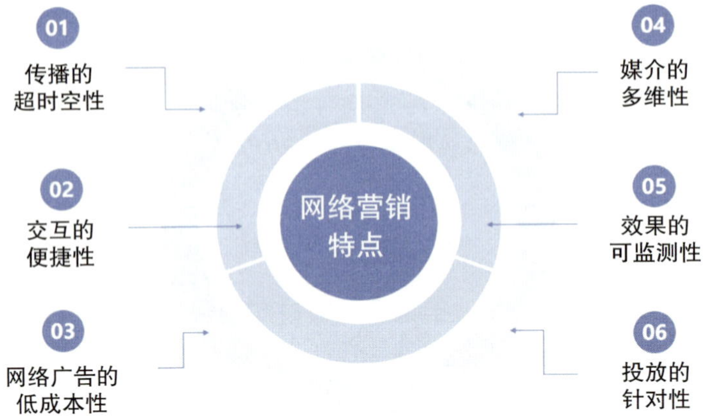

图6-4 网络营销的特点

网络营销的特点如图6-4所示。

1. 传播的超时空性

利用互联网，人们可以突破时间和空间的限制进行信息交换，这使得企业与消费者可以不受时空的限制而展开交流，并拥有了更多的时间和更大的空间来进行交易。

2. 交互的便捷性

利用互联网不仅可以展示产品信息，而且可以实现企业和消费者之间的双向沟通。企业可以通过网络收集消费者反馈的意见和建议，从而切实地、有针对性地改进自己的产品和服务。

3. 网络广告的低成本性

传统广告制作成本高，投放周期长；而网络广告制作周期短，成本低，可以根据消费者的需求快速投放。

4. 媒介的多维性

互联网上的信息不局限于文字形式，声音、图像、流媒体等形式的信息都可在互联网上进行传播。营销人员可以充分发挥创造性、能动性，以多种形式展示产品信息，打动消费者。

5. 效果的可监测性

利用传统媒体做营销工作，很难准确地知道有多少人接收到了营销信息。而在互联网上，可以通过流量统计系统精确统计出每个广告有多少个用户访问过，以及这些用户查阅的时间分布和用户的地域分布，从而帮助企业准确评估营销效果，审视营销投放策略。

6. 投放的针对性

通过提供免费服务，网站可以建立起用户数据库，收录用户的地域分布、年龄、性别、收入、职业、婚姻状况、爱好等信息。这些资料可以帮助企业分析市场与消费者，有针对性地投放广告，并进行跟踪分析，对广告效果做出客观、准确的评价。

（二）初创企业开展网络营销的方法

初创企业除了在线下做好产品或服务的销售，还可以根据企业产品或服务的特点，利用网络营销来拓展市场。网络营销的优势在于能够给企业提供直接面向消费者的平台，这不仅降低了企业的销售成本，使企业获得更大利益，还能突出产品的价格优势，缩短了产品流通的时间。初创企业的网络营销可以采取以下方法（图6-5）。

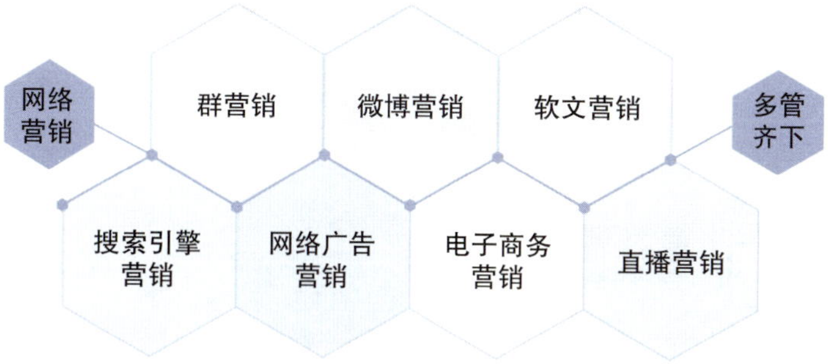

图6-5　常见的网络营销方法

1. 群营销

现在网络上充满了各式各样的群，如QQ群、微信群。目前国内最热的是微信群，其用户数量多且功能强大，资源十分丰富，可以利用这些群进行网络营销。

2. 微博营销

目前最知名的微博是新浪微博。微博营销除了可以将信息传递给访客和粉丝，还可以提高搜索引擎对企业信息的收录数量。

3. 软文营销

软文营销是一种十分省钱的营销方式。在原创文章中巧妙地透露企业和产品信息，使目标群体并不觉得你是在做广告，却还是在潜移默化中受到影响。软文营销需要借助群营销、微博营销等才能发挥作用。

4. 搜索引擎营销

搜索引擎营销是一种见效快、费用高的网络营销方法。企业通过在百度、搜狗等搜索引擎中投放关键词广告，进行付费推广、品牌推广等，占据搜索引擎的有利位置，吸引消费者的注意力。

5. 网络广告营销

企业可以在行业网站、门户网站、地方网站和广告联盟等上投放企业广告。广告的形式根据企业具体情况可以为文字、图片和视频等。

6. 电子商务营销

这里所说的电子商务营销指的是企业建立独立的直销电子商务平台，如海尔商城、国美电器商城，或者依托第三方电子商务平台建立网上商店，如在阿里巴巴、淘宝网等平台上开网店。

7. 直播营销

从广义上讲，可以将直播营销看作以直播平台为载体开展的营销活动，这是可以达到强化品牌形象、增加销量目的的网络营销方式。直播营销具有参与门槛低、内容多样化等优势。可以通过各种社交媒体平台进行直播，例如在微信、微博、抖音等平台上直播，吸引更多的观众和粉丝，提高品牌知名度和曝光率。此外，还可以通过网络直播平台进行直播，如斗鱼、虎牙、B站，吸引更多的观众，提高品牌知名度和用户黏性。

案例分享6-6

创小新家中有大片桃园、梨园。一到桃、梨成熟季，创小新就会四处宣传，通过朋友圈售卖家中水果，靠着不错的产品和口碑积累了一定客户。但是，由于水果成熟期较为集中，容易出现在一段时间内桃、梨大量成熟，难以及时卖出的问题。在老师的鼓励下，创小新决定在抖音平台上进行直播。他先是对已掌握的客户群体进行直播预告，然后开始在水果大量上市期连续直播。在直播间里，他采用折扣券、抽奖等促销方式吸引客户。通过一段时间的努力，创小新家果园今年的销售业绩较往年翻了一番。

随着互联网的发展及营销方式的多样化，企业网络营销必将衍生出更多的工具和方法。各种网络营销方法均可自成体系，也可以互相帮衬、互相配合。

案例分享6-7

东方甄选网络营销的主要渠道包括以下几种。一是建设官方网站。东方甄选拥有官方网站，这是品牌展示和产品销售的重要渠道。二是借力社交平台。东方甄选在各大社交平台上进行宣传，包括微博、微信、抖音等。三是联合电商平台。东方甄选在各大电商平台上进行产品销售，如天猫、京东、苏宁易购。四是特色直播销售。东方甄选会利用直播形式进行产品销售，吸引更多消费者的关注。

项目二 初创企业财务管理

精确、高效的财务管理是企业健康发展的基石。通过科学的财务规划和管理，企业可以实现资金的有效利用，确保运营资金充足，降低财务风险。同时，对财务数据的准确记录和分析有助于创业者了解经营状况，制定合理的经营策略，及时调整经营方向。初创企业应重视建立健全的财务管理体系，以此推动企业稳健发展。

任务一 制定企业财务管理制度

课前任务

1. 请同学们介绍《学生手册》中的管理制度，想想学校为什么要制定这些管理制度，这些管理制度是从哪些方面对我们的行为进行约束和管理的。

2. 请同学们思考：如果要对你的企业进行财务管理，你会制定哪些管理制度？为什么？

3. 教师总结。

知识储备

财务管理是企业管理的重要组成部分，是以健全的企业财务体系为基础，根据国家相关法规、制度，按照财务管理的原则，遵循资金运用规律，对企业资金的获取、使用及分配进行预测、决策、计划、控制、核算和分析，提高资金使用效率的活动。创业者应树立以下财务管理理念。

一是货币时间价值观念。货币是有时间价值的，一定量的货币在不同时点上具有不同的经济价值。创业者必须重视由于时间差异而形成的货币价值差异，尤其是在通货膨胀或货币贬值的时期。

二是效益观念。筹资时要计算资金成本；投资时，一要考虑资金安全，二要测算投资收益率。既要“开源”，又要“节流”。

三是风险观念。风险不仅指损失的不确定性，还包括盈利的不确定性。企业财务风险贯穿于生产经营的整个过程中。

一、财务管理制度的内容

为适应企业管理需要，提高财务管理和会计核算水平，规范企业日常财务行为，逐步实现规范化、制度化、信息化的科学管理，发挥财务管理在企业经营管理和经济效益获取中的作用，初创企业要依据《中华人民共和国会计法》(以下简称《会计法》)、《企业会计准则》等法律法规，制定适合企业发展的财务管理制度。

企业类型、规模大小、经营范围存在差异，制定的财务管理制度也会有所不同。总的来说，财务管理制度的具体内容就是针对企业特点，对财务管理职责、资金来源与使用、资产分类管理、内部控制等方面的规定（表6-8）。

表 6-8 企业财务管理制度的内容

内　容	具　体　说　明
总　则	包含企业为什么要制定财务管理制度，依据什么法律法规制定财务管理制度，制定财务管理制度的原则和宗旨，以及制度执行日期等纲领性的内容
会计核算与财务控制	明确企业财务部门、会计和出纳等财务岗位的职责，包含财务计划的严格执行、审批手续（借款、报销等）的办理、印章的使用和管理等方面内容
预算管理	预算是对企业未来的盈亏、财务、现金等方面做出的全面规划。对于希望提高经营效率、规避财务风险的企业而言，进行全面预算管理是非常有必要的。做好预算管理的前提是对权益财务和费用财务之间的关系有深入了解
货币资金管理	货币资金是企业的血液，事关企业的生产经营等一系列经济活动。如何筹措、使用、调节、盘活企业资金，使其保值、增值是财务管理制度的重要内容

（续 表）

内 容	具 体 说 明
固定资产管理	一般企业都会有固定资产，其中生产型企业的固定资产更为可观，有厂房、机器、运输工具及其他与生产经营有关的设备、工具等。要对企业固定资产进行分类管理，计提折旧、定期盘点，杜绝遗失隐患
费用支出管理	实施费用支出管理可以有效地控制企业各项支出，避免不必要的支出，提高资金使用效率和经济效益。尤其是非生产性费用开支，如果不妥善控制，轻则造成浪费，重则影响成本控制。这些费用包括差旅费、业务招待费、福利费、医药费、宣传广告费、其他杂费等
会计档案管理	会计档案是企业管理层决策的重要参考，是企业内部审计、外部审计和企业纳税的重要依据，需要规范管理，以保证企业财务管理的合法性和可靠性。根据《会计法》的规定，企业应当建立会计档案，对企业的财务状况、经营成果、现金流量等进行记录和保存
其 他	可根据企业类型和实际情况设置其他相关制度

二、制定财务管理制度的流程

一般而言，财务管理制度的制定基本遵循以下流程（图6–6）。

1. 明确财务管理目标

企业的创立起点不同、发展阶段不同，对财务管理的要求也不同。因此，制定企业财务管理制度的第一步就是明确财务管理目标。要根据企业发展规划目标，如利润最大化、股东财富最大化、企业价值最大化、相关者利益最大化等明确财务管理目标。

图6–6 制定财务管理制度的一般流程

2. 确定财务管理制度的具体内容

有了明确的财务管理目标，接下来就是结合企业发展需要，确定具体的财务管理制度内容。通常情况下，其内容包括总则、会计核算与财务控制、预算管理、货币资金管理、固定资产管理、费用支出管理、会计档案管理等。但是具体到财务管理要求，各企业会有较大区别。比如生产型企业对预算的管理要求更加全面，以便对生产计划做出合理规划。

3. 制定财务管理制度

明确了企业财务管理目标和财务管理制度的具体内容，接下来就是制定财务管理制度。可以咨询专门为企业提供财务咨询服务的个人或公司，结合企业需求量身定制。

4. 修订与完善

任何一项制度都需要适时修订、完善，企业财务管理制度也是如此。随着企业不断发展壮大，其经营范围会不断拓展，对财务管理的要求也会越来越高。要根据企业发展情况对财务管理制度进行及时的修订与完善。

任务二 掌握企业财务状况

课前任务

1. 请同学们思考：判断一个人是否健康，有哪些指标可以参考？

2. 请同学们讨论：判断一个企业发展得是否健康，有哪些指标可以参考？发展健康的企业的财务状况是什么样的？如何评估一个企业的财务状况？

3. 教师总结。

知识储备

一、记账

记账是每个初创企业都避不开的问题。大多数初创企业规模小，业务简单，雇佣专职会计负责记账势必会增加企业成本，加重企业负担，所以很多企业都会选择代理记账。两者的优劣势对比如表6–9所示。

表 6-9 专职会计和代理记账的优劣势对比

业务形式	优势	劣势
专职会计	专人专岗，沟通更方便； 除记账外，还可承担发放工资、缴纳社保费用等工作	人员成本高； 存在信息外泄的风险； 如产生离职等变动会导致工作中断
代理记账	节省人员相关的直接成本； 经验丰富，可实现专业化、规范化服务； 不受人员变动的影响； 安全、保密	代理记账公司良莠不齐，可能出现财务混乱或报税不及时等情况，对企业造成损害

相较于专职会计，代理记账在专业性、节约费用、保密等方面更具有优势。

一般来说，代理记账公司能为创业者提供基础服务及部分特定服务，如表6-10所示。

表 6-10 代理记账公司的服务内容

服务类型	服务内容
基础服务	代购发票、记账凭证及账簿； 核定税种并报税； 建账、记账、结账
特定服务	进行报表分析，提出管理建议； 出具审计报告； 进行纳税筹划； 进行投资项目税收评估； 申报研发费； 出口退税

代理记账的市场环境较为复杂。要找到正规的代理记账公司，应关注其是否满足以下条件：

（1）有营业执照；

（2）有代理记账许可证；

（3）有固定的办公场地和设备；

（4）人员结构合理且齐全，有经理、外勤会计、记账会计、审核会计等；

（5）做账总负责人的资质好，一般应是拥有多年行业经验的会计师或注册会计师，熟悉各个行业；

（6）硬件设备齐全，有专门用于做账的电脑并安装了相应的财务软件，配备打印机、读卡器等设备。

寻找代理记账公司时，还需要注意以下事项。

（1）与代理记账公司签订正式的委托代理合同。如不签订委托代理合同，就难以明确代理过程中双方的权利和义务，会增加沟通成本，导致责任划分不清。签订委托代理合同时一定要做到严谨。

（2）检查代理记账公司的相应材料。代理记账公司必须有代理记账许可证，人员应有相应的会计证，还要做相应的备案。企业选择代理记账公司时可以检查其是否有这些必要的材料，以免出现问题。

（3）核实代理记账公司的办公场所。有无办公场所在一定程度上可以反映出代理记账公司的业务是否稳定。目前代理记账行业的市场容量非常大，有些小公司收费较低，但往往欠缺经验。可以通过核实其有无办公场所加以分辨。

（4）查看公司员工人数和配置。这同样是对代账公司是否专业的考查。要查看公司是否有外勤会计、记账会计、税务会计、审核会计等人员。

（5）了解其业内口碑。口碑好的公司办理业务比较畅通、方便，而在税务和工商部门留有“黑底”、口碑差的公司办理业务非常麻烦，容易影响业务进度。

以上选择代理记账公司的技巧可以让创业者避免一些麻烦。待企业成长壮大之后，再着手招聘专职会计也不迟。

温馨提示

财务软件是对企业会计资料通过电子化、信息化模式进行记账管理的应用程序。常用的财务软件有金蝶财务软件、用友财务软件等。使用财务软件除了可以避免会计人员工作出现差错，提高会计核算效率，还可以规范企业财务管理，提高企业的管理水平和效益。

二、成本收益

（一）成本核算

1. 成本核算的作用

成本核算是成本管理工作的重要组成部分，它是对企业在生产经营过程中产生的各种耗费根据一定的对象进行分配和归集，以计算总成本和单位成本的活动。成本核算的正确与否，直接影响企业的成本预测、计划、分析、考核和改进等工作，同时也会对企业的成本决策和经营决策的正确性产生重大影响。

成本核算过程是对企业生产经营过程中的各种耗费进行如实反映的过程，也是为更好地实施成本管理而进行成本信息反馈的过程。因此，成本核算对企业成本计划的实施、成本水平的控制和目标成本的实现起着至关重要的作用。

2. 成本核算的方法

成本核算是企业管理和财务核算中最重要、最复杂的工作之一。常用的成本核算方法有如下几种（图6-7）。

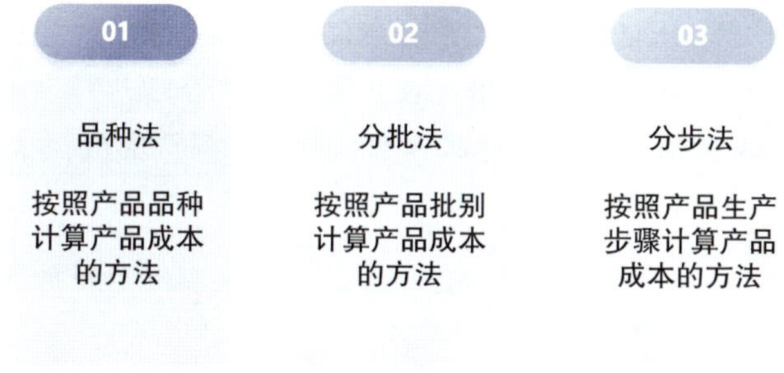

图6-7 常用的成本核算方法

（1）品种法。它主要适用于大量大批的单步骤生产的产品的成本核算。管理上不要求分步骤计算成本的多步骤生产的产品的成本核算也可采用品种法。

（2）分批法。它主要适用于单件小批生产的产品的成本核算，如精密仪器、专用设备等的成本核算，也可用于一般制造企业的新产品试制、试验性生产、设备修理作业等的成本核算。分批法的主要特点是不按产品的生产步骤，而只按产品的批别（分批不分步）计算成本，通常不涉及完工产品和在生产产品的成本分配问题，产品生产周期和成本计算期一致。

（3）分步法。它主要适用于大量大批的多步骤生产，如冶金、纺织、造纸及大量大批的机械制造的产品的成本核算。分步法的主要特点是不按产品的批别计算产品成本，而是按产品的生产步骤计算产品成本。

（二）收益性分析

收益性分析即将投入和产出联系起来，对企业获利能力进行的分析。收益性分析是以资金利润率这一指标为中心展开的。资金利润率的计算公式为：

$$资金利润率=\frac{利润}{资金平均占用额}\times 100\%$$

进行收益性分析，需要用总收入减去总成本，获得利润。总收入是所有销售收入的总和，包括现金销售收入和信贷销售收入。总成本是所有成本的总和，包括直接成本和间接成本。利润是企业获得的净收入，可以用来评估企业的经济效益。在进行收益性分析时，还要考虑纳税。

温馨提示

纳税筹划并不是偷税漏税，而是正常、合法的活动。常见的筹划方法主要有利用税收优惠政策、合理选择企业组织形式、采用折旧方法、合理选择收入确认时间、确认费用扣除标准等。

大赛直通车

参加创新创业大赛时，收益性分析的内容一定要充分体现出财务管理的全面性和企业盈利的合理性。

三、财务报表

财务报表是企业对外提供的反映企业财务状况、经营成果、现金流量等会计信息的文件。按照会计准则编制的财务报表能够为企业现有和潜在的投资者、债权人及其他使用者提供决策所需的财务信息。

（一）常用的财务报表

财务报表形式多样，种类较多。最能体现企业财务状况的财务报表有三种：资产负债表（表6–11）、利润表（表6–12）和现金流量表（表6–13）。

表 6-11 资产负债表

会企01表

编制单位： ____年____月____日 单位：元

资　　产	期末余额	上年年末余额	负债和所有者权益（或股东权益）	期末余额	上年年末余额
流动资产：			流动负债：		
货币资金			短期借款		
交易性金融资产			交易性金融负债		
衍生金融资产			衍生金融负债		
应收票据			应付票据		
应收账款			应付账款		
应收款项融资			预收款项		
预付款项			合同负债		
其他应收款			应付职工薪酬		
存货			应交税费		
合同资产			其他应付款		
持有待售资产			持有待售负债		
一年内到期的非流动资产			一年内到期的非流动负债		
其他流动资产			其他流动负债		
流动资产合计			流动负债合计		

（续 表）

资 产	期末余额	上年年末余额	负债和所有者权益（或股东权益）	期末余额	上年年末余额
非流动资产：			非流动负债：		
债权投资			长期借款		
其他债权投资			应付债券		
长期应收款			其中：优先股		
长期股权投资			永续债		
其他权益工具投资			租赁负债		
其他非流动金融资产			长期应付款		
投资性房地产			预计负债		
固定资产			递延收益		
在建工程			递延所得税负债		
生产性生物资产			其他非流动负债		
油气资产			非流动负债合计		
使用权资产			负债合计		
无形资产			所有者权益（或股东权益）：		
开发支出			实收资本（或股本）		
商誉			其他权益工具		
长期待摊费用			其中：优先股		

（续 表）

资　　产	期末余额	上年年末余额	负债和所有者权益（或股东权益）	期末余额	上年年末余额
递延所得税资产			永续债		
其他非流动资产			资本公积		
非流动资产合计			减：库存股		
			其他综合收益		
			专项储备		
			盈余公积		
			未分配利润		
			所有者权益（或股东权益）合计		
资产总计			负债和所有者权益（或股东权益）总计		

表 6-12　利润表

会企02表

编制单位：　　　　____年____月____日　　　　单位：元

项　　　目	本期金额	上期金额
一、营业收入		
减：营业成本		

（续表）

项目	本期金额	上期金额
税金及附加		
销售费用		
管理费用		
研发费用		
财务费用		
其中：利息费用		
利息收入		
加：其他收益		
投资收益（损失以“–”号填列）		
其中：对联营企业和合营企业的投资收益		
以摊余成本计量的金融资产终止确认收益（损失以“–”号填列）		
净敞口套期收益（损失以“–”号填列）		
公允价值变动收益（损失以“–”号填列）		
信用减值损失（损失以“–”号填列）		
资产减值损失（损失以“–”号填列）		
资产处置收益（损失以“–”号填列）		

（续 表）

项目	本期金额	上期金额
二、营业利润（亏损以"–"号填列）		
加：营业外收入		
减：营业外支出		
三、利润总额（亏损总额以"–"号填列）		
减：所得税费用		
四、净利润（净亏损以"–"号填列）		
（一）持续经营净利润（净亏损以"–"号填列）		
（二）终止经营净利润（净亏损以"–"号填列）		
五、其他综合收益的税后净额		
（一）不能重分类进损益的其他综合收益		
1. 重新计量设定受益计划变动额		
2. 权益法下不能转损益的其他综合收益		
3. 其他权益工具投资公允价值变动		
4. 企业自身信用风险公允价值变动		
……		
（二）将重分类进损益的其他综合收益		
1. 权益法下可转损益的其他综合收益		
2. 其他债权投资公允价值变动		

（续 表）

项　　　　目	本期金额	上期金额
3. 金融资产重分类计入其他综合收益的金额		
4. 其他债权投资信用减值准备		
5. 现金流量套期储备		
6. 外币财务报表折算差额		
……		
六、综合收益总额		
七、每股收益：		
（一）基本每股收益		
（二）稀释每股收益		

表 6-13　现金流量表

会企 03 表

编制单位：　　　　____年____月____日　　　　单位：元

项　　　　目	本期金额	上期金额
一、经营活动产生的现金流量：		
销售商品、提供劳务收到的现金		
收到的税费返还		
收到其他与经营活动有关的现金		

（续 表）

项　　目	本期金额	上期金额
经营活动现金流入小计		
购买商品、接受劳务支付的现金		
支付给职工以及为职工支付的现金		
支付的各项税费		
支付其他与经营活动有关的现金		
经营活动现金流出小计		
经营活动产生的现金流量净额		
二、投资活动产生的现金流量：		
收回投资收到的现金		
取得投资收益收到的现金		
处置固定资产、无形资产和其他长期资产收回的现金净额		
处置子公司及其他营业单位收到的现金净额		
收到其他与投资活动有关的现金		
投资活动现金流入小计		
购建固定资产、无形资产和其他长期资产支付的现金		
投资支付的现金		
取得子公司及其他营业单位支付的现金净额		

（续 表）

项　　目	本期金额	上期金额
支付其他与投资活动有关的现金		
投资活动现金流出小计		
投资活动产生的现金流量净额		
三、筹资活动产生的现金流量：		
吸收投资收到的现金		
取得借款收到的现金		
收到其他与筹资活动有关的现金		
筹资活动现金流入小计		
偿还债务支付的现金		
分配股利、利润或偿付利息支付的现金		
支付其他与筹资活动有关的现金		
筹资活动现金流出小计		
筹资活动产生的现金流量净额		
四、汇率变动对现金及现金等价物的影响		
五、现金及现金等价物净增加额		
加：期初现金及现金等价物余额		
六、期末现金及现金等价物余额		

（二）财务报表的编制步骤

在会计核算过程中，填制和审核会计凭证是开始环节，登记账簿是中间环节，编制报表是终结环节。要让财务报表反映真实、准确、完整的会计信息，在编制过程中要特别注意两点：一是要确保原始凭证真实无误；二是要进行财产清查，以确保账账相符、账实相符。财务报表的编制步骤如图6–8所示。

图6–8　财务报表的编制步骤

温馨提示

编制报表是专业财务人员的工作。对创业者而言，要掌握的不是编制财务报表的方法，而是读懂财务报表的能力。

（三）财务报表数据分析

不同的财务报表的反映区间、呈现状态和体现价值不同，如表6–14所示。

财务报表可为决策者提供财务信息。通过对三大财务报表的分析可以掌握企业的经营情况，避免让财务管理引发企业危机。

表 6–14　常见财务报表的内容

报表类型	反　映　区　间	呈现状态	体　现　价　值
资产负债表	某一特定日期	静态报表	企业的长期偿债额能力、短期偿债能力、运营能力和成长能力
利润表	一定会计期间（月/季度/半年度/年度）	动态报表	企业的盈利能力、成长能力和成本费用管理能力
现金流量表	一定会计期间（季度/半年度/年度）	动态报表	企业的经营活动、筹资活动和投资活动

1. 资产负债表分析

根据“资产+负债=所有者权益”的理论，我们可以从资产负债表中看出企业的真实家底、资产结构，以及是否存在负债过多的情况，从而判断企业的运转是否正常。

温馨提示

重资产一般指企业拥有的有形财产，如厂房、原材料，需要的资本投入较多，在制造类企业更受重视。轻资产则反映了企业紧抓关键业务，将非核心项目外包出去的趋势，多见于服务类企业，其依靠品牌效应获取高额利润。初创企业在重资产投入上要格外慎重，以防生产性变动造成资源浪费。即使是制造业企业，也要注意轻重资产的搭配。

2. 利润表分析

通过分析利润表，由净利润可以得知真实的盈利额，根据利润总额可判断各类业务的盈利能力，根据年度环比可以确定本年度业绩的完成度。

3. 现金流量表分析

企业的筹资、投资及整体运营都离不开对现金流的管理。对现金流量表中涉及企业的偿债、支付、盈利、运营等能力的数据进行综合考量，才能做出准确的判断。对现金流量表的分析体现了企业对现金管理的重要性的认知和行动方向，好的现金流管理体现出来的卓越财务思维是企业发展的“王牌”。

大赛直通车

财务报表是进行财务分析的基础，参赛者一要关注数据的准确性和可预估性，二要关注财务报表所反映出的问题的多样性。其实，这些反映的都是企业的偿债能力、运营能力、盈利能力。大赛中，一定要在充分论证的基础上，让评委通过财务报表感知到企业筹钱、用钱、赚钱的可持续性。

项目三 初创企业人力资源管理

有效的人力资源管理可以帮助初创企业吸引、培养和留住优秀的人才，提高员工的工作满意度、忠诚度和团队的凝聚力、工作效率。初创企业应当重视人力资源管理，将其纳入企业整体战略规划，以促进企业的可持续发展。

任务一 制定企业人力资源管理制度

课前任务

1. 假设有一家旅行社，年会上，领导提出了下一年度的工作目标，希望下一年度业绩能有所增长，并对员工们提出了具体要求；行政人员向领导表示工作任务重，提出要增加人手；导游投诉计调人员（旅行社内负责安排接待计划、统计相关信息和有关业务调度的人员）工作滞后，导致游客投诉，影响业务的正常开展；计调人员则表示工作压力大，想要离职。请同学们分别扮演这几种角色，从自己角色的立场说说自己的工作感受和希望。

2. 请同学们讨论：这家旅行社要想持续健康发展，应该建立怎样的人力资源管理制度？

3. 教师总结。

知识储备

随着知识经济的发展，企业管理者越来越意识到人才是企业最重要的资源，招聘到人才、激励好人才，会为企业带来巨大的财富。因此，人力资源管理在企业中的地位越来越重要。

人力资源管理即对人力资源的配置和利用，包括人力资源预测和规划、人力资源使用与绩效考核、人力资源的投资、人力资源管理的制度建设和人力资源的保护等。它是企业管理的重要组成部分，可以为实现企业愿景提供有力的人才支持。任何企业的发展都离不开有效的人力资源管理。

初创企业组织结构简单、决策权高度集中、执行力强且市场反应速度较快，但是容易出现核心团队人手不够，难以兼顾多项工作的情况。首要任务之一就是雇佣人力资源管理者，尽快形成稳定而健康的内部管理体系。人力资源管理可以为初创企业正常且长期运营提供必要的支持，其作用如图6-9所示。

图6-9 人力资源管理的作用

一、人力资源管理制度的内容

企业人力资源管理工作具有全员性、全局性、持续性的特点，涉及人员招聘、培养、留用、变动等方面，制度化管理更有利于全面开展人力资源管理工作。好的企业人力资源管理制度可以帮助企业招聘到合适的员工，调动员工的积极性，使其发挥出最大潜力和价值。

人力资源管理制度是基于企业战略、企业文化及发展需求诞生的服务于企业的规范制度。一般说来，企业的人力资源制度包含七个方面（图6-10）。

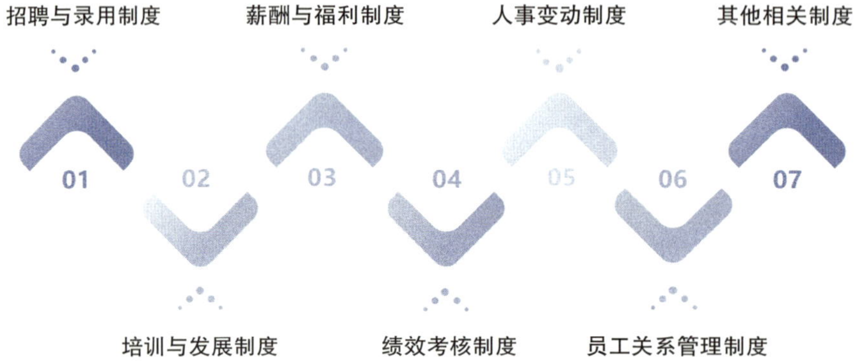

图6-10 人力资源管理制度的基本内容

1. 招聘与录用制度

企业发展的核心竞争力是人才。招聘是企业获取优秀人才的重要一步，也是人力资源管理必不可少的环节。

拥有优秀的员工，才能推动业务开展、提升企业竞争力。可以说，招聘与录用制度在人力资源管理制度中占据十分重要的地位，制定该制度前一定要明确招聘的目的和标准，例如员工需要掌握哪些技能、有哪些背景或经验，以便更精准地帮助企业找到合适的人才。

2. 培训与发展制度

培训与发展制度为员工提供了一系列机会，有助于提高员工的专业素养和创新意识，提供给员工更广阔的个人发展空间，提升员工的忠诚度和责任感。良性的培训与发展制度可以让员工更好地发展，提升员工的个人综合竞争力。

3. 薪酬与福利制度

薪酬与福利制度涉及员工最关心的问题。合理的薪酬与福利制度不仅能提高员工的工作积极性和忠诚度，还能提升企业的整体竞争力。

薪酬的构成多种多样，包括基本薪资、绩效工资、激励工资、福利等，可以从岗位、能力、业绩等多维度进行考虑。常见的薪酬模式如表6–15所示。

表 6–15　薪酬模式

薪酬模式	以职位为基础	以能力为基础	以业绩为基础
适用对象	管理人员、职能人员、一般工作人员	研发人员、其他知识技能型员工	销售人员、其他业绩易于衡量的员工
表现形式	基础工资+职位/职务工资	基础工资+技能工资	基础工资+佣金/计件工资/绩效工资/奖金

案例分享6–8

一家创业小有成就的科技公司举办了一场豪华年会。在年会上，领导嘉奖了业绩表现出色的优秀员工，给予其1 000～3 000元不等的奖励。为了活跃现场气氛，领导还特意设置了转盘抽奖环节，给予中奖者最新款电脑、高档手机、豪华7日游等奖品。没想到，年会结束不久，就有核心员工陆续离职。对此，领导百思不得其解：公司在抽奖环节花了那么多钱，员工却不买账，说走就走，这是怎么回事？领导百般打听，终有一名离职员工说出了真心话：表彰优秀员工的奖金比起抽奖的奖品来说价值远远不如，领导奖励的是运气，而不是实实在在的贡献。

4. 绩效考核制度

绩效考核制度能够将员工的个人绩效与企业的战略目标相结合，保证员工的工作成果与企业利益相符，从而提高企业的整体绩效。企业应该根据不同岗位的性质、特点和职责制定相应的考核指标，对员工的工作情况进行定期考核和评价。考核的方式要科学合理，还要尊重员工的感受。考核的评价标准和机制要公平。企业还应对考核的结果不断进行优化，以适应企业的发展和员工的需求。

温馨提示

初创企业的绩效考核要做到精兵简政、关键有效。为了追求管理精细化而实行全面的绩效考核，往往会让大量的考核材料、调研数据影响业绩，增加人力成本。

5. 人事变动制度

人事变动制度是为了优化企业组织架构，提高员工工作效率和充分度，根据相关绩效考核结果，进一步规范企业内部员工的人事调动而制定的制度。其制定一定要严格依据国家法律法规和有关政策，不可出现损害员工权益的内容。

6. 员工关系管理制度

这是关于企业员工关系整体管理的制度，是规范管理员工的依据。员工关系管理制度是员工行为规范的总则，可以提升管理的效率。

7. 其他相关制度

企业的行业属性、经营规模和发展阶段不同，存在所处环境和战略定位的差异，会使得制度的具体内容和设计有一定出入，例如有的企业需要制定保密制度、档案管理制度等。

企业应该根据自身实际情况，制定适合自己的人力资源管理制度，且适时加强人力资源的管理和开发，提升综合竞争力。综合而言，建立合理高效的人力资源管理制度对于企业来说是至关重要的。企业应该采用多种手段和策略建立完善的人力资源管理制度，以确保企业的持续发展。

案例分享6-9

小王是个敢想敢干的创业青年。为了实现创业梦想，大学一毕业，他就依靠自己拥有的几项自动化技术专利和发明开始了创业，由于技术过硬，很快就成立了自己的团队，公司发展日新月异。看到小王的创业如此顺利，家里的亲戚找上了小王，希望跟着小王“挣大钱”。小王觉得不好拒绝，于是把几个亲戚招进了公司。没想到，一来，亲戚们没有经历过学历和工作经验的审核，根本干不好公司里的工作；二来，公司里的员工觉得小王任人唯亲，不公平；三来，合作伙伴觉得小王的公司以人治为主，主观随意性大，担心合作不规范。对此，小王真是哑巴吃黄连，有苦说不出，只能私下劝退了这些亲戚。

二、制定人力资源管理制度的流程

人力资源管理制度的制定不是一蹴而就的，也不是一劳永逸的，一般要经过五个阶段，并随着企业发展而不断调整。

1. 明确目的

制度是为组织服务的，必须在了解组织的需求的基础上制订人力资源管理计划，明确部门规模、员工数量、员工类型，以及如何对员工进行管理和培训。

温馨提示

不同规模的企业的人力资源管理可以有不同的侧重点。对初创企业而言，预算大多会用于产品的宣传和营销，用于人力资源管理的预算相对有限。因此，明确企业的业务规模的定位问题，对企业的生产能力和销售前景进行合理预测就显得尤为重要。如果预测失当，要么会造成人力资源浪费，要么会出现人员紧张的局面。

2. 明确具体内容

人力资源管理全员性、全局性、持续性的特点决定了其贯穿企业发展的全过程和从人员进入到离开的每一个环节，包括招聘、考核、升迁、培训等。其核心是围绕企业发展愿景和个人成长需求，促成双方形成相互促进、相互成就的关系。

3. 评估和完善

要考虑其与现行法律法规的要求是否相符，以及员工的意见和反馈。审批完成后，公布制度并将其纳入组织规章制度。

4. 实施和执行

通过各种渠道宣传新制度，将其落实到人力资源管理工作中。

5. 监督和改进

定期对人力资源管理制度进行评估和监督，及时发现问题并改进。制定并更新相关规范和程序，确保其与组织的发展和变化相适应，提高人力资源管理制度的落实效果和稳定性。

任务二 招聘与管理企业员工

课前任务

1. 一家文化传媒公司可以设置哪些岗位？请每组同学轮流在黑板上写出可以设置的岗位，直到写不出为止。

2. 讨论：

(1)胜任这些岗位的员工需要有怎样的知识、技能和素质？

(2)每个岗位招聘的人数是多少？如何确定？

(3)怎样才能招到符合岗位需求的员工？

3. 教师总结。

知识储备

企业在初创时期是最需要人才的时候，生产、销售、财务、运营都需要人才，而人才匮乏是初创企业经常面临的困境。无论缺少哪个方面的专业管理人才，都有可能使初创企业这条小舟驶向险滩。人力资源问题的应对主要有以下几种方法。

第一，重视团队建设。由于人员较少，初创企业容易按照团队的原则组织，内部的协调和沟通也比大型企业更加便利和灵活。通过共同愿景的建立、团队内部知识和信息的交流和凝聚力的培育，可以塑造初创企业独特的优势。

第二，将人力资源战略管理制度化。人力资源战略的作用周期相对较长，紧迫性不强，管理者往往有片面忽视的倾向，或者随意性很强。要以制度的形式将人力资源的吸收、开发和使用过程中形成的规范和惯例加以固定，包括员工的聘用制度、培训制度、奖惩制度、沟通制度等。

第三，建立以人为本的企业文化。建立员工参与的组织氛围，鼓励创新，容忍失误。让员工具有主人公的责任感是企业吸引和挽留人才的重要手段。

第四，多种奖惩方式结合。初创企业应该在实现奖惩制度化的基础上，将不同奖惩方式配合使用。除了一般的薪酬激励外，还要关注精神激励和企业文化的作用，加强双向沟通。管理者和员工间的固定化谈心制度、员工建议制度、非正式的沟通、灵活的工作空间、权利的授予都是卓有成效的方式。采取员工持股、智力入股等多样化股权方式也有利于增强企业对人才的吸引力。

第五，开展多元化培训。开展工作实践是最直接和最有效的方式，也可以通过合作的方式进行人力资源利用和开发。尽管初创企业在人力资源投入上不可能与成熟企业相比，但培训的观念、形式和方法可以是多样的。

一、招聘与配置

企业的持续健康发展离不开对人力资源的有效管理。拥有一支素质优良、结构合理、能够满足企业岗位工作要求的人力资源队伍，是企业生存与发展的关键。招聘与配置是企业人力资源管理中最关键的环节，对企业人力资源的引进、使用、管理和开发都起着至关重要的作用，这项工作的好坏直接影响企业的发展。

（一）招聘与配置的含义和意义

招聘与配置是指企业根据岗位要求，通过一定的程序，把具有相应知识、技能和其他特性的人员招募进来并将其安排到合适的岗位上的活动。招聘与配置的过程是企业与个人双向选择和匹配的动态博弈过程，是企业管理最重要的基础之一。要做好企业员工的招聘与配置工作，就需要从企业的实际发展情况出发，制订有针对性的招聘与配置方案，招聘到的员工要具有和企业发展相关的工作技能、认同企业文化、有长期为企业服务的意愿。

从企业内部来说，招聘与配置关系到企业的生存和发展。一个企业只有招聘到合适的员工，把合适的员工安排在合适的岗位上，并在工作中重视员工的培训和发展，才能确保员工队伍的素质适应企业的需要，才能使企业具备有效应对外部激烈竞争的能力。从企业外部来说，成功的招聘活动是一种公关活动，是对企业形象的绝好宣传。招聘信息的发布直至最后的录用，都为企业创造了提升知名度的机会。

温馨提示

人岗匹配就是按照“岗得其人”“人适其岗”的原则，根据素质将不同的人安排在合适的岗位上，从而做到“人尽其才，物尽其用”。企业与个人是一个利益共同体，把个人的作用最大化了，企业也会得到相应的回报；个人只有被安排到适合的岗位上，才能充分发挥才能，实现职业发展。只有人岗匹配，企业和个人才能实现真正的双赢。

（二）招聘与配置的原则

企业必须遵循一定的原则，才能确保招聘与配置工作的有效性（图6-11）。

1. 前瞻性原则

企业不仅要关心所招聘的员工能否胜任当前工作，还要关注企业的长远战略规划，关注员工能否支持企业战略发展目标的实现，从而减小招聘的盲目性，提高招聘工作的效率。

2. 能级匹配原则

企业应本着因职选人、因能量级的原则招聘与配置员工，不可过度追求低成本，造成小材大用，也不可盲目攀比，造成大材小用。在招聘过程中，挑选既能满足岗位需求，又具备提升空间和培养潜力的人才，以此提高员工稳定性，减少员工流失。

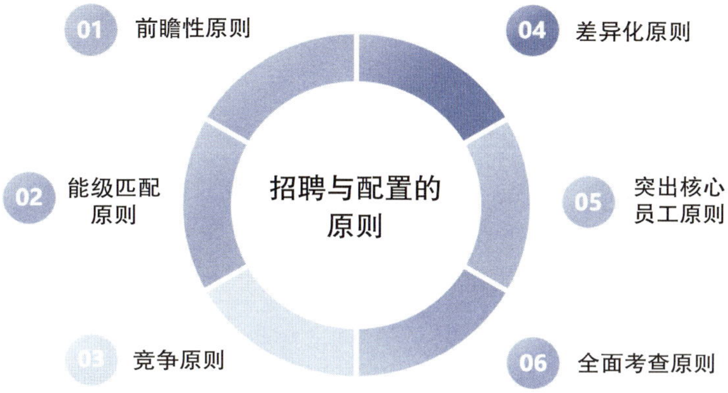

图6-11　招聘与配置的原则

温馨提示

学历虚高的含义，一是高学历的人才大材小用，造成能力浪费；二是高学历的人才由于种种原因（如缺少实践经验、学非所用、工作条件欠缺、工作中人际关系复杂）不能适应岗位的要求；三是一些高学历的人缺少运用知识的能力。企业在扩张时，虽然需要未雨绸缪，进行人才储备，但要防止人才储备带有盲目性或随意性，一味追求高学历，造成人才浪费和人才队伍不稳定。

3. 竞争原则

企业应设计简历分析、结构化面试、心理行为测试等一系列环节来对应聘者进行考核，择优录取。通过扩大招聘面，提升招聘的竞争激烈度，挖掘更优秀的人才。同时，应了解同行竞争对手的招聘职位、招聘规模及招聘策略，有针对性地设计招聘策略，有效提高应聘者的数量和质量。

4. 差异化原则

企业应该针对不同类型人力资源的不同特点及对企业的重要程度，分别采取不同的招聘方法和策略。在招聘面试团队组建、招聘渠道选择等方面，均应根据不同招聘对象的特点有针对性地选择不同的方法和策略。

5. 突出核心员工原则

企业应突出核心员工这一特殊战略性资源的地位和作用，把招聘核心员工作为招聘工作的首要任务，将提高组织绩效、提高组织核心竞争力、促进组织战略目标的实现作为企业招聘员工的中心目标。

6. 全面考查原则

企业应多方位、多角度、分层次地考查应聘者，深入了解其学历、专业、工作经历、培训经历及工作成果，确保所招聘员工的特长和优势与企业的职位、需要和长期发展要求相适应。在招聘时，应更多关注应聘者是否具备良好的综合素质与能力，更多关注复合型人才，综合判断应聘者的潜力。

（三）招聘与配置的流程

企业招聘与配置的工作流程一般包括准备、招募、甄选、录用四个阶段。

1. 准备

企业人力资源规划、工作分析及招聘环境分析都是招聘准备工作的内容。在完成以上工作的基础上，企业开展招聘与配置工作前还应该做好以下准备工作。

首先，初创企业要根据发展的实际需要，确定招聘的需求。其次，招聘前需要做一份完备的招聘计划，在招聘人数、岗位要求、招聘时间、甄选方法等方面考虑以下问题。

（1）企业需要开展哪些业务？成立哪些机构或部门？

（2）各机构或部门需要配备什么样的人才？配备数量是多少？

（3）需要的人才来自哪里？如何快速引进他们？

（4）如何让人才在企业中安心工作并发挥作用？

（5）一般员工的数量、来源、工作内容是怎样的？

（6）如何确定人才和一般员工的薪酬福利待遇？

2. 招募

招募是企业采取适当的方式寻找或吸引能胜任工作的应聘者前来应聘的工作过程。人员招募是比较重要的环节，招募工作做得不好，就会导致应聘者数量不多并且质量不高，企业无人可选。人员招募工作主要有两项任务：一是选择合适的招聘渠道发布招聘信息；二是接受应聘者的咨询，收集求职材料。

发布招聘信息就是向目标人群传递企业招聘的信息，要分析各种信息发布渠道的效果。信息发布渠道的选择要兼顾覆盖面广和针对性强两个方面。覆盖面广是指接收到招聘信息的人数多，这样人才蓄水池就大，找到合适人选的概率就大。针对性强是指符合特定岗位要求的特定人群能接收到信息，有助于提高招聘的效率和效益。企业应该综合考虑招聘岗位的特点、招聘时间和地点及招聘成本等因素，采取最有效的渠道发布招聘信息。招聘工作人员要及时整理应聘者信息，为下一步开展人员甄选做准备，如果发现应聘者数量不足或质量不高，应及时改变信息发布的渠道和方法。在应聘者提交求职材料后，招聘人员还要及时收集、整理求职材料，为甄选工作提供依据。

3. 甄选

甄选就是采用科学的方法，对应聘者的能力、素质和个性特征等进行全面的了解，从中选出最符合空缺岗位要求的人选。甄选主要由审核求职材料、面试、背景调查和录用决策几项工作构成。

首先是对求职者的求职材料进行审核，排除明显不合适的人选，确定需要进一步面试的人选，并发出面试通知。然后按照预定的面试流程或方案对应聘者进行一系列遴选、测试，选出最合适的人选。对于一些重要或特殊岗位的应聘者，还需要进行背景补充调查或体格体能检查等。上述程序不是固定不变的，需要根据企业的实际情况决定。最后，无论是否录用，企业都应该及时发出录用通知或辞谢通知，一方面避免在激烈的人才竞争中错失良才，另一方面避免耽误应聘者寻找其他工作。

这一环节是整个招聘流程中最复杂、最难的环节，其中测试阶段直接决定了企业招聘工作的效率和效果。目前测试的方法除了笔试和面试这些传统方法外，还出现了心理测试、笔记分析等。这些测试方法各有一定的适应性，企业应该针对不同的岗位选择合适的测试方法。

4. 录用

人员录用工作的主要任务就是根据录用决策的结果，通知录用人员报到，安排上岗前的培训，与之签订劳动合同，并安排一定期限的试用期对录用人员进行实际考查。

在实际工作中，有时招聘与配置工作需要连续进行。有些应聘者刚刚发来简历，有些应聘者刚刚结束面试，有些应聘者则可能已经被录用了。所以招聘人员要不断地对招聘与配置情况进行统计和总结，一方面要及时了解招聘与配置工作的进展及其与工作计划的差距，另一方面要及时发现并解决工作中存在的问题，保证工作任务顺利完成。

二、职业生涯管理

职业生涯管理是企业对员工的职业生涯进行的有目的、有计划的管理，是企业帮助员工在职业上得以进步、事业上得以发展的行为过程。企业要重视员工的职业规划和职业发展，采用多种手段为每一名员工提供使其不断成长、挖掘出最大潜力、拥有成功职业生涯的机会，从而最大限度地发挥员工的能力，在促进员工职业发展、实现职业目标的过程中为企业保留和开发高素质的人力资源，确保企业的可持续发展。

初创企业职业生涯管理的主要内容如下。

相关链接

企业文化

1. 对新员工进行上岗引导和岗位配置

新员工融入企业需要经历一个过程。上岗引导和岗位配置包括向新员工介绍企业所期望其具备的态度、价值观和行为模式等，并为其提供基本的工作信息。如果处理得当，这将有助于减少新员工在上岗初期的紧张不安感。

2. 提供富有挑战性的工作

分配给员工有挑战性的工作，帮助员工学会如何工作，并对其潜能进行考查和测评，对其职业生涯发展做到心中有数，这对企业和员工未来的发展都会产生重要影响。研究发现，员工在工作的第一年中所承担的工作越富有挑战性，他们的工作就会越有效率、越成功。

3. 提供较为现实的未来工作展望

向新员工提供较为现实的关于未来工作的描述，它能够显著提高那些从事相对复杂工作的员工（如管理人员、销售人员、保险代理人员）长期留在企业中的概率。

4. 对员工严格要求，并开展职业生涯规划活动

上级的期望越高，对员工越信任、越支持，员工干得就越好。在员工开始探索性工作的第一年，应当为其安排一名受过特殊训练、具有较好工作绩效并且能够为其提供必要支持的主管人员。企业还应当采取措施，加强员工对他们的职业生涯规划活动的参与。

5. 畅通职业生涯通道，为员工提供更多的职业发展机会

企业人力资源需求状况一般是金字塔形，而且随着组织的扁平化，中层和高层人员的数量更加有限，在这种情况下，给发展到一定阶段的员工创造继续发展的机会，是企业留住员工的关键。

三、员工激励

招人难、留人难一直是中小企业人力资源管理的最大痛点。中小企业因为规模有限、制度不完善、薪资空间不足、招聘渠道有限、品牌影响力弱等问题，很难吸引优秀的人才。好不容易培养好的人才，又往往因为高层职位有限、发展遭遇天花板，在能独当一面的时候被大企业或猎头挖走。

如何让优秀的员工留下来，持续为企业创造价值？通常，企业可以从待遇留人、感情留人、事业留人三个方面进行员工激励，提升人力资源管理水平。

1. 待遇留人

工作待遇一般指员工在雇佣关系中获得的报酬，包括基本工资、奖金、津贴和福利等。通常情况下，这些待遇是员工根据其职位、工作表现和经验等获得的。提升待遇可以改善员工生活，帮助稳定团队和挽留员工，但不可随意提升，要结合薪酬制度、绩效考核制度的实际情况逐步提升。

2. 感情留人

马斯洛需求层次理论直观地告诉我们，人在满足了基本的生存和安全需要的基础上，对归属和爱、尊重的需要会更为明显。开明的老板、志同道合的同事、和谐奋进的工作氛围，在员工心中的分量将越来越重。同样，对于初创团队成员、企业元老、工作五年以上的老员工而言，对单位的情感也将成为其去留选择中的重要砝码。企业要想留住员工，就要有意识、有责任、有力度地营造良好的工作环境。

3. 事业留人

人的最高需要是自我实现的需要。如果企业有前途，人人都愿意留下。企业要建立并完善多通道职业发展阶梯，为员工的发展助力，让员工“不想走，只想留”。

相关链接

模块六自我测试

案例分享6-10

为了吸引人才、留住人才，茑屋书店设计了“三招”。

首先是鼓励创新创造。一次修建分店时，设计师希望使用一种用玻璃钢筋混凝土制成的镶嵌板，这是一种新材料。茑屋书店的创始人第一时间同意了该方案，让整个团队兴奋不已。在这种理念下，各地的茑屋书店都不一样。有充满绿色植物的，有极简主义的，也有青春时尚的。

其次是建立优秀的团队，让员工与优秀的同事共事。在茑屋书店的团队中，参加音乐区设计的员工中有人曾举办过200多场音乐会，参与女性区设计的员工中有人拥有自己的化妆品品牌，参与旅游区设计的员工中有人是游历过上百个国家的背包客。这让员工感受到自己在和世界上最优秀的人一起工作，可以学到更多东西。

最后是鼓励员工走出公司，例如，派遣美食区员工前往美国探访“从农场到餐桌”运动的发起人，获取农产品方面的经验。

以上三招的核心理念就是鼓励员工在工作中遇见“未知数”，让他们感受到自己在茑屋书店可以获得的成长。

创新创业技能提升实训

实训项目一

实训主题	撰写市场营销方案	
实训目标	（1）能从产品、价格、渠道、促销四个方面，为模拟公司的产品（服务）设计市场营销策略； （2）学会解决市场营销实践中的问题，具备良好的职业道德和职业操守	
实训流程与要求	流程与要求	注意事项
	（1）课前，各模拟公司分别收集手机、食品、App、美妆、休闲娱乐等领域某一产品（服务）的市场营销策略，并制作PPT； （2）各模拟公司派代表对PPT进行分享； （3）各模拟公司讨论并形成本公司产品（服务）的市场营销方案初稿； （4）各模拟公司派代表轮流分享市场营销方案，并进行答疑； （5）教师点评各模拟公司市场营销方案中的亮点和不足之处，并予以打分； （6）课后完成产品（服务）市场营销方案（表6-14），完善创业计划书相关内容	（1）各模拟公司将方案要点（条目式）写在大白纸上，便于分享交流； （2）根据汇报内容及答辩质量，奖励汇报模拟公司积分卡； （3）根据提问的质量，奖励提问模拟公司积分卡； （4）按照模拟公司的分数排名并奖励积分卡
实训总结	教师点评	
	学生实训心得	

知识卡片

卡片1：市场定位的关键步骤——进行市场细分

卡片2：营销策略

环境卡片

实训环境选择：选择能够进行开放性活动的场所，配合设计好的情景环境和相关工具进行活动。

资料卡片

产品（服务）市场营销方案（表6-16）

表6-16　×××公司×××产品（服务）市场营销方案

一、营销目标

（续表）

二、产品（服务）

产品（服务）描述	
特 点	
优 势	
目标客户	

（续表）

三、价格策略			
名　称	单价（元）	同类产品（服务）市场价（元）	价格策略

四、销售渠道	
直接销售	
代理商	
经销商	
网络销售	
其　他	

五、促销方案		
促销手段	主要内容	成本预算（元）
广告		

（续表）

公关活动	
人员推销	
营业推广	
其　他	

实训项目二

<table>
<tr><td>实训主题</td><td colspan="2">制定企业财务管理制度</td></tr>
<tr><td>实训目标</td><td colspan="2">（1）学会制定符合模拟公司需求的财务管理制度；
（2）学会解决财务管理实践中的问题，具备良好的职业道德和职业操守</td></tr>
<tr><td rowspan="2">实训流程与要求</td><td>流程与要求</td><td>注意事项</td></tr>
<tr><td>（1）各模拟公司分别选择企业财务管理内容的一方面，结合本公司的财务管理需求制定相关制度，并制作出PPT；
（2）各模拟公司派代表就选择此项财务管理内容的原因及如何制定这项财务管理制度进行分享；
（3）其他模拟公司的成员对该模拟公司的财务管理制度提出意见，该公司成员回答；
（4）教师对各模拟公司的财务管理制度进行点评并提出修改建议；
（5）课后填写企业财务管理制度表（表6-17），完善创业计划书相关内容</td><td>（1）教师对企业财务管理内容进行分类，并对制定制度的注意事项予以说明；
（2）各模拟公司应结合模拟企业情景进行分享；
（3）根据汇报内容及答辩质量，奖励汇报模拟公司积分卡；
（4）根据提问质量，奖励提问模拟公司积分卡；
（5）按照模拟公司的分数排名并奖励积分卡</td></tr>
<tr><td rowspan="4">实训总结</td><td colspan="2">教师点评</td></tr>
<tr><td colspan="2"></td></tr>
<tr><td colspan="2">学生实训心得</td></tr>
<tr><td colspan="2"></td></tr>
</table>

知识卡片

财务管理制度的含义

环境卡片

实训环境选择：选择能够进行开放性活动的场所，配合设计好的情景环境和相关工具进行活动。

资料卡片

卡片1：企业财务部门的职责

企业财务部门主要负责会计、结算、税务、预算、统计、资金、融资、绩效等方面的管理，具体包括财务核算、业务结算、成本管理、税务管理、资产管理、综合统计管理、档案管理、预算管理、资金管理、融资管理、绩效管理等。

卡片2：财务岗位的设置及注意事项

财务岗位一般包括会计、出纳、税务、统计、预算、融资等方面岗位，可以一人一岗、一人多岗或一岗多人。注意，出纳人员不得兼管稽核，会计档案保管，收入、费用、债权债务账目的登记工作；会计人员的工作岗位应当有计划地进行轮换。

卡片3：财务管理红线

会计凭证、会计账簿、会计报表和其他会计资料的内容和要求必须符合国家统一会计制度的规定；不得伪造、变造会计凭证和会计账簿；不得设置账外账；不得报送虚假会计报表。

卡片4：企业财务管理制度表（表6-17）

表6-17　企业财务管理制度表

项　目	内　容
总　则	
会计核算与财务控制	
预算管理	
货币资金管理	
固定资产管理	
费用支出管理	
会计档案管理	
其　他	

模块七 企业内部创新创业

营造企业内部创新创业氛围

了解企业内部创新创业

- 企业内部创新创业的含义及特点
- 企业内部创新创业的价值

建设企业内部创新创业文化

- 企业内部创新创业的影响因素
- 企业内部创新创业的常见失败诱因
- 企业内部创新创业文化的建立

管理企业内部创新创业项目

选择企业内部创新创业的模式

- 企业内部创新创业模式的类型
- 企业内部创新创业模式选择的影响因素

开展企业内部创新创业

- 企业内部创新创业的原则
- 企业内部创新创业的流程

创业不仅仅指创办企业，也可以是在企业内部进行创新创业活动。开展企业内部创新创业能够更加有效地利用资源，实现企业健康、可持续发展的目标。同学们作为将来的企业员工，懂得企业内部创新创业的机理，可以激发潜能，不断提升能力，实现个人价值。这种富有创造性的创新创业形式是每一家企业都应该倡导的，也是每一位同学今后都可以去尝试的。通过在职业生涯中不断创新，我们最终可以实现事业的发展。

引导案例

视源股份是液晶显示控制模块的细分市场龙头，这家企业在过去十几年间取得了飞速的增长，营业收入从2011年的11亿元增加到2024年的201.73亿元，净利润从2011年的0.52亿元增加到2024年的13.70亿元。这离不开视源内部创新创业氛围带来的“第二条增长曲线”。

视源非常重视内部创新创业，营造了一套鼓励创新的企业文化体系，具体体现在管理扁平化、鼓励形成创新业务团队、重视员工股权激励及建设人性化的工作环境等。

视源创造了独特的治理机制。一是员工参与共治的管理机制。这种机制源于视源推崇的自由、平等、包容、分享的管理理念。视源内部推行扁平式的组织架构，各层级之间强调业务责权划分，没有上下级之别。快速、直接的反馈机制大大降低了传播阻力，保证了内部信息的高速传递，提升了员工的工作积极性与创造性。二是利益共享的股权激励机制。视源的股权结构比较松散，没有一股独大的大股东。能力和贡献是报酬及股权分配的依据，人才是公司发展的核心因素。正因为拥有这样的理念，视源才能不断吸引优秀人才加入。视源非常注重员工收益与贡献的匹配，公司股东根据员工的贡献内部协商是否引入新股东或对现有股东所持股权比例进行调整。

学习目标

知识目标：了解企业内部创新创业的含义及特点、企业内部创新创业的模式、企业内部创新创业的原则。

能力目标：能运用所学知识建立企业内部创新创业文化，制定企业内部创新创业流程。

素养目标：养成主动解决问题、诚实守信的职业责任感，爱岗敬业、无私奉献、开拓创新的职业品格和行为习惯。

项目一 营造企业内部创新创业氛围

了解企业内部创新创业可以拓宽我们的职业视野，让我们了解企业的运作机制和管理模式，以及企业如何在日常运营中不断创新，更好地应对未来职业发展中的挑战。

任务一 了解企业内部创新创业

课前任务

1. 分组讨论。

(1)你理解的企业内部创新创业是什么？它对企业和员工各有什么意义？

(2)作为模拟公司的负责人，你认为可以从哪些方面着手营造公司内部的创新创业氛围？可以采取哪些措施推动员工开展有助于实现公司战略目标的创新创业活动？

(3)作为模拟公司的员工，你认为怎样才能在公司中充分展示个人的创新创业能力，实现人生价值？

2. 各小组安排代表分享讨论成果，每组时间3分钟。

3. 教师点评。

知识储备

一、企业内部创新创业的含义及特点

（一）企业内部创新创业的含义

案例分享7-1

企业的发展需要均衡的动力。对于优秀的员工来说，他们不甘于在为企业创造大量利润和业绩的同时，无法满足自身的创业欲望。当企业的成长速度落后于这些精英的成长速度时，企业发展的动力就不再均衡，导致这些员工消沉或者离职。

为了解决这一问题，早在20世纪70年代，许多大型企业就建立了内部创新创业决策机制。近年来，企业内部创新创业已经成为推动经济增长和企业持续、快速发展的主要动力。许多大型企业将其视为一项事关企业未来发展大局的战略任务并提上经营管理日程。企业内部创新创业是企业发展过程中面对外部竞争和企业内部管理问题进行管理变革的产物，是企业开发员工才能的有效途径。

抖音的成功是字节跳动内部创新创业的一个明显例证。字节跳动于2016年创立了抖音，最初这是一款基于短视频内容的社交媒体应用，为用户提供一个创意平台，让他们能够轻松地创建、分享和浏览短视频。字节跳动利用自身的技术和算法能力，为抖音提供更好的用户体验和内容推荐。字节跳动通过对用户需求的敏感洞察、快速迭代的开发模式、技术创新及用户参与的创作机制，成功地将抖音从一个创新创业项目发展成为全球范围内备受欢迎的短视频平台，展示了内部创新创业是如何在企业内部培育出具有巨大商业价值的创新产品的。

企业内部创新创业指企业层面的创新创业活动，是组织内部的个体或群体通过与组织联合创建新的产品或业务机构，推动组织内部战略更新和创新的活动。企业内部创新创业被认为是企业业务增长和战略更新的主要动力，同时也是促进产品、流程、管理创新和业务多元化，以及让企业员工把个人的创新构想转化为集体行为的主要动力。因此，企业内部创新创业对于企业的生存和发展具有极其重要的意义。

企业内部创新创业活动的主体是企业内部具有创新创业精神的成员，通常被称为内部创业者。

温馨提示

不仅大企业需要内部创新创业，小企业更应该如此，从而保持活力，不断发展。

（二）企业内部创新创业的特点

企业内部创新创业的特点主要有五个方面（图7-1）。

1. 创新性

创新反映了企业支持和发展新创意、新技术，以及形成新产品、新服务，开发新行业、新市场的倾向。新业务一般与企业之前经营的业务存在较大差异。对于企业内部创新创业来说，原有业务是新业务开拓的基础和保障，新业务则是对原有业务的延伸和发展。

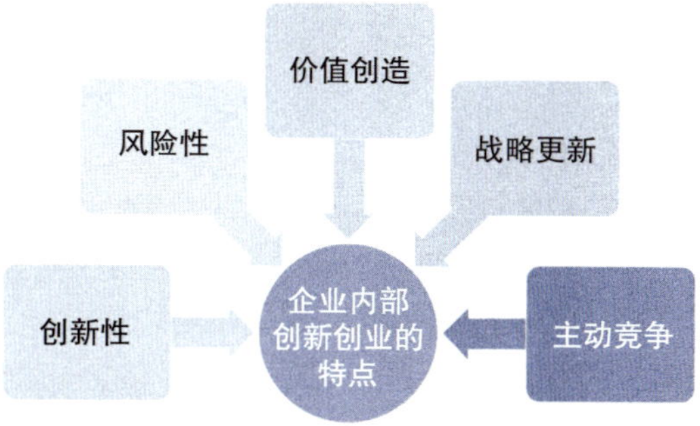

图7-1　企业内部创新创业的特点

2. 风险性

企业内部创新创业具有很强的风险性。无数企业由于进入了不熟悉的领域，在耗费了大量资源后，仍不能在市场上占有一席之地，最后不得不黯然退出。因此，决心实施企业内部创新创业战略的领导者需要具备一定的冒险精神。在企业内部创新创业领域，研究人员开发出了很多分析工具用于分析市场风险。企业创业时也应该进行全方位的战略分析，以降低风险。

3. 价值创造

在企业内部创新创业领域，最大的价值在于创建新业务。成功的企业内部创新创业往往能够为企业带来新的利润增长点，使企业获得长足的发展。

案例分享7-2

腾讯内部的WXG团队致力于促进内部创新创业。在这个团队内，员工被鼓励提出创新点子，并有机会自主建立创新创业项目。微信小程序就是一个典型案例。该项目由WXG团队的成员提出，他们认为移动应用的下载和安装过程对用户来说太麻烦，于是构思了微信小程序，允许开发者在微信平台上开发轻量级应用，用户无须下载即可使用。这一内部创新创业项目最终取得了巨大成功，为微信生态系统带来了新的增长点。

4. 战略更新

在企业内部创新创业领域，为了进入新领域、发展新业务，势必调整旧有的战略模式。领导者需要重新整合资源，考虑企业的发展方向及具体的竞争战略，同时根据新的战略要求进行企业内部调整。

5. 主动竞争

实施内部创新创业战略的企业往往会更为积极地进行竞争。企业进入新领域后，势必对这一领域原有的企业造成威胁。如果企业在原有领域具有较大规模和较强竞争力，对新领域内的企业会造成更大的威胁感。为了成功地进入新领域，企业不能依赖传统的竞争方式，而需要根据新的市场机会，主动出击，塑造环境，影响趋势，甚至通过创造需求来掌握竞争的主动权。

（三）内部创新创业与其他类型的创新创业的比较

企业内部创新创业与其他类型的创新创业有相似之处，也有一些不同，如表7-1所示。

表7-1 企业内部创新创业与其他类型的创新创业的比较

项目	维度	企业内部创新创业	其他类型的创新创业
相似点	创新驱动	都需要以创新精神作为驱动力。在企业内部，员工需要积极提出创意，推动内部创新创业；其他类型的创新创业也需要创新创业者具备创新思维，寻找新的商业模式、解决方案，满足市场需求	

（续表）

项目	维度	企业内部创新创业	其他类型的创新创业
相似点	用户认可	都需要抓住市场机会，能否获得用户认可是成功与否的关键。企业内部创新创业可以通过洞察市场需求，优化产品或服务来实现；其他类型的创新创业则需要发现新的市场机会并创造问题解决方案	
	增强竞争力	都可以增强企业竞争力。企业内部创新创业可以使企业运转更加高效，并保持在市场中的地位；其他类型的创新创业可以帮助企业在新市场中占据优势地位	
	技术与人才	都需要通过技术和人才的引入和使用，实现业务的发展和提升。企业内部创新创业需要企业内部的员工参与，其他类型的创新创业需要创业者具备创新思维和执行力	
不同点	环境与资源	发生在已经存在的企业内部，利用现有的资源、基础设施和人才	可能需要从零开始，寻找外部资源和合作伙伴
	风险程度	通常风险较低，因为它基于已有的企业基础，已经有一定的市场份额和资金支持，具有更稳定的市场和用户群体	可能面临更高的市场不确定性和资金不足的风险等
	创新范围	通常集中在对现有业务的改进和扩展上，以提升效率、优化流程等	可能更多地关注产品、服务或市场的创新
	管理体系	受到现有企业的管理体系和文化影响，通常需要遵循企业内部的流程	创业者可以自主决策，建立全新的组织结构，更自由地塑造企业的管理方式和文化

内部创新创业和其他类型的创新创业各有优势和劣势，适合不同的情境和目标。企业可以通过内部创新创业推动改进和效率提升，独立创业者则可以实现更大范围的外部创新创业。

二、企业内部创新创业的价值

1. 对于企业的价值

当企业成长的时候，其在商业主流领域中寻找机会、实现成长的能力会逐渐减弱。企业必须在相关甚至不相关的领域中发现并且利用机遇。内部创新创业可以帮助企业继续生存，保护其在市场中的地位，使其实现远景目标。同时，企业内部创新创业能够创造出更多有价值的产品，提高工作效率，有效利用企业内部资源优势，强化企业核心能力。

案例分享7-3

海创汇是海尔集团面向全球创业者打造的加速器平台。自成立以来，海尔集团通过搭建开放的大企业创新创业平台，围绕科技创新，探索“有根创业”加速模式，提升创业成功率，已逐步形成大中小企业融通的发展生态。自平台创建以来，海创汇已在全球12个国家布局了40个加速器，汇聚了来自全球的4 000多个创业项目，被工信部确认为第一批支持的为专精特新“小巨人”企业提供服务的公共服务示范平台。

2. 对于内部创新创业者的价值

为何内部创新创业者会选择企业内部创新创业，而不是新建一家企业？一个主要原因是这样能获得快速发展的资源，降低自己面临的风险。企业可以为内部创新创业者提供各种途径来获取现有的技术、品牌及更多的资金，创业者能够从上述资源出发，发挥其潜在的创新创业能力。同时，内部创新创业也能够帮助创新创业者增强工作积极性，在不同功能领域中获得经验，最终将理想变为现实。

相关链接

大学生学习企业内部创新创业的意义

任务二 建设企业内部创新创业文化

课前任务

1. 同学们选择与自己学习专业相对应的行业，通过查找资料，分析该行业近年来的变革趋势。

2. 分组讨论：在不断变化的商业环境中，我们组建的模拟公司应该如何培养创新创业文化，以激发员工的创新潜力，适应市场的变化和需求？请提出具体的、可操作的方案。

3. 各小组派代表汇报分析和讨论的结果，每组时间为3分钟。

4. 教师点评。

知识储备

一、企业内部创新创业的影响因素

1. 领导者

领导者对企业内部创新创业具有举足轻重的作用，领导者的专业技能、决策能力、管理能力及商业经验直接决定了内部创新创业能否成功。同时，领导者在塑造企业文化和激励员工方面也发挥着关键作用，他们的行为和态度决定了员工是否愿意尝试新事物和如何应对失败。

2. 资源投入

资源投入，包括资金、技术、人力等的投入对于企业内部创新创业的影响很大。资金是内部创新创业的关键资源之一，可以用于研发新产品、扩大市场份额、招聘技术人员等。充足的资金可以加速创新创业过程，降低失败的风险。先进的技术和研发能力是创新创业的基础。技术投入可以用于研发新产品、改进生产流程、提高效率等，有助于企业在市场中保持竞争力。具有创新思维和技能的员工是推动创新创业的关键。有能力的员工可以提供创新性的想法来解决问题。

案例分享7-4

“菜鸟网络”是阿里巴巴旗下的物流子公司，专注于解决电商物流和配送问题。阿里巴巴的领导者认识到，物流是电商生态系统中的一个关键环节，需要创新性解决方案。阿里巴巴投入了大量资金、技术和人力资源到“菜鸟网络”中，建设了先进的物流基础设施，包括智能仓储、快递配送和数据分析系统。此外，阿里巴巴还吸纳了物流领域的顶尖人才，包括工程师、物流专家和数据科学家。通过这些资源投入，“菜鸟网络”推动了物流领域的创新，开发了智能仓库管理系统、配送机器人、配送无人机等先进技术。这些创新提高了物流效率，缩短了交付时间，降低了成本，提高了客户体验。“菜鸟网络”的创新在阿里巴巴的电商生态系统中发挥了关键作用，加速了物流行业的数字化转型，提高了整个电商生态系统的竞争力。此外，“菜鸟网络”也进入了国际市场，为全球电商提供物流解决方案，成为企业内部创业创新成功的典范。

3. 市场洞察力

市场洞察力是指对市场趋势、竞争环境和客户需求的深刻理解能力。它有助于企业确定创新创业方向，设计出能满足客户需求的产品和服务，提高企业的市场竞争力。

案例分享7-5

小米作为智能手机和消费电子公司，以注重市场洞察和用户反馈而著称。首先，小米积极鼓励用户参与产品设计，在社交媒体、在线社区和用户反馈平台上收集用户的意见和建议，定期举行线上和线下的用户见面会，听取用户的需求和反馈。其次，小米以快速迭代的方式更新其产品，通过软件更新和新产品版本不断改进和优化产品功能。用户的反馈直接影响了产品的更新内容。最后，小米仔细研究市场需求，根据需求开发新产品，推出不同定位和价位的产品，以满足不同用户群体的需求。例如推出面向中低端市场的Redmi系列智能手机，并在高端市场推出Mi系列。由此，小米在竞争激烈的市场中保持了竞争力，并建立了极高的用户忠诚度。

二、企业内部创新创业的常见失败诱因

1. 企业在初创阶段规模过小

许多企业认为大规模进入一旦失败，损失便会很大，于是更愿意采用小规模进入战略。在这种情况下，企业通常无法提升市场

占有率，由于规模小而没有竞争能力，从而在激烈的市场环境中被淘汰。

2. 产业化程度过低

开展内部创新创业的企业多为高新技术企业，将高新技术的研究成果进一步产业化，满足市场的需求，是其成功开展内部创新创业的关键。许多企业的失败在于过分追求技术成果领先，忽略市场的实际需求，成果产业化程度过低。

3. 战略实施不当

在战略执行的过程中，企业要考虑组织管理问题。企业如果同时支持多项不同的内部创新创业项目，就会导致财力分散，不能保证最佳的创新创业项目产生市场成果。同时，企业还应注意，研究开发的成果并不一定都具有战略价值与市场价值，要在对比后做出正确的决策。此外，企业对项目的时间问题也应该考虑，开发需要长时间才能产生利润的经营业务时，不应该过早转变方向。

三、企业内部创新创业文化的建立

在不断变化的商业环境中，培养内部创新创业文化并激发员工的创新潜力对企业至关重要。企业内部创新创业文化有助于鼓励员工提出新想法、尝试新方法，帮助企业不断推动创新项目和创业精神的发展，提升企业竞争力并推动企业持续发展。一般来说，企业可以通过以下步骤和方法建设企业内部创新创业文化。

（一）明确愿景和长期目标

明确企业内部创新创业的愿景和长期目标是建立创新创业文化的关键一步。企业内部创新创业的愿景和长期目标应该根据企业的性质、行业、市场定位及内部资源情况而定，制定时应考虑以下四个因素。

1. 核心价值观

愿景是对企业未来所要达到的理想状态的描述，应反映企业的核心价值观和愿望。例如，愿景可以是“成为行业领导者，通过创新创业不断推动技术和产品的发展，以满足客户需求，并取得长期成功”。

2. 一致性

长期目标应该是具体、可测量并与愿景一致的，可以从不同维度设定，如市场份额、产品创新性、客户满意度。例如，长期目标可能包括“在未来五年内实现市场份额增加20%”“每年推出至少两种创新产品”“提高客户满意度至90%”“在未来三年内，推出针对客户需求的至少五个创新性解决方案”。

3. 可持续性

愿景和长期目标还应考虑发展的可持续性，包括社会责任、环保和道德方面。例如，长期目标可以包括“在未来十年内，减少碳排放量至零”“参与社区发展项目，以履行社会责任”。

4. 定期修订

愿景和长期目标不是静态的，应该定期评估和修订，检查实现的进展并做出必要的修改，确保它们与市场、行业和企业内部的变化一致。为了实现愿景和长期目标，企业需要确定具体的战略和计划，包括资源分配计划、时间表和关键绩效指标，确保其与愿景和长期目标一致，并将它们具体化。

愿景和长期目标是根据不同企业的需求和特点制定的，它鼓励员工积极参与创新创业活动，以推动企业的成功。这些愿景和长期目标的制定需要全员参与，以确保它们代表了整体的共同愿望和方向。

温馨提示

管理者应积极支持创新创业文化形成，并做出榜样示范。领导者的态度和行为对企业文化有深远影响。

（二）形成创新创业激励机制

形成创新创业激励机制是推动形成企业内部创新创业文化的重要一环，这有助于建立开放的环境，激励员工积极参与创新创业活动，提出新的解决方案，并提供途径让他们将这些方案付诸实践。形成创新创业激励机制可采用以下方法（图7-2）。

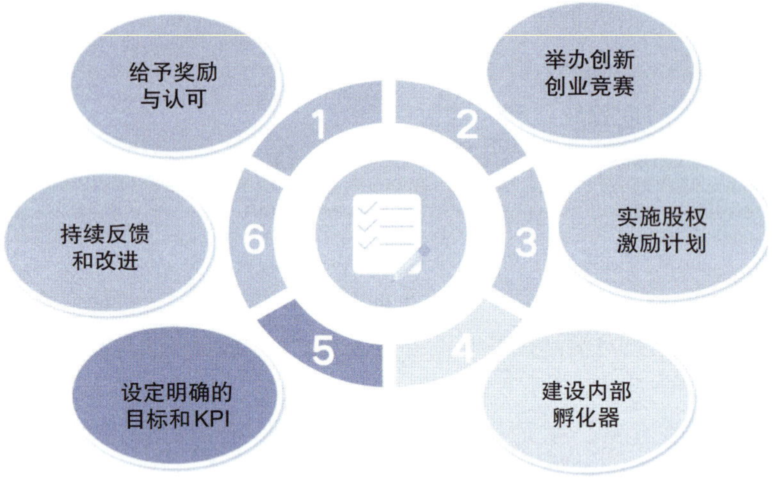

图7-2 形成创新创业激励机制的方法

1. 给予奖励与认可

奖励是一种强有力的激励方式，包括给予奖金、股票期权、晋升和专业发展支持等。奖励应该与创新创业成果直接相关。认可可以让员工感到他们的贡献被看到和赞赏。可以通过公开表彰、内部新闻发布、社交媒体发布等方式表达认可。

2. 举办创新创业竞赛

企业内部可以定期举办创新创业竞赛，鼓励员工提出创新创业项目，获胜者可以获得奖励或资金支持，以推动他们的创新创业项目得以实施。

案例分享7-6

2022年5月11日，中国移动“i创杯”大赛总决赛收官。本次大赛面向中国移动全体员工，最终来自广东公司的“粤动智营”项目和来自云南公司的“豹豹数藏”项目获得金奖。大赛还评选出了4个银奖和8个铜奖。“i创杯”大赛作为中国移动IT（信息技术）领域最重要的创新赛事，是中国移动科技创新成果的孵化场。大赛汇聚了全网IT创新资源，为创新成果搭建了孵化平台、展示平台和推广平台。大赛已累计吸引超6 000名移动员工参与，征集创新项目近1 200个。

3. 实施股权激励计划

提供员工股权或股票期权，使他们能够分享企业成功的成果。这可以激励员工关注企业的长期发展，因为他们的财务回报与企业的状况相关。

4. 建设内部孵化器

提供员工创新创业所需的资源和支持，如办公空间、技术支持、实验室、设备、导师支持、初创资金，以鼓励员工在创新友好的环境中探索新想法，自由思考、合作，以及测试原型和迭代产品，将创意转化为实际的创业项目。

5. 设定明确的目标和KPI（关键绩效指标）

设定创新创业的明确目标和KPI，以便员工了解需要努力达到的标准。这可以帮助员工明确努力和成果对企业的价值。

6. 持续反馈和改进

定期评估激励机制的效果，根据反馈进行调整和改进，以确保机制与企业的目标一致。

此外，建设企业内部创新创业文化还应鼓励不同部门之间的员工合作，共同解决问题和推动创新创业项目，因为创新通常在不同领域的交汇处发生。同时，应积极寻求与外部创新生态系统，包括企业、大学和研究机构等的合作，与外部合作伙伴联合开展项目开发、投资或技术合作，以获取创新的动力。

案例分享7-7

在2023 MWC（移动世界大会）上，华为举行了产品与解决方案创新实践发布会，面向数据通信领域发布了产业数字化网络解决方案的创新实践成果，通过分享领先运营商在该领域的最新成果，为业界提供了从互联网服务提供商向管理服务提供商转型的成功经验，助力运营商抓住数字化转型新机会，激发新增长。

当前，华为产业数字化网络解决方案在全球运营商处已有超过140个应用项目。华为将持续加大对产业数字化网络产品和解决方案的投入，与客户及产业伙伴合作开展更多创新实践。

温馨提示

创新创业伴随着一定的风险，包括项目失败、资源浪费等。企业需要建立适当的风险管理机制，鼓励员工在尝试新事物的同时减少不良后果。

项目

二

管理企业内部创新创业项目

学习管理企业内部创新创业项目有助于同学们理解企业内部创新创业的模式和流程，更好地将创新创业理念应用于实际工作中，为未来的职业发展奠定坚实基础。

任务一 选择企业内部创新创业的模式

课前任务

1. 分组研讨以下问题。

（1）你认为哪些企业在内部创新创业方面表现出色？为什么？

（2）如果你是一家初创企业的创始人，你会关注哪些因素来确保内部创新创业取得成功？

（3）你能否列举一些内部创新创业失败的例子？你认为它们失败的原因是什么？

（4）你如何看待风险和失败在内部创新创业中的作用？

2. 各小组依次分享本组的研讨成果，每组时间为3分钟。

3. 教师点评。

知识储备

一、企业内部创新创业模式的类型

（一）“先庇护，再放手”模式

该模式鼓励员工参加内部竞标活动，让对项目感兴趣的员工参加竞标，中标者就

是该项目的项目经理，负责项目的全过程实施。一开始，新创部门在母公司的庇护下，集中优势资源开展业务。在部门制下度过生存期后，就采取引入外部资金的形式组成新公司。这种内创公司通常与母公司在技术、渠道、上下游和人才方面有种种关联。

这种模式将企业自身资源与内部优秀人才有效结合，让员工可以释放自己的创业激情。在过程中，企业先为其保驾护航，之后慢慢放手让其独立经营，给予其相应的自主权。

（二）计划书模式

企业成立专门的基金，只要员工达到一定工作年限，企业都会鼓励其申请创业基金，通常采取让员工递交创业计划书的形式。企业定期组织大赛，主要考核两项：一是员工个人是否具有创业素质；二是创业计划书的可行性。为此，企业会成立专门的创业评定机构。对那些通过选拔的员工，企业会给其投入创业基金，相当于企业以资金入股，与员工共同创立新企业。企业与创业的员工解除劳动关系，但为之提供资源、业务、技术等方面的支持。某些情况下，创业的员工可以签约成为企业的合同工，如果创业失败，仍可回企业继续工作。

这种模式可以让想要创业的员工放下包袱，不仅给予其制度上的保证，还给予其资金上的支持。这一方面有利于企业获得较高的投资回报，为企业本身的发展注入活力；另一方面有利于激发员工的创业热情，培养其成为勇于挑战的创业人才。

（三）20%模式

员工可以不经过同意，使用15%～20%的工作时间做个人感兴趣的事情，高层会帮助员工排除创新创业过程中的内部阻力。这种模式最大的特点是自由和开放，企业不对员工的创新进行限制，出彩的创新会很自然地进入创业的实操阶段。这样一方面可以鼓励员工创新发明，另一方面可以留住人才，防止员工因为想创业而离职。同时，这种模式可以使员工充分利用企业现有资源，在自由的状态下专注于他们的兴趣所在，提升自己对工作的热爱程度，让这种热爱促使他们更加深入地投入内部创新创业。

（四）阶段管理模式

内部创新创业的阶段管理模式流程如图7-3所示。

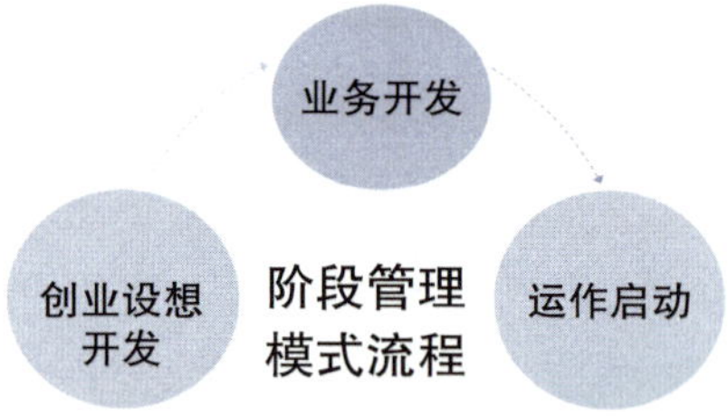

图7-3 阶段管理模式的流程

1. 创业设想开发阶段

对于一些有成功希望却与主营业务不符的创业设想，企业给予一定数额的资金支持。这一阶段被称为创业设想的开发阶段，发起人可以将20%左右的工作时间用于完善创业设想。

2. 业务开发阶段

如果设想可行，便可进入下一阶段，即业务开发阶段。发起人可以离开原有岗位，并获得更大数额的项目资助。此时，他们必须组建项目小组，撰写项目规划书，开发产品模型。项目小组会得到母公司的咨询服务和其他支持。

3. 运作启动阶段

如果进展顺利，创业项目可以再进一步，进入运作启动阶段。在这一阶段，项目小组可在通过严格的评审后获得更多的资金。如果项目运转顺利，几年后，初创企业可以公开上市和转让，实现资本增值。

相关链接

海尔集团以创新成果推动转型升级

二、企业内部创新创业模式选择的影响因素

1. 创业初期的环境

创业者在创业设想开发阶段就必须考虑到未来面临的各种问题。其中有两个十分重要，一是创业者自身的素质、能力、经验能否支撑项目稳步前行，二是母公司能否给予足够的政策支持、人力支持及资金支持。这些创业初期的环境因素很多情况下是创业者操控不了的，因此在创业前就需要仔细对上述问题进行分析，找到内部创新创业的最佳途径。

2. 创业时间

创业时间的长度也是在选择内部创新创业模式时要考虑的重要因素。一般情况下，内部创业的时间安排分两种：一种是全身心投入到事业中，将绝大部分时间花在项目的经营上；另一种是在没有放弃本职工作的情况下，抽出部分时间进行内部创业。要明确以何种工作模式进行内部创新创业，既不影响工作的正常进行，又能够保证创业项目的稳定、持续发展。

3. 创业出路

最后要考虑的就是创业项目的发展方向。有些项目是在有了一定资金、一定运营基础的情况下，脱离母公司实现发展与壮大；有些项目则一直稳定存在于母公司之中，创业者既保证了本职工作的顺利完成，又尽最大可能维持初创企业的发展。在选择内部创新创业模式的时候，要兼顾企业发展与员工利益，让两者在动态之中保持平衡，使企业资源及自身能力都得到最大化的利用。

温馨提示

选择企业内部创新创业模式时需要综合考虑企业文化、资源、市场需求、竞争环境、技术能力、风险承受能力、法规要求和战略目标等多个因素。

任务二 开展企业内部创新创业

课前任务

1. 各模拟公司在总经理的带领下对本公司的现状及面临的竞争环境进行深入分析，找出潜在的创新创业机会（如新产品开发、流程优化、新业务开发）。

2. 研讨本公司应当如何开展内部创新创业，采取哪些措施和步骤。

3. 各模拟公司依次展示研讨成果，每组时间为3分钟。

4. 教师点评。

知识储备

一、企业内部创新创业的原则

企业内部创新创业的原则有助于建立有序、有目标的创新创业生态系统，它不仅能够指引创新创业活动的方向，还能够确保这些活动在组织内部得到有效实施和维护，提高了创新创业活动的质量、成功率和对企业而言的战略价值。企业内部创新创业的原则如下。

1. 符合企业发展策略和远景目标

推动内部创新创业的企业首先要在政策上支持与鼓励创新创业行为，并向员工明确传达下述原则："只要符合企业的发展策略，有助于实现企业的远景目标，由员工主动发起的创新创业活动都将被容许，并且可获得资源上的支持。"

2. 发掘企业内部具有创业潜力的人才

企业内部创业者追求的不只有报酬，还包括成就感、地位、实现理想的机会、自主性，以及自由使用资源的权力。内部创业者大都具有远见，行动导向，有献身精神，积极追求成功。但创业也不能只凭热诚，必须有创意，并且能提出具体可行的方案。

案例分享7-8

在海尔，所有人都是创客。这里没有上下级，创客团队成员按照用户需求相互协作，链接内外部资源，创新研发产品，并分享他们共同创造的价值。海尔为他们提供支撑和保障。

海尔雷神游戏笔记本小微团队由三人创建。他们从用户抱怨的游戏本痛点出发创业，在三年时间内完成多轮融资，并成功登陆新三板。雷神科技创始人之一李艳兵以前是海尔笔记本平台的普通员工，他说："以前给公司干、对领导负责，自从开始创业，所有的工作都是给自己干、对自己负责。"

在海尔，每个创客都是自己的"老板"，他们以用户需求和痛点作为创业创新源头，发挥个人最大动能和创造力，让创新产品不断涌现。短短几年，海尔这片"创客森林"已孵化出5家独角兽企业、22家瞪羚企业，创造出大量就业岗位。

3. 建立创业团队，寻找企业内保护人

内部创业者除了具有创意，还必须是好的领导者，能够在组织内部吸引所需要的专业人才，共同组成创业团队。新事业开创过程中，还需要一位具有影响力的高层支持者作为保护人，协助团队获得所需资源，并排除创业过程中的企业内部阻力，使创业团队安然度过最艰辛的创业初始期。

4. 赋予团队自主权，但同时要求对成果负责任

企业对于内部创业团队的创新创业活动应给予很大程度上的行动与决策自主权，在一定额度范围内，创业团队拥有自由支配资源的权力。但同时，企业也要设定观测点，保证团队对成果负责任。

5. 以红利分配与内部资本进行激励，容忍犯错

一般员工对于企业奖惩的认知是，创新创业成功的报酬太少，而失败时的惩罚太重，因此宁愿保守应对。激励制度对于企业内部创新创业活动有至为关键的影响，所以重视内部创新创业的企业大都能够容忍员工犯的错。对于创新创业成功者，除予以升迁外，还可以让其分享成果红利，以及给予其可供自由支配的内部资本作为额外的奖励。

案例分享7-9

视源集团新业务的发展和产品品类的拓展主要源于企业内部孵化，其旗下目前已经设立十多家子公司，大都为内部创业项目形成，它们所创造的营业额已经超过公司总体业绩的十分之一。

视源的内部创业孵化机制有助于员工发起创业项目。提供创业计划书，组建至少3个人的创业团队，公司内部业务研讨通过，就可以创立项目。项目设立初期，视源母公司设立全资子公司，通过投资孵化管理部进行统一的管控、调配资源和考核，承担项目的运行成本。待子公司现金流回正后，视源就会向创始团队成员进行分红，鼓励其进行股权回购，从而实现股权向创始团队成员转移，最终实现让创始团队成员控制子公司大部分股权的目的。

视源旗下的子公司华蒙星体育的雏形就是其内部孵化的特色教育项目。这个项目源于视源为员工子女提供的幼教福利机构——视源幼儿园。视源幼儿园的硬件设施、师资队伍、课程设置都对标国内的最高标准，这一起初为方便员工打造的内部幼儿园现在已经发展成知名幼儿园。华蒙星体育就源于视源幼儿园的篮球课程。创始人温大治在此之前担任视源股份旗下教育体系内的体育项目负责人，在幼儿篮球领域有18年的从业经验。有了内部创业的想法之后，温大治找到视源的股东们谈了自己的计划，视源很快就决定投入300万元支持内部创业。目前，华蒙星体育已推出器材销售、师资培训、幼儿培训及赛事运营四大业务。

6. 为创业设定一定的门槛

如果不为内部创业设立必要的门槛，很可能会吸引那些根本不具备创业能力的员工加入到创业者的行列中来，一开始就不能形成好的创业计划。设定的创业门槛应该有利于吸引那些有创业激情、对运营和产品模式有研究的员工加入。

7. 明确企业与创业者之间的关系

企业内部创业要想取得成功，必须打破旧有的项目制模式。具体来讲，就是要让创业项目公司化运作，而企业正是创业公司的投资人之一。作为投资人，企业向创业公司提供办公场所、资金、技术和其他资源。创业者也是创业公司的重要投资人，创业者的能力、专长和其他资源亦可以被作为创业者的出资对待。在这样的关系结构中，企业和创业者的职责非常明确。企业负责投资、提供支持，创业者可以独立自主地开展运营活动。项目成功之后，企业和创业者按投资比例分享相应的利益。

8. 保障创业者的利益

保障创业者的利益是内部创业制度设计的重中之重，而且这样的制度应该在创业计划开始实施前就设计好。保障创业者的利益，最重要的是让创业者的能力、专长及其他资源等无形资产在创业公司的股本中占有合适的比重。如果比重过低，意味着创业者可以分享的利益占比较小，创业者不愿意投入真金白银，也不愿意将自己拥有的全部资源投入创业公司的运营之中，创业公司和项目可能做不大；或者做大之后，创业者与企业因为利益分配发生矛盾，给企业造成损失。但是，如果比重过高，也可能损害企业及非创业公司员工的利益。为此，企业有必要在创业公司创立大框架确定的前提下，与创业者进行一对一的谈判，并以明确的方式确定彼此之间的利益关系。

温馨提示

为了鼓励更多员工参与内部创业，企业必须为创业者提供必要的保障，但是保障不能过度。过度保障可能吸引一些不具备创业能力的人加入，或使创业者因为有退路而不那么投入，助长员工不负责任的心态。为创业者提供的保障措施应该是充分且必要的，达不到基本的要求或者超出了必要的限度，都可能给创业计划的实施带来不利影响。

二、企业内部创新创业的流程

企业内部创新创业的流程因企业的规模、行业、文化和特定项目的性质而有所不同。图7-4所示的是一般性的企业内部创新创业流程。

1. 发掘机会

第一阶段开始于在企业内部发掘可能的创新创业机会，这些机会可能来自员工的创新点子或作业流程中存在的问题，也可能来自客户或合作伙伴所提出的要求。一般而言，内部创新创业的机会主要来自企业内的作业流程或企业外的关系网络，而企业对于变革与创新是否保持开放的态度，会影响员工投入内部创新创业的积极性。

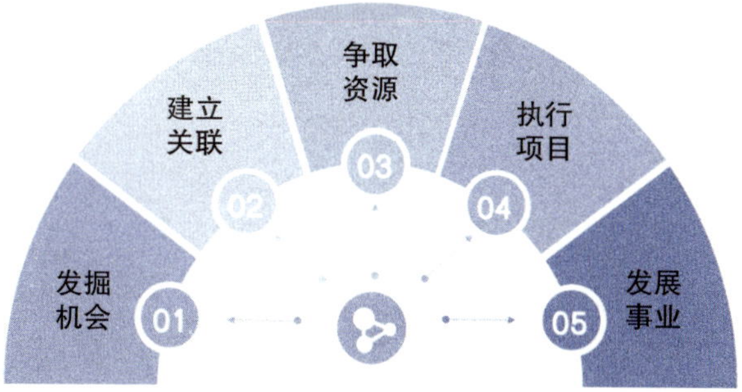

图7-4 企业内部创新创业的一般流程

2. 建立关联

第二阶段的重点在于建立创业项目与内部业务的关联。内部创业者必须基于企业愿景和目标开发机会获取创业项目所需的资源。对于想要获取内部支持的创业团队来说，其项目必须符合企业的发展战略。

3. 争取资源

内部创业者和外部创业者一样，必须去寻找资金、技术、人力等资源。在创业项目发展初期，内部创业者可能会暂时“租借”一些所属企业的资源。随着项目的发展，资源需求将更为明确，创业项目通过企业内部资本市场的考验，并获得正式预算后，才算是被认可。

4. 执行项目

内部创业与外部创业在执行上十分近似。内部创业也必须形成市场进入策略，评估产业环境，并制定恰当的运营战略与战术。内部创业者需要建立内部创业项目与外部资源的链接，包括引进外部人才与技术，以及与外部企业形成策略联盟。内部创业项目还必须拥有愿景、长期目标，采取有利于自主发展的策略，并建立评估绩效的准则。

5. 发展事业

如果内部创业项目一直无法成功，它可能会被拆解，资源也会被其他部门吸收。如果内部创业项目持续获利，那么它将继续经营，并在母公司的组织结构中建立永久性地位。如果机会、诱因及不确定性等因素造成难以解决的代理人问题，创业项目也可能会自母公司中分割出去，成为完全独立自主的新公司。内部创业者将可能拥有新公司的部分股权，新公司也可能将部分股份出售给投资者或大众。

相关链接

模块七自我测试

创新创业技能提升实训

实训项目一

<table>
<tr><td>实训主题</td><td colspan="2">设计企业内部创新创业项目</td></tr>
<tr><td>实训目标</td><td colspan="2">（1）理解企业内部创新创业的基本概念和原则；
（2）养成在企业内部开展创新创业的能力，为未来的职业发展夯实基础；
（3）增强勇于探索的创新精神和善于解决问题的实践能力</td></tr>
<tr><td rowspan="2">实训流程与要求</td><td>流程与要求</td><td>注意事项</td></tr>
<tr><td>（1）每个模拟公司选择一个感兴趣的企业（比如期望的就业企业），如果该企业愿意提供实践机会更佳；
（2）进行市场调研和分析，深入了解所选企业的发展历史、行业趋势、竞争对手、市场情况，以及企业内部创新创业的现状和需求；
（3）分析该企业潜在的问题、机会或改进点（产品改进、新市场机会、成本削减等），提出一个创新点子或项目构想，解释其将如何解决行业或企业内部的问题，满足市场需求；
（4）将创新点子或项目构想形成一份提案，包括项目的目标、策略、资源需求、预期成果和风险评估；
（5）尝试与企业内部的相关部门或团队联系，寻求他们的支持和合作，以验证项目的可行性和价值；
（6）研讨假设项目能够实施，需要哪些资源和支持才有可能获得成功</td><td>（1）尽可能全面地搜集企业的市场数据和发展报告，深入分析该行业存在的机会和挑战；
（2）进一步思考自己的内部创新创业项目如何通过内部推广和宣传来获得更多的支持和关注；
（3）将实训成果形成PPT，在课堂上进行分享，每个模拟公司的分享时间不超过5分钟</td></tr>
<tr><td rowspan="4">实训总结</td><td colspan="2">教师点评</td></tr>
<tr><td colspan="2"></td></tr>
<tr><td colspan="2">学生实训心得</td></tr>
<tr><td colspan="2"></td></tr>
</table>

知识卡片

卡片1：企业内部创新创业的含义

卡片2：企业内部创新创业的特点

卡片3：企业内部创新创业的市场调研和分析方法

进行市场调研和分析是实施企业内部创新创业项目的重要一步，以下是深入了解所选企业及市场的情况的方法。

1. 了解企业的发展历史

搜集企业的背景信息，包括成立时间、创始人背景、发展历程、里程碑事件、企业成长和变化、关键领导团队变化等，了解企业的核心价值观和使命。可以查阅企业的官方历史资料、年度报告及相关新闻报道。

2. 分析行业趋势

研究所选企业所在的行业的发展趋势，包括市场增长率、技术创新、竞争格局、法律法规等方面的趋势。分析这些趋势如何影响企业的业务。可通过阅读行业研究机构的报告、行业新闻、市场分析文章和学术文献获取信息。

3. 分析竞争对手

识别和分析企业的竞争对手，搜集有关竞争对手的信息，包括市场战略、规模、市场份额、产品或服务特点、市场定位和销售策略，比较企业与竞争对手的优势和劣势。可以通过竞争对手的官方报告、财务报表、市场份额数据及相关新闻了解信息。

4. 了解市场情况

搜集目标市场的详细信息，包括市场规模、增长趋势、市场细分、消费者需求、购买行为、竞争格局、主要市场渠道和市场地理分布等。可以通过市场研究报告、行业数据和市场调查来获得信息。

5. 了解企业内部创新创业现状

调查企业内部已经存在的创新创业项目或实践，包括内部创新创业团队、孵化器、成功案例等。分析企业内部的创新文化、政策、流程，以及之前的创新创业项目的成功或失败经验。如果有条件，可以对企业内部的创新创业团队、研发部门人员进行访谈以获取信息。

6. 需求分析

设计员工调查问卷，以了解员工对创新创业的期望和需求。问卷内容应包括员工对项目类型、培训需求、创新创业资源的看法。与企业内部相关部门领导进行交流和访谈，以了解他们对创新创业的需求和期望。

7. SWOT分析

基于所获得的信息进行SWOT分析，识别企业的优势、劣势、机会和威胁，全面了解企业的内部和外部情况。

8. 撰写报告

撰写详细的市场调研和分析报告，包括对市场趋势、竞争对手、企业内部创新创业现状和员工需求的综合分析。报告应具体说明信息、数据来源和案例研究、分析方法。

9. 提出建议

基于市场调研和分析的结果，提出具体的创新创业项目建议和计划，包括潜在的项目或方向、新产品或服务、创新创业项目建设流程、资源分配建议和战略方向。

10. 沟通和讨论

与企业内部的相关利益相关者、决策者和项目团队分享报告，举行会议以讨论报告的结论和建议，以便就市场调研结果和建议达成一致，并制订下一步的行动计划。

以上步骤有利于我们深入了解所选企业的情况、市场需求和机会，确保项目与市场需求、企业战略吻合，为企业内部创新创业项目的制定提供坚实的基础。市场调研和分析可能需要耗费时间和精力，但它对项目的成功至关重要。

环境卡片

实训环境选择：选择安静的环境，小组成员共同完成实训任务。

资料卡片

大学生开展企业内部创新创业实训的流程

（1）确定项目主题。如“企业内部创新创业项目——优化企业内部流程”。

（2）收集市场数据和趋势报告，分析该企业所在行业的机会和挑战，识别企业面临的痛点或机会，如果有条件，可以通过与企业相关员工及管理层讨论获取洞察。

（3）提出具体的创新点子或项目构想，例如开发一个内部工具来提高生产效率，还要说明为什么它可以满足企业内部需求或解决问题。

（4）制订详细的项目实施计划，包括资源调配、时间安排、人员组织、监控与评估等，并预测潜在的成本和回报，以确保项目能够顺利推进并取得预期效果。

（5）评估项目可能面临的各种风险，并提出相应的应对措施和风险管理策略，降低项目失败的可能性。

（6）实施项目，包括开展市场研究、制作原型、开发产品、提供服务等。

（7）定期进行评估和反馈，及时调整项目策略，确保项目能够按计划顺利实施。

（8）撰写项目总结报告，并加以详细展示，展示项目实施过程、收获与经验教训，以及未来发展方向和建议。

（9）将项目成果和报告分享给老师和其他同学，以及项目合作企业。

实训项目二

实训主题	制订模拟公司内部创新创业方案	
实训目标	（1）理解企业内部创新创业的重要性和实施方法； （2）提升技能创新和管理技能水平； （3）在实践中增强创新精神、创造意识和创业能力	
实训流程与要求	流程与要求	注意事项
	（1）各模拟公司在总经理的带领下对本公司现状及竞争环境进行深入分析，识别出潜在的内部创新创业机会（如新产品开发、流程优化、新业务开发）； （2）研讨本公司应当如何开展内部创新创业，采取哪些措施和步骤； （3）制定本模拟公司内部创新创业的制度和流程； （4）将实训成果形成报告进行分享	
实训总结	教师点评	
	学生实训心得	

知识卡片

卡片1：企业内部创新创业的价值

卡片2：企业内部创新创业的影响因素

卡片3：企业内部创新创业文化的建立

卡片4：企业内部创新创业的流程

卡片5：制定企业内部创新创业制度的市场调研内容与步骤

1. 市场调研的内容

（1）搜集并分析内部创新创业的成功案例，包括各种行业和各种规模的企业案例。这些案例可以包括产品创新、服务创新、流程改进、创新文化建设等。

（2）研究当前内部创新创业领域的最新趋势，包括技术趋势、市场需求、竞争动态和法律法规变化。

（3）分析成功内部创新创业项目具备的共同要素，如领导支持、创新文化、资源支持、市场导向。

（4）确定内部创新创业面临的主要挑战和障碍，如资源限制、文化障碍、风险管理等。

（5）评估内部创新创业市场的规模和增长潜力，了解潜在的机会。

这样的市场调研有助于同学们针对实际项目提供有价值的建议。

2. 市场调研步骤

（1）案例研究。深入研究内部创新创业的成功案例，包括不同企业的实际经验。可以查找企业年报、新闻报道和企业网站上的信息。

（2）采访专家。联系内部创新创业领域的专家、企业高管或从业者，进行面对面或远程采访，获取他们的见解和建议。

（3）实施调研。设计并实施市场调研，以了解内部创新创业的趋势和需求。调查问卷可以发送给内部创新创业团队成员、员工、管理层或其他相关利益相关者。

（4）分析和总结。对收集到的信息进行分析，识别最佳实践和趋势，总结成功案例和关键要素。

（5）报告撰写。撰写市场调研报告，包括内部创新创业定义、案例分析、趋势和机会评估，以及建议。

通过以上步骤，同学们可以深入了解企业内部创新创业的趋势，为制定内部创新创业制度和流程提供有力的支持。

环境卡片

实训环境选择：选择安静的环境，小组成员共同完成实训任务。

资料卡片

企业内部创新创业的实践要素

企业内部创新创业的实践涵盖广泛的领域，应重点关注以下要素。

（1）创新文化和领导层支持。建立鼓励创新的文化，鼓励员工提出新点子和试验新方法。领导层的支持和参与对于鼓励内部创新创业至关重要。

（2）创新创业孵化器和实验室。创建内部创新创业孵化器和实验室，为员工提供资源和支持，以迅速开发和测试新点子。

（3）跨部门协作。促进跨部门的协作，鼓励不同部门的员工分享知识和创意，以促进创新创业。

（4）数据分析和AI应用。利用数据分析和AI技术挖掘创新机会，了解市场需求和趋势。

（5）开放式创新和合作。采用开放式创新创业模式，与外部合作伙伴和创新生态系统合作，获取外部创新创业资源。

（6）敏捷方法和迭代。采用敏捷开发方法，通过快速迭代和反馈来加速产品和服务的开发，降低失败的成本。

主要参考文献

[1] 李家华，张玉利，雷家骕，等. 创业基础 [M]. 3版. 北京：清华大学出版社，2023.
[2] 孟奕爽. 创新创业一流课程教学指导手册 [M]. 武汉：华中科技大学出版社，2023.
[3] 彭贞蓉，彭翔. 创新创业教育基础与实战技巧 [M]. 重庆：重庆大学出版社，2022.
[4] 王日华，陈武，黄喆诚. 创新创业训练实践教程 [M]. 北京：中国水利水电出版社，2022.
[5] 雷家骕，洪军. 技术创新管理 [M]. 北京：机械工业出版社，2021.
[6] 王炎彬，孔原. 创新创业基础 [M]. 武汉：华中科技大学出版社，2021.
[7] 陈建. 大学生创新与创业基础 [M]. 北京：北京理工大学出版社，2021.
[8] 陈玉萍，周燕华. 创新创业学实训 [M]. 成都：西南财经大学出版社，2021.
[9] 张敏华，李栋. 大学生创新创业基础 [M]. 北京：人民邮电出版社，2021.
[10] 孟奕爽. 创业思考力：从创意到产品开发 [M]. 长沙：湖南教育出版社，2019.
[11] 勒威克，林克，利弗. 设计思维手册：斯坦福创新方法论 [M]. 高馨颖，译. 北京：机械工业出版社，2019.
[12] 张汝山. 创新与创业思维 [M]. 北京：国家行政学院出版社，2017.
[13] 王祖莉. 就业与创业指导 [M]. 北京：高等教育出版社，2017.
[14] 安徽省人力资源和社会保障厅，安徽省就业促进会. 创业实训：学员版 [M]. 北京：中国劳动社会保障出版社，2016.
[15] 汤锐华. 大学生创新创业基础 [M]. 北京：高等教育出版社，2016.
[16] 汤锐华. 大学生创新创业实训手册 [M]. 北京：高等教育出版社，2016.
[17] 马广水. 创新创业基础 [M]. 北京：高等教育出版社，2016.
[18] 刘艳彬，李兴森. 大学生创新创业教程 [M]. 北京：人民邮电出版社，2016.
[19] 刘丹. “互联网+” 创业基础 [M]. 北京：高等教育出版社，2016.

[20] 黄海荣. 大学生创新创业教育指导 [M]. 上海：上海交通大学出版社，2016.
[21] 姜进. 创新创业指导 [M]. 北京：高等教育出版社，2016.
[22] 由建勋. 创新创业实务 [M]. 北京：高等教育出版社，2016.
[23] 德博诺. 六顶思考帽 [M]. 马睿，译. 北京：中信出版社，2016.
[24] 雷家骕，葛健新，王华书，等. 创新创业管理学导论 [M]. 北京：清华大学出版社，2014.
[25] 王壮，刘玉才，文才礼. 思维与创新 [M]. 重庆：西南师范大学出版社，2014.
[26] 赵大伟. 互联网思维独孤九剑 [M]. 北京：机械工业出版社，2014.
[27] 赵永乐，王全蓉，薄赋徭. 人力资源管理概论 [M]. 3版. 上海：上海交通大学出版社，2014.
[28] 莫瑞亚. 精益创业实战 [M]. 2版. 张玳，译. 北京：人民邮电出版社，2013.
[29] 莱斯. 精益创业：新创企业的成长思维 [M]. 吴彤，译. 北京：中信出版社，2012.

高等教育出版社

教学资源服务指南

仅限教师索取

感谢您使用本书。为方便教学，我社为教师提供资源下载、样书申请等服务，如贵校已选用本书，您只要关注微信公众号“高职素质教育教学研究”，或加入下列教师交流QQ群即可免费获得相关服务。

“高职素质教育教学研究”公众号

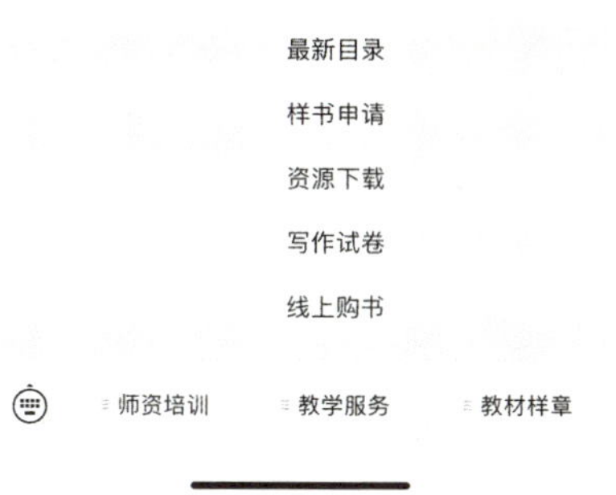

资源下载： 点击“**教学服务**”—“**资源下载**”，或直接在浏览器中输入网址（http://101.35.126.6/），注册登录后可搜索下载相关资源。（建议用电脑浏览器操作）

样书申请： 点击“**教学服务**”—“**样书申请**”，填写相关信息即可申请样书。

样章下载： 点击“**教材样章**”，可下载在供教材的前言、目录和样章。

师资培训： 点击“**师资培训**”，获取最新直播信息、直播回放和往期师资培训视频。

联系方式

职业素养和创新创业教师交流QQ群：310075759

联系电话：（021）56961310　电子邮箱：3076198581@qq.com